giancarlo faenzi

VILFREDO PARETO

e il

SOCIALISMO

Sommario

3

PREFAZIONE

Vilfredo Pareto, ingegnere, professore di scuola liberale, economista e sociologo ha attraversato la storia d'Italia dal 1848 al 1923.

Nato a Parigi il 15 luglio 1848, da Raffaele e Maria Méténier, ha frequentato la sezione fisico-matematica dell'Istituto Leardi a Casale Monferrato, dopo di che ha proseguito gli studi nella sezione industriale dell'Istituto tecnico di Torino. Dopo aver ottenuto, nel settembre 1867, la licenza universitaria, venne ammesso alla Scuola d'Applicazione per Ingegneri e il 14 gennaio 1870 ottenne a pieni voti il diploma di «ingegnere laureato».

Dopo un periodo trascorso come ingegnere straordinario, a Firenze, presso la Società anonima delle strade ferrate, nel 1880 Vilfredo Pareto divenne direttore generale della Società delle ferriere italiane, a San Giovanni Valdarno. In questo stesso periodo, frequentò i circoli culturali fiorentini e, con articoli su riviste italiane ed europee, partecipò intensamente al dibattito politico su posizioni liberiste e antiprotezionistiche.

Nel 1890 fa la conoscenza di Maffeo Pantaleoni, del quale sarà amicissimo sino alla morte. Pantaleoni gli consiglia di studiare gli scritti di Leone Walras, e lo aiuta a subentrare nella cattedra di Economia Politica alla Università di Losanna, in sostituzione del Walras. Cosa che avviene il 13 aprile 1894.

Venti anni di ininterrotto insegnamento, reso faticoso da una crudele malattia, impartito dalla cattedra di Losanna, già nota e resa celebre in tutto il mondo, ci consegnano una raccolta di scritti che rivelano la sua vocazione scientifica.

Uomo dal temperamento aristocratico e

conservatore, e dal carattere indipendente, spregiudicato, realistico. Guidato dalla ragione, dalla riflessione e poco incline a lasciarsi prendere dal sentimento, ha sottolineato con insistenza ciò che vi è di non logico, di istintivo nel comportamento sociale.

Nella piena maturità dei suoi cinquantaquattro anni, scrive un'opera critica dei sistemi socialisti: Les systèmes socialistes, nata da un corso tenuto dal Pareto all'Università di Losanna. I Sistemi Socialisti, è lo studio delle utopie e delle illusioni, dei miraggi e delle speranze, che nei secoli affannano e consolano gli uomini; e al fondo delle quali sta un fatto invariabile: gli elementi più vigorosi delle classi inferiori, capeggiati da quelli più scontenti o più ambiziosi delle stesse classi dominanti, muovono all'attacco di queste, e si rafforzano sulle posizioni conquistate, costruendo organizzazioni sociali tali, che la ricchezza prodotta sia maggiore di quella distrutta.

Il socialismo in tutte le sue forme è un'utopia; ma al suo fondo è un fenomeno di elevazione delle minoranze previdenti e attive che hanno il dominio di sè stesse: la lotta nell'ordine, la fiera tutela dei propri interessi e diritti, il senso della responsabilità, nelle masse che credono di lottare per il socialismo, fanno sì che il socialismo sia forma di selezione sociale.

I Sistemi Socialisti furono pubblicati in francese nel 1902. Una seconda edizione ebbe luogo, pure in Francia, nel 1926, dopo la morte dell'autore, a cura di uno dei suoi discepoli più devoti, il Prof. G.H. Bousquet, dell'Università di Algeri.

L'opera comprende un preambolo sul Socialismo nel mondo.

PARTE PRIMA

IL SOCIALISMO

Il socialismo è un ampio complesso di ideologie, orientamenti politici, movimenti e dottrine che tendono ad una trasformazione della società in direzione dell'uguaglianza di tutti i cittadini sul piano economico, sociale e giuridico. Si può definire come un modello o sistema economico che rispecchia il significato di "sociale", che pensa cioè a tutta la popolazione.

Originariamente tutte le dottrine e movimenti di matrice socialista miravano a realizzare degli obiettivi attraverso il superamento delle classi sociali e la soppressione, totale o parziale, della proprietà privata dei mezzi di produzione e di scambio. Fino al 1848, i termini socialismo e comunismo erano considerati intercambiabili. In quell'anno, nel Manifesto del Partito Comunista di Marx ed Engels, si opera la suddivisione tra "socialismo utopistico" e "socialismo scientifico", che essi chiamano anche "comunismo" per evidenziarne polemicamente le differenze col primo.

Nel pensiero marxista il socialismo e il comunismo divennero due fasi della rivoluzione: la fase socialista prevedeva la proprietà collettiva dei mezzi di produzione (e la dittatura del proletariato) poi la fase comunista prevedeva l'abolizione della società di classe e un nuovo concetto di Stato, diverso da quello borghese (contrariamente all'anarchismo, che fin dall'inizio prevedeva una abolizione di qualsiasi organizzazione statale): sebbene abbandonata quasi subito, originariamente nella fase comunista si

9

prevedeva la dissoluzione dello stato perché considerato a quel punto inutile (i beni e mezzi di produzione erano tornati alla collettività). Oggi, data l'evoluzione dei tempi, le due fasi vanno a coincidere (dunque si può parlare di un sostanziale ritorno dei due termini come sinonimi, usando anche il termine socialismo con un'accezione più ampia).

Contemporaneamente si sviluppava un'altra forma di dottrina di analoga matrice socialista: l'anarchismo, un'ipotesi di organizzazione i cui obbiettivi egualitari in termini economici sociali e civili venissero fondati sull'autonomia e la libertà degli individui, contrapponendosi ad ogni forma di potere costituito compreso quello statale. Tale dottrina, prendendo le mosse dal pensiero dell'illuminista William Godwin, si concretizzava nelle teorie di Pierre-Joseph Proudhon, fin dagli esordi in polemica con Marx. Lo scontro divampò progressivamente nel corso del secolo, e ulteriormente all'interno dell'Associazione internazionale dei lavoratori (Prima Internazionale), portando tra il 1871 e il 1872 ad una prima scissione, concretizzata nel 1896. Nel XX secolo marxisti e anarchici si troveranno spesso a condividere e combattere insieme nelle fasi iniziali dei moti rivoluzionari di ispirazione socialista come la Guerra civile spagnola o la Rivoluzione d'ottobre russa, giungendo in fasi successive a scontri e repressioni da parte delle fazioni marxiste verso i socialisti libertari (Rivoluzione anarchica spagnola, Rivolta di Kronštadt, Insurrezione rivoluzionaria d'Ucraina, eccetera). Il filone, nel tempo, si è suddiviso in aree con diverse connotazioni, fondendo temi propri di varie ispirazioni, originando Socialismo libertario, Anarco-comunismo, Anarco-sindacalismo, eccetera.

In ogni modo il termine comunismo continuò a essere un sinonimo di socialismo per tutto l'Ottocento: i partiti che prendevano parte alla Seconda Internazionale, tutti definitivamente di ispirazione marxista dopo il IV congresso di Londra del 1896, venivano denominati socialisti o socialdemocratici.

La separazione dei termini comunismo e socialismo, in area marxista, avvenne per iniziativa di Lenin: con la rivoluzione bolscevica (1917) e la costituzione dell'Internazionale Comunista o Terza internazionale (1919) l'ala rivoluzionaria del socialismo si distaccò organizzandosi nei partiti comunisti, mentre i partiti socialisti, ormai orientati in senso riformista e inseriti nei sistemi democratico-borghesi dei diversi paesi, per lo più presero gradualmente le distanze dal marxismo, e in ogni caso dal leninismo (anti leninisti) e recuperarono le istanze liberali dell'utopismo socialista pre-marxista, dando vita al socialismo democratico, alla socialdemocrazia e al socialismo liberale. In seguito, entro la fine del XX secolo, anche i più grandi partiti comunisti, spesso altrettanto orientati in senso riformista e altrettanto inseriti nei sistemi democratico-borghesi, in particolare nei paesi europei o comunque occidentali, per lo più presero gradualmente le distanze dal marxismo inteso nell'originale senso rivoluzionario, senza che venissero meno idee come il Socialismo rivoluzionario e il massimalismo.

Il socialismo, nel tempo, si è diviso ed ha fuso il pensiero socialista con altre connotazioni politiche. I principali esempi di queste sintetizzazioni sono il Socialismo cristiano, l'Ecosocialismo, il Socialismo nazionale, il Socialismo libertario, il Socialismo liberale, il Socialismo democratico ed il Socialismo del XXI secolo.

Il socialismo è una corrente di pensiero legata ai movimenti politici che, a partire dal XIX secolo, lottarono per modificare la vita sociale ed economica delle classi meno abbienti e in particolare del proletariato. Il movimento operaio da cui scaturì il socialismo pose per la prima volta il problema della giustizia sociale. In una prospettiva di analisi teorica storica, quindi, mentre si vede il periodo feudale come caratterizzato dal predominio dell'aristocrazia e del clero, e il periodo post-rivoluzioni francese ed americana come caratterizzato dall'ascesa al potere sociale della borghesia (e quindi del liberalismo e del capitalismo), il socialismo dovrebbe essere lo stadio successivo, caratterizzato dal predominio delle classi popolari che detengono il potere economico e asserviscono, o addirittura annullano, lo Stato.

Henri de Saint-Simon, considerato il fondatore del socialismo francese delle origini, o Sansimonismo. Partecipò alla guerra di indipendenza americana, combattendo agli ordini di La Fayette.

Il socialismo si oppone inizialmente al liberalismo classico, che postula il liberismo in economia, chiedendo invece la nazionalizzazione o la socializzazione di tutte o parte delle attività economiche e dei mezzi di produzione. Il criterio economico socialista di gestione delle risorse e di produzione non è quello del profitto individuale ma quello della ricerca del bene comune collettivo. Il socialismo contesta inoltre l'idea delle neutralità delle istituzioni statali rispetto alla lotta di classe e si batte per un mutamento del ruolo dello Stato o, addirittura, nella versione avanzata dall'anarchismo, per la sua eliminazione.

Sul piano internazionale il movimento socialista nasce

come un movimento favorevole all'autodeterminazione dei popoli, contrapponendosi al nazionalismo e all'imperialismo occidentali. Nell'ala riformista e della socialdemocrazia la linea politica è spesso pacifista, mentre storicamente i socialisti rivoluzionari hanno auspicato una rivoluzione violenta. Nella prassi tuttavia, soprattutto durante il periodo della prima guerra mondiale, molti partiti socialisti o correnti di essi finiscono per abbandonare il pacifismo e l'internazionalismo, appoggiando le imprese belliche dei loro paesi con motivazioni patriottiche. Un esempio è il nazionalismo dell'Unione Sovietica che scaturì dalla politica di Stalin del Socialismo in un solo paese prima e dalla Grande Guerra Patriottica poi (anche se per i più ortodossi ciò che si instaurò nella Russia post-rivoluzionaria non si può definire esattamente "socialismo").

Partiti e movimenti estremamente diversi fra loro si sono definiti socialisti: molti di essi sopravvivono ancora oggi e formano una delle più importanti correnti politiche in Europa, nonché la principale componente della sinistra europea, con la definizione di socialdemocrazia. Il movimento socialista conosce numerosissime scissioni, accuse reciproche di aver tradito gli ideali originari asservendosi allo Stato borghese, ecc. La scissione più importante è probabilmente quella verificatasi all'indomani della Rivoluzione d'Ottobre, che vede una larga fetta della sinistra dei partiti socialisti staccarsi e scegliere la denominazione comunista, già utilizzata in passato da alcuni teorici socialisti come Karl Marx. Per informazioni sul comunismo e su altre particolari correnti del socialismo si rimanda alle pagine relative, così come per l'illustrazione dettagliata delle dottrine dei vari pensatori socialisti.

I movimenti ottocenteschi derivano dalle lotte rivoluzionarie repubblicane, in particolare dall'esperienza della rivoluzione francese con il movimento dei Montagnardi e dei Sanculotti, e dalle rivolte contadine che dal Medioevo si ripetevano ciclicamente contro l'aristocrazia terriera; talvolta queste rivolte assumevano connotati religiosi che sfociavano nell'egualitarismo e nella comunione dei beni di produzione. Nel XIX secolo si ebbe il socialismo di Robert Owen in Inghilterra, mentre in Francia un'influenza sui primi movimenti l'ebbe anche il Sansimonismo, una corrente politico-religiosa che divulgava il pacifismo e la comunione dei beni in una società che avrebbe dato a ogni individuo il ruolo a lui più congeniale. Nello stesso filone "utopico" si inserì Auguste Blanqui, e successivamente Pierre-Joseph Proudhon, il teorico dell'anarchia e del socialismo libertario, che Karl Marx definì socialista conservatore o borghese nel Manifesto del Partito Comunista, e gli altri "socialisti utopici" già citati. Il contrasto Marx-Proudhon porterà al famoso duello di penna che sfocerà negli scritti contrapposti, Filosofia della miseria e Miseria della filosofia.

Non è da trascurare la corrispondenza tra il socialismo originario e la matrice dell'illuminismo, sia in rapporto agli aspetti esteriori che connettono le due dottrine nei tratti unificanti della lotta all'oscurantismo e per l'emancipazione dell'umanità, sia in relazione alle corrispondenze di alcune figure chiave in entrambi i contesti, come Filippo Buonarroti e Adam Weishaupt.

Il termine *socialismo utopistico*, qui usato, come vedremo verrà introdotto solo in un secondo tempo da Marx per distinguere e contrapporre il suo *socialismo scientifico*, che pretendeva essere fondato su basi logiche, storiche, sociali ed economiche rigorose, certe e verificate, da quelli precedenti alle sue teorie, e all'epoca a volte in contrasto su diverse questioni, definiti da Marx utopisti in quanto, sempre nella visione marxiana non basati su dati scientifici ma su aspirazioni ideali.

Il termine socialismo scientifico viene coniato da Karl Marx per indicare la sua visione del socialismo, illustrata nelle sue numerose opere sulla società, la storia e l'economia. In opposizione al socialismo utopista Marx riteneva che la prassi del movimento operaio dovesse essere ispirata da una rigorosa analisi. A Marx si deve la nozione di lotta di classe, illustrata nel Manifesto del Partito Comunista. Marx si propone nelle sue opere di dimostrare come il capitalismo, gestito dalla borghesia opprimesse il proletariato (lavoratori industriali) nella fase storica in cui scriveva. Nell'opera Das Kapital (Il Capitale), Karl Marx analizza come i capitalisti comprassero forza lavoro dai lavoratori ottenendo il diritto di rivendere il risultato dell'attività produttiva ottenendo così profitto (vedi marxismo per i dettagli); questo, secondo Marx, porta a un'insostenibile sperequazione nella distribuzione della ricchezza.

Per Marx era solo questione di tempo: le classi lavoratrici di tutto il mondo, presa coscienza dei loro comuni obiettivi, si sarebbero unite per rovesciare il sistema capitalista che le opprimeva. Lo considerava un risultato possibile di un processo storico in atto.

Dalle rovine del capitalismo sarebbe sorta, dopo un periodo di transizione (dittatura del proletariato) in cui lo Stato avrebbe controllato i mezzi di produzione, una società in cui la proprietà sarebbe passata alla società stessa nel suo complesso (lo Stato era destinato a dissolversi). La proprietà privata sarebbe stata limitata agli effetti personali. La conseguenza della proprietà collettiva dei mezzi di produzione sarebbe stata, nell'ottica di Marx, la fine della divisione della società in classi sociali e, di conseguenza, la fine dello sfruttamento e la piena realizzazione dell'individuo. L'ateismo, caratteristica del socialismo marxista, era una conseguenza logica del materialismo dialettico che il marxismo adottava come metodo.

1. Il socialismo libertario e l'anarchismo

Dalle teorie di Marx e dei suoi contemporanei originano molti orientamenti diversi, tutti in qualche modo connessi con le basi fondamentali del pensiero socialista: alcuni prendono da Marx solo il metodo di analisi della società, mentre altra parte del movimento socialista ne abbraccia con entusiasmo la parte rivoluzionaria mettendo in secondo piano il pensiero dei socialisti non marxisti. La nascita di una società di uomini liberi e uguali dal punto di vista dei diritti è il concetto chiave attorno ai quali si articolano tutti i progetti libertari; le idee anarchiche entrano presto in conflitto sia con le concezioni riformiste del socialismo che con le concezioni marxiste, in particolare per quanto riguarda l'uso dello stato come mezzo rivoluzionario. Gli anarchici Michail Bakunin e Pëtr Alekseevič Kropotkin, che presero l'avvio dalle idee del socialista utopico di matrice anarchista Pierre-Joseph Proudhon vengono considerati i principali rappresentanti ottocenteschi del socialismo libertario, ma alcune delle idee basilari affondano le radici in Godwin.
Fu nel segno del socialismo ancora unitario che nel 1864 fu creata la Prima Internazionale dei lavoratori

o Associazione internazionale dei lavoratori, l'organizzazione che raggruppava i movimenti socialisti di tutta Europa vedendo al suo interno come principali, ma non sole componenti, tanto la corrente anarchica quanto quella marxista. L'organizzazione vedeva confluire socialisti, anarco comunisti, repubblicani, mazziniani, marxisti. I mazziniani, contrari alle teorie che si basavano sulla lotta di classe, pensavano di risolvere i problemi sociali attraverso la solidarietà nazionale, si ritirarono per primi dall'Internazionale (con Giuseppe Garibaldi, socialista nazionale, che si espresse, al contrario a suo favore) e l'intera organizzazione ebbe successivamente un prevalente orientamento marxista. La differente visione politica delle due correnti sfocerà al Congresso dell'Aia del 1872 in una reale spaccatura in seno all'internazionale, e allo sviluppo di movimenti di matrice anarchica quali ad esempio il socialismo libertario. In epoca di Seconda Internazionale durante il IV Congresso di Londra nell'estate del 1896 si consumerà il definitivo allontanamento tra marxisti e libertari.

Fu chiamata revisionista la corrente moderata e riformista del marxismo che sorse verso la fine del XIX secolo, originata dall'osservazione che il comportamento dell'economia capitalistica non sembrava corrispondere alle previsioni del marxismo.

Dopo la depressione degli ultimi decenni del XIX secolo infatti, era iniziato un nuovo periodo di prosperità che sembrava riabilitare il libero commercio e la fiducia nel capitalismo e per questo la componente moderata del socialismo (che all'epoca veniva chiamata indifferentemente socialismo democratico o socialdemocrazia) elaborò la *"teoria revisionista*", che in pratica si prefiggeva di abbandonare il marxismo per giungere alla completa accettazione dell'economia di mercato, magari con qualche "aggiustatina". Da allora coloro che accettarono il revisionismo e proseguirono sulla via del capitalismo per realizzare riforme nell'interesse dei lavoratori furono indifferentemente chiamati "socialisti democratici" o "socialdemocratici" (un'esatta differenza tra i due termini si avrà solo nella seconda metà del Novecento). Coloro che invece avversavano il revisionismo e la via riformista furono i "socialisti marxisti" e i "comunisti o socialrivoluzionari" (insieme chiamati genericamente "massimalisti"). Il maggior esponente del revisionismo fu il tedesco Eduard Bernstein (1850- 1932).

2. Il Socialismo democratico e la socialdemocrazia

Si definisce socialdemocrazia quell'insieme di movimenti socialisti che accettano il concetto di economia di mercato, di proprietà privata e il muoversi all'interno delle istituzioni liberali.
La socialdemocrazia si pone tra il socialismo marxista e il riformismo borghese. Essa infatti, in un primo tempo, pur ponendosi in prospettiva critica nei confronti del capitalismo, non ritenne ancora tempo per una sua totale abolizione.
Il ruolo che si assicurarono i partiti socialdemocratici nei decenni tra il XIX e XX secolo fu quello di lottare sia contro il riformismo borghese, che avrebbe portato la classe operaia a legarsi troppo al sistema capitalistico, che contro l'avventurismo rivoluzionario marxista, che avrebbe portato a scontrarsi con le strutture ancora solide del sistema. La socialdemocrazia non tende a

18

farsi garante della sopravvivenza del sistema, ma vuole lavorare al suo interno per portare uno spirito di rinnovamento e di trasformazione costante. Le evoluzioni successive portano la socialdemocrazia a farsi portatrice del compromesso tra il riformismo liberale dei borghesi e i principi più importanti della dottrina socialista riformista: durante gli anni tra i due conflitti mondiali, con la proposizione di due modelli forti come quello sovietico e quello fascista, i socialdemocratici rappresentarono l'alternativa democratica e riformista. Socialdemocrazia e comunismo giunsero spesso allo scontro frontale, in cui i socialdemocratici vennero trattati da "socialtraditori" o "socialfascisti", per ritrovare successivamente un progetto comune contro il regime fascista e nazista.

Nel secondo dopoguerra, la socialdemocrazia riassume in occidente un ruolo importante tra le forze politiche dominanti nonché il naturale approdo per tutti i socialisti riformisti e i democratici progressisti, essa fu inoltre capace di proporre significative trasformazioni, come la nazionalizzazione di alcuni settori produttivi, l'instaurazione di un'economia mista e il raggiungimento di forme di sicurezza sociale per i lavoratori.

Le socialdemocrazie contemporanee sono partiti politici che hanno abbandonato l'idea della divisione della società in classi contrapposte e ogni progetto di stampo ottocentesco; del vecchio modello rimane solo la prospettiva internazionalista che ribadisce il principio di un'azione comune tra tutte le forze socialiste, socialdemocratiche o genericamente riformiste dei singoli Paesi, nel rispetto delle diverse storie nazionali, delle diverse situazioni economiche e della pluralità delle tradizioni culturali e ideologiche.

In molti casi inoltre, anche significative componenti del mondo cristiano sociale e riformista hanno trovato nella socialdemocrazia un ottimo approdo.

3. Il "Socialismo rivoluzionario"

I socialisti riformisti pensavano che il socialismo fosse la naturale evoluzione della società occidentale, che sarebbe dovuta evolvere naturalmente da capitalista in comunista per via delle contraddizioni interne del capitalismo, tramite una sequenza di riforme.
Pur concordando su tale evoluzione, i socialisti rivoluzionari come Rosa
Luxemburg in Germania o Giacinto   Menotti Serrati in Italia pensavano   invece   che   questo cambiamento   non   sarebbe   mai   avvenuto spontaneamente,   ma   avrebbe   richiesto   una rivoluzione. I sindacalisti rivoluzionari, affini a questo movimento   ma   ispirati   da Georges   Sorel,   finirono invece spesso, ad esempio in Italia, per confluire in movimenti   di   vario   tipo,   come   il fascismo, movimento nazionalista di impianto sociale, fondato e guidato   dall'ex   socialista   rivoluzionario Benito Mussolini.
Dopo   la Rivoluzione   russa del 1917 e   la terza internazionale del 1919 il   socialismo   rivoluzionario propriamente detto, di   radice   marxista,   coincise sostanzialmente con il comunismo.

4. Il cosiddetto "socialismo di Stato"

In senso generale con socialismo di stato si intende qualsiasi varietà di socialismo che si basa sulla proprietà dei mezzi di produzione da parte dello stato. Il   socialismo   di   stato   viene   spesso   indicato semplicemente come "socialismo"; il termine "di stato" viene solitamente aggiunto solo dai socialisti con una visione differente, desiderosa di criticare il socialismo di stato, come, ad esempio, gli anarchici. Oggi, molti partiti politici europei della sinistra, sono sostenitori di varie forme di proprietà statale in forma di socialismo democratico. Questi socialisti moderati non sostengono il rovesciamento dello Stato capitalista in una rivoluzione socialista, quindi accettano anche la continuazione dell'esistenza dello Stato capitalista e del sistema economico capitalista, ma rivolto verso fini più sociali.

Dei socialisti democratici di oggi, soltanto un'esigua parte spera ancora su una graduale e pacifica transizione dal capitalismo al (pieno) socialismo, attraverso l'*evoluzione* piuttosto che la *rivoluzione*. La maggior parte dei socialisti democratici però ha acquisito integralmente la visione propria della socialdemocrazia: cioè rifiutano in tronco qualsiasi riferimento di tipo marxista e accettano il capitalismo, non si propongono di superarlo, ma di perfezionarlo raggiungendo l'"economia sociale di mercato". Essendo falliti il *socialismo utopistico*, il *socialismo rivoluzionario* e il *socialcomunismo*, tutte le organizzazioni "socialiste" moderne dichiarano di ispirarsi al socialismo democratico e al giorno d'oggi i *socialisti democratici* sono quelli che chiamiamo a volte "*socialdemocratici*" e a volte "socialisti": ciò è dovuto al fatto che tutti i socialisti sono approdati al "socialismo democratico" divenendo "riformisti democratici". Per contro, il Marxismo sostiene che una rivoluzione socialista è l'unico modo pratico per implementare cambi radicali nel sistema capitalistico. Inoltre, sostiene che dopo un certo periodo di tempo sotto il socialismo, lo Stato deve "estinguersi", producendo una società comunista.

Naturalmente, lo stato non è svanito negli stati comunisti del XX secolo. Alcuni Marxisti difendono ciò sostenendo che semplicemente, il periodo di transizione non si era concluso. Altri Marxisti denunciano quegli stati "comunisti" come Stalinisti, sostenendo che la loro leadership era corrotta e aveva abbandonato il Marxismo conservandone solo il nome. In particolare, alcune scuole Trotzkiste del Marxismo definiscono questi stati col termine *socialismo di stato* per contrapporli al vero socialismo; altre correnti Trotzkiste usano il termine *capitalismo di stato*, per enfatizzare l'assenza del vero socialismo.

I socialisti libertari si spingono oltre, deridendo anche il Marxismo come *socialismo di stato*. Essi usano il termine principalmente come contrasto con la loro forma di socialismo, che prevede la proprietà collettiva dei mezzi di produzione senza intervento dello Stato.

5. Il socialismo italiano

In Italia, il socialismo si sviluppa e diffonde con il Partito Operaio Italiano, fondato a Milano nel 1882 e la Lega Socialista Milanese, nonché per mezzo di movimenti e leghe di derivazioni marxiste minori. Nel 1892, nasce a Genova il Partito Socialista Italiano (nato come Partito dei Lavoratori Italiani), sciolto due anni dopo dal primo governo Crispi. Il socialismo ritroverà costituzione nei governi successivi e raccoglierà nel PSI le frange riformiste e rivoluzionarie. Il partito non riesce tuttavia a far fronte alle divisioni interne e si scindono sia le correnti riformiste (la prima delle quali, espulsa nel 1912, fonda il Partito Socialista Riformista Italiano sotto la guida di Leonida Bissolati, mentre la seconda, espulsa nel 1922 diede vita al Partito Socialista Unitario avente come leaders Giacomo Matteotti e Filippo Turati), che quella rivoluzionaria del 1921 (che fonderà col congresso di Livorno il Partito Comunista d'Italia, guidato da Amadeo Bordiga, Antonio Gramsci e Palmiro Togliatti ed era affiliato alla Terza Internazionale, nata nel 1919 a Mosca).

Sotto l'Italia fascista, i partiti più rappresentativi del socialismo sono sciolti ma persistono nella clandestinità. Solo con la Resistenza (e quindi a partire dal 1943) l'ideologia socialista ritrova nel Partito Socialista Italiano di Unità Proletaria: un movimento che, nel 1947, riprenderà il nome di Partito Socialista Italiano. Dopo la costituzione della Repubblica, il PSI subisce numerose scissioni, prima con la fondazione del Partito Socialista dei Lavoratori Italiani(che in seguito ingloberà la corrente di destra del PSI, guidata da Ivan Matteo Lombardo, assumendo nel 1952 la denominazione di Partito Socialista Democratico Italiano). Ciò nonostante nel 1966, i due partiti, in vista delle elezioni politiche italiane del 1968, si riuniscono sotto il cartello elettorale PSI-PSDI Unificati, salvo ridividersi nuovamente nel 1969 con il distacco dei socialisti democratici, che si riuniscono nel Partito Socialista Unitario, il quale a sua volta tornerà a chiamarsi Partito Socialista Democratico Italiano nel 1971. Nel 1964 si era avuta anche la scissione della sinistra del partito (capeggiata da Tullio Vecchietti) che formò il Partito Socialista Italiano di Unità Proletaria, contrario ad appoggiare il primo governo di centro-sinistra organico, che si scioglierà nel 1972, confluendo in larga parte nel Partito

23

Comunista Italiano.

Nel 1976 si ebbe la cosiddetta Svolta del Midas, che elesse alla Segreteria un rampante Bettino Craxi, leader della corrente di destra del partito, ma che fece confluire molti esponenti e movimenti della Sinistra extraparlamentare, e che quindi criticavano il PCI da sinistra: per tutti i sedici anni che lo videro alla segreteria, infatti, lui si pose non solo come ago della bilancia dopo l'esperienza del Compromesso storico, ma come punto di riferimento per le opposizioni nei regimi Comunisti; mentre in politica interna il *Craxismo*, Dopo lo scandalo di *Tangentopoli* e la successiva inchiesta di "Mani Pulite", nel 1992, il partito socialista perde consenso e si sfalda nel giro di pochi anni (subisce persino una scissione: Rinascita Socialista), fino al congresso della Fiera di Roma del 1994 che ne decretò lo scioglimento. La diaspora socialista porta esponenti del socialismo nella maggior parte delle attuali forze politiche, a partire dai Socialisti Italiani, la Federazione Laburista, il Partito Socialista Riformista, il Partito Socialista, i Socialisti Democratici Italiani e il Partito Socialista - Nuovo PSI (che subirà nel 2005 una scissione, con a capo Bobo Craxi, il figlio dello storico leader, favorevole al ricongiungimento a sinistra: Socialisti Uniti), fino ai Democratici di Sinistra e persino in Forza Italia.

Nell'aprile del 2007 durante il congresso dello SDI il partito rifiuta l'ipotesi di adesione al Partito Democratico per dare vita a una costituente socialista con l'intento di riunificare tutti i partiti di ispirazione socialista che si erano smembrati dopo il 1994 per riunirsi in un unico soggetto politico. Il nuovo partito assunse il nome di Partito Socialista, per poi prendere nel 2009 il nome di PSI, come quello del partito storico.

Sempre nel 2007 non tutti i DS vogliono sciogliersi nel PD: per questo dalla corrente di sinistra del partito si scinde Sinistra Democratica che nel 2009 aderirà al progetto Sinistra e Libertà, come anche il PSI, il quale terrà un congresso l'anno successivo in cui confluiranno movimenti della sinistra radicale scissisi da Rifondazione Comunista, dai Comunisti italiani e dai Verdi per costituire il partito Sinistra Ecologia Libertà, che si pone alla sinistra del PD.

Alle elezioni politiche del 13 e 14 aprile 2008 il Partito Socialista, guidato da Enrico Boselli, non supera lo sbarramento del 4%, ottenendo solo l'1% circa e per la prima volta nella storia della Repubblica non entra in parlamento. Il 4-5-6-7 luglio al suo congresso nazionale Riccardo Nencini è eletto Segretario e il suo documento, votato all'unanimità, propone di avvicinarsi al partito Democratico, sostituendosi nell'alleanza all'Italia dei Valori.

Nel 2011 Stefania Craxi, figlia dello storico leader socialista, fonda il movimento Riformisti Italiani, in cui confluiscono anche i Socialisti Uniti, per sostenere lo schieramento della coalizione di centro-destra di Silvio Berlusconi, il quale lo stesso anno si dimette e sostiene col suo Popolo della Libertà (a cui aveva aderito il Nuovo PSI nel 2009) il governo tecnocratico di Mario Monti.

LA STORIA

6. Il primo socialismo

Il termine "socialismo" ha origine dalla lingua francese negli anni 1820, ma l'idea che i beni dovrebbero essere in comune e tutti dovrebbero averne in egual quantità è molto più vecchia.

Elementi socialisti possono essere identificati nello scritto di Platone la Repubblica, nel movimento dei millenari nel Medioevo e nello scritto di Tommaso Moro L'Utopia. Idee socialiste erano presenti anche tra i livellatori e tra altre sette della rivoluzione inglese degli anni 1640, e anche tra i sanculotti più radicali della rivoluzione francese degli anni 1790, anche se non ebbero mai una reale influenza. Il socialismo come corpo coerente di idee risale agli inizi del XIX secolo

I primi socialisti erano utopisti che svilupparono visioni di società ideali basate sull'eguaglianza materiale, nelle quali gli esseri umani cooperavano nella produzione per il beneficio di tutti, senza il bisogno di incentivi materiali, e lo stato veniva sostituito da un sistema di autogoverno o di anarchia. Tra i primi pensatori socialisti vengono annoverati Robert Owen, Claude Henri de Rouvroy, Conte di Saint-Simon, Charles Fourier, Pierre-Joseph Proudhon, Alexander Herzen e Ferdinand Lassalle.

L'emergere delle idee socialiste nel Regno Unito e in Francia, e più tardi in Germania e in Italia, fu una conseguenza della rivoluzione industriale. Lo sviluppo dell'industria manifatturiera e delle industrie collegate produsse infatti una classe operaia che i socialisti chiamarono proletariato: lavoratori che non avevano nulla da vendere al di fuori del proprio lavoro. I principi socialisti si svilupparono con l'obiettivo di produrre ricchezza senza sfruttamento. Il socialismo ottenne popolarità nella classe lavoratrice e, dalla metà del XIX secolo, i lavoratori costituirono l'ossatura del movimento socialista.

Molti non-socialisti dei ceti alti e del ceto medio erano indignati dalla sfortuna della classe lavoratrice, così sviluparono il liberalismo. Questo comprendeva la convinzione che un ceto medio illuminato potesse riformare il capitalismo per produrre giustizia sociale. Molti pensatori inglesi erano all'avanguardia di questo movimento, come John Stuart Mill che, sebbene si considerasse un socialista, credeva nella proprietà privata dei mezzi di produzione e riservava il suo socialismo per i problemi della distribuzione. In Francia nel 1830 e in Inghilterra nel 1832, le idee politiche liberali trionfarono, riducendo il fascino del movimento socialista.

7. Il marxismo e il movimento socialista

In Germania, il liberalismo subì una terribile sconfitta nella fallita rivoluzione del 1848 e questo portò a una nuova corrente del pensiero socialista, articolata da Karl Rodbertus-Jagetzow e portata alla ribalta da Karl Marx e Friedrich Engels con il "Manifesto del Partito Comunista" pubblicato nel 1848. Marx ed Engels svilupparono un corpo di idee che essi chiamarono socialismo scientifico e che è più comunemente noto come Marxismo. Il Marxismo contiene sia una teoria della storia (materialismo storico) che una teoria della società.
Contrariamente ai socialisti utopici, Marx affrontò la questione del potere e formulò teorie riguardanti i modi pratici per conseguire e far funzionare un sistema socialista. Marx credeva che il capitalismo potesse essere rovesciato solo dalla rivoluzione, per essere seguito dalla fondazione della dittatura del proletariato (contrapposta alla "dittatura della borghesia", ovvero il capitalismo). Marx credeva che il proletariato fosse la sola classe con sia i mezzi che la determinazione per portare avanti la rivoluzione,

27

diversamente dai socialisti utopici, che spesso idealizzavano la vita agreste e deplorano la crescita dell'industria moderna, Marx vedeva la crescita del capitalismo e di un proletariato urbano come una fase necessaria verso il socialismo.

Avendo sviluppato molte idee, i socialisti hanno cercato naturalmente di metterle in pratica. Gruppi politici socialisti si formarono già nei primi anni del 1830, ma in principio essi fallirono nel fare breccia tra i lavoratori, che erano più interessati a formare sindacati e ottenere immediati guadagni economici entro il sistema capitalista. I gruppi socialisti tendevano anche a essere litigiosi e a soffrire frequenti scissioni. Solo pochi decenni dopo il socialismo iniziò ad avere il supporto delle masse, e si iniziarono a formare alcune alleanze tra socialisti e sindacati.

L'Associazione internazionale dei lavoratori (chiamata anche "Prima internazionale") venne fondata a Londra nel 1864, a una conferenza indirizzata da Marx. La maggior parte dei gruppi rappresentati a questo incontro erano di piccole dimensioni, ma a partire da quel momento crebbero rapidamente, soprattutto in Francia e in Germania. Allo scoppio della Guerra franco-prussiana del 1871, la classe lavoratrice di Parigi (o almeno una parte di essa) costituì la Comune di Parigi, che per poche settimane fece intravedere una società socialista, prima di essere brutalmente soppressa quando il governo francese riacquistò il controllo. La sezione anti-autoritaria dell'Associazione internazionale dei lavoratori, guidata da Michail Bakunin, fu espulsa dall'Associazione al Congresso dell'Aia del 1872, ed andò a formare la federazione Jura.

I marxisti lasciarono l'Associazione internazionale dei

lavoratori agli anarchici, e fondarono la Seconda Internazionale (l'Internazionale Socialista) a Parigi nel 1889, quando i partiti socialisti erano ormai già attivi nelle nazioni europee e avevano iniziato a realizzare successi elettorali. In Francia, in Spagna e in Italia, l'anarco-sindacalismo rimase forte nel movimento socialista (Fernand Pelloutier e Georges Sorel ne furono famosi esponenti francesi).

Il socialismo francese fu colpito dalla repressione della Comune di Parigi da parte di Adolphe Thiers e del marchese di Galliffet nel 1871. Questo lo indebolì per i venti anni del periodo "realista", durante il quale i monarchici avevano governato la Terza Repubblica francese e durante la "Repubblica opportunista", quando la Francia era governata dai repubblicani moderati. Jules Guesde e Paul Lafargue (genero di Marx) crearono il Partito Operaio Francese (POF) nel 1880. Tutti i partiti socialisti si unirono per la prima volta nel 1902 con l'eccezione del Parti socialiste français di Jean Jaurès, che finalmente si fuse nel 1905, nella Sezione francese della Seconda Internazionale. D'altra parte, la parte anarco-sindacalista del movimento socialista rimase piuttosto forte in Francia, dove i sindacati rimasero indipendenti dai partiti politici, a differenza della Gran Bretagna. La partecipazione dell'indipendente socialista Alexandre Millerand al governo radicale Waldeck-Rousseau, alla fine del secolo, creò un dibattito interno al movimento socialista francese, riguardante la "partecipazione socialista a un governo borghese". La questione fu estremamente controversa dato che il marchese di Galliffet, repressore della Comune, prese anch'egli parte a tale governo. Contro Jules Guesde, Jean Jaurès sostenne la partecipazione socialista. Il dibattito riecheggiò nella Seconda

29

Internazionale.

8. Il socialismo fino al 1917

Una delle prime modifiche ai principi di Marx fu fatta nel tardo XIX secolo, quando molti teorici politici ruppero con la nozione marxista che la rivoluzione fosse l'unico modo per andare oltre il capitalismo e che il socialismo fosse incompatibile con la democrazia. Lo stesso Marx, nella sua vecchiaia, concesse che poteva essere possibile, in alcune nazioni, ottenere il socialismo senza ricorrere alla violenza. Dopo la morte di Marx, Engels si spinse oltre, dicendo che i giorni della classica "rivoluzione di piazza" potevano essere passati.

In Germania, dove il Partito Socialdemocratico di Germania (SPD) alla fine dell'Ottocento si era trasformato nel partito socialista più grande e forte d'Europa, la nuova generazione di leader, quali August Bebel ed Eduard Bernstein, si spinse a sostenere che, una volta conseguita la piena democrazia, una transizione al socialismo con mezzi parlamentari era non solo possibile ma anche preferibile rispetto a un cambiamento rivoluzionario. Bernstein e i suoi sostenitori vennero perciò identificati come "revisionisti", poiché cercavano di rivedere i principi classici del Marxismo. Anche se i Marxisti ortodossi del partito, guidati da Karl Kautsky, riuscirono a mantenere la teoria marxista della rivoluzione come dottrina ufficiale del partito, in pratica la SPD divenne sempre più riformista.

Anche in nazioni dove le idee revisioniste non erano accettate, i partiti socialisti si trovarono ben presto davanti a un dilemma che non riuscirono mai a risolvere soddisfacentemente. Se avessero perseguito una dottrina puramente rivoluzionaria ed evitato la partecipazione alla politica parlamentare e alle lotte quotidiane dei sindacati, sarebbero rimasti delle sette isolate. Ma se avessero partecipato pienamente in queste arene, sarebbero stati trascinati sempre più nel riformismo e avrebbero perso di vista i loro obbiettivi rivoluzionari. Così, la Sezione Francese dell'Internazionale Operaia (SFIO), fondata nel 1905, sotto Jean Jaurès e successivamente sotto Léon Blum aderì alle idee marxiste, ma divenne in pratica un partito riformista.

La più forte opposizione al revisionismo naturalmente venne dai socialisti di nazioni come l'Impero russo, dove la democrazia parlamentare non esisteva e non sembrava possibile. Essi continuarono a sostenere che la rivoluzione fosse la sola via al socialismo. Principale tra questi fu il russo Vladimir Lenin, la cui opera La rivoluzione proletaria e il rinnegato Kautsky, inquadrò le idee di quelli che rigettavano le idee revisioniste. Nel 1903 ci fu una formale divisione nel partito socialdemocratico russo tra la fazione rivoluzionaria bolscevica e quella riformista menscevica, ma nella maggior parte dei partiti socialisti la questione non fu spinta fino a quei limiti.

Nel 1914 lo scoppio della prima guerra mondiale portò a una crisi nel socialismo europeo. Contrariamente alle care convinzioni riguardanti la solidarietà internazionale del proletariato, le classi operaie dei vari belligeranti si affannarono ad andare in guerra l'una contro l'altra, e i partiti socialisti di Germania, Francia e Gran Bretagna vi vennero trascinati dentro, anche se alcuni capi, come Ramsay MacDonald nel Regno Unito e Karl Liebknecht in Germania, si opposero alla guerra fin dall'inizio. Lenin, in esilio in Svizzera, incitò alla rivoluzione in tutte le nazioni belligeranti, come unico modo per porre fine alla guerra e conseguire il socialismo. Venne inizialmente ignorato, ma nel 1917 la stanchezza per la guerra portò a scissioni in diversi partiti socialisti, soprattutto tra i social-democratici tedeschi.

La rivoluzione russa del 1917 dimostrò le ragioni di Lenin, nel senso che la rivoluzione risultò essere il solo modo per trarre la Russia fuori dalla guerra. "Sembrò" anche dargli ragione sulla questione della rivoluzione: la Russia fu sicuramente il solo Paese del mondo dove i socialisti avevano ottenuto il potere. Questo condusse le fazioni minoritarie nella maggior parte dei partiti socialisti mondiali a scindersi e a creare nuovi partiti in supporto del modello leninista: questi furono chiamati partiti comunisti, e nel 1919 Lenin li organizzò in una nuova Internazionale, l'Internazionale comunista o Comintern.

In alcuni paesi, in particolare nel regno Unito e nei dominion britannici, si formarono i partiti laburisti. Questi erano partiti formati e controllati dai sindacati, piuttosto che da attivisti socialisti, che fecero appello ai lavoratori per ottenere appoggio. Il Partito Laburista fu eletto per la prima volta alla Camera dei Comuni nel 1902, ma non fu in grado di staccare la maggioranza delle classi lavoratrici dalla lealtà al Partito Liberale fino alla Prima guerra mondiale. In Australia, invece, il Partito Laburista ottenne un rapido successo, formando il suo primo governo nazionale nel 1904. Partiti laburisti furono anche creati in Sudafrica e Nuova Zelanda ma con minori successi.

9. Socialismo e comunismo dal 1917 al 1939

Gli effetti della Prima guerra mondiale produssero un insorgere di radicalismo in gran parte dell'Europa e persino negli Stati Uniti e in Australia e l'iniziale successo della Rivoluzione Russa ispirò altri partiti rivoluzionari a tentare la stessa cosa. Nella situazione caotica del dopoguerra europeo, con i partiti socialisti divisi e discreditati, la rivoluzione comunista in Europa sembrò divenire possibile. Regimi comunisti presero il potere con Béla Kun in Ungheria e Kurt Eisner in Baviera e vi furono molti tentativi di rivoluzione a Berlino, Vienna e anche nei centri industriali del Nord Italia. In uno di questi tentativi persero la vita i leader comunisti tedeschi Karl Liebknecht e Rosa Luxemburg.

Negli anni 20, comunque, l'impeto delle forze rivoluzionarie si perse e in Europa i riformisti socialisti tornarono ad essere la forza dominante della scena politica in molti paesi. I socialdemocratici tedeschi detennero il potere per gran parte del decennio, il Partito Laburista formò il suo primo governo nel 1924 e i socialisti francesi divennero molto influenti. In questo periodo la divisione interna nella sinistra tra socialisti e comunisti divenne permanente. Nell'Unione Sovietica, Josif Stalin salì al potere nel 1929 e portò avanti l'idea del "socialismo in una nazione". Se questo approccio fu un allontanamento da Marx o Lenin, o fu piuttosto un compromesso pratico dettato dai tempi, è oggetto di dibattito.

La spinta rivoluzionaria del dopoguerra provocò una violenta reazione da parte delle forze conservatrici. Un esempio fu la Paura rossa negli USA, che distrusse efficacemente il Partito Socialista degli Stati Uniti d'America di Eugene V. Debs. Il socialismo americano non si riprese mai più da questo colpo. In Europa il fascismo emerse come un movimento. Il fascismo salì al potere in Italia nel 1922 con Benito Mussolini (un socialista), e forti movimenti di stampo dittatoriale si svilupparono in Spagna (Francisco Franco), in Portogallo (António de Oliveira Salazar), in Germania (Adolf Hitler), in Ungheria e in Romania.

Nel frattempo il Partito Comunista Sovietico era indaffarato nella "costruzione del Socialismo" nell'URSS. Per la prima volta il socialismo non era semplicemente la visione di una società futura ma la descrizione di una società esistente. Il regime di Lenin portò tutti i mezzi di produzione (tranne quella agricola) sotto il controllo dello stato, e implementò un sistema di governo che si basava su dei consigli di lavoratori (in russo, soviet). Specialmente dopo la morte di Lenin, nel 1924, nel gruppo dirigente bolscevico ebbe luogo un duro scontro teorico e ideologico tra il Segretario generale del partito Stalin e la frazione facente capo a Lev Trockij, conclusosi con la vittoria degli staliniani.

Dopo il 1929, con l'opposizione di sinistra divenuta fuorilegge e con Trockij esiliato, Stalin portò l'Unione Sovietica ad uno "stato più alto di socialismo". L'agricoltura fu collettivizzata e i kulaki, la classe dei contadini benestanti, furono liquidati in quanto classe. Il surplus ottenuto fu speso in un programma di industrializzazione spinta, diretta dal Partito Comunista tramite il piano quinquennale. Questo programma produsse subito risultati impressionanti, anche se con costi umani notevoli. Studi successivi condotti da economisti, mostrano che il ritmo dell'industrializzazione nell'URSS non era maggiore di quello ottenuto dal Giappone o dagli USA con il capitalismo, e che l'uso di risorse, materiali e umane,

34

nell'Unione Sovietica era reso difettoso dai molti sprechi. Alcuni storici, tuttavia, enfatizzano il fatto che la politica di industrializzazione promossa da Stalin era rivolta soprattutto all'industria pesante e che ciò facilitò le azioni militari Sovietiche nella Seconda guerra Mondiale.

I conseguimenti sovietici negli anni 1930 sembrarono estremamente impressionanti dall'esterno e convinsero molte persone, non necessariamente comunisti o socialisti, delle virtù della pianificazione statale dell'economia nazionale. Questo ebbe grande impatto in paesi come Cina, India o Egitto, che tentarono di copiare alcuni aspetti del modello sovietico. Misero d'accordo anche larghi settori dell'intellighenzia occidentale su una posizione filo-sovietica, al punto che molti erano disposti a ignorare o scusare alcuni eventi, come la grande purga del 1936-39, in cui morirono milioni di persone.

La Grande depressione, che cominciò nel 1929, sembrò essere, a socialisti e comunisti di tutto il mondo, la prova finale della bancarotta economica e politica del sistema capitalista. Tuttavia i socialisti non furono in grado di avvantaggiarsi di questo evento per vincere le elezioni o condurre una rivoluzione. I governi di sinistra in Gran Bretagna e in Australia furono disastrosi fallimenti e negli Stati Uniti il liberalismo di Franklin Roosevelt gli guadagnò un supporto di massa e fece perdere ai socialisti ogni chance di andare al potere. In Germania nel gennaio del 1933 fu il partito Nazista di Adolf Hitler ad andare al potere sfruttando gli effetti della Depressione.

Il regime di Hitler si sbarazzò rapidamente del Partito Comunista e di quello Socialdemocratico: questo fu il maggior disastro mai subito dal movimento socialista nel mondo. Questo evento costrinse Stalin a un deciso cambiamento di strategia e a partire dal 1934 il Comintern inizio a premere per un "fronte unito contro il fascismo". I partiti socialisti furono inizialmente sospettosi, data l'aspra ostilità degli anni 1920, ma alla fine efficaci Fronti Popolari vennero formati in Francia e Spagna. L'elezione di un Fronte Popolare al governo in Spagna nel 1936 portò a una rivolta dei militari fascisti e alla seguente Guerra Civile Spagnola. La crisi spagnola condusse al collasso anche il Fronte Popolare al governo in Francia con Léon Blum. Alla fine i Fronti Popolari non furono in grado di prevenire la diffusione del fascismo o i piani aggressivi delle potenze fasciste.

Quando Stalin consolidò il suo potere nell'Unione Sovietica alla fine degli anni 1920, il suo rivale principale, Lev Trockij, fu forzato all'esilio in Messico. Lì si mantenne attivo nell'organizzare internazionalmente l'opposizione di sinistra, che lavorava all'interno del Comintern per guadagnarsi nuovi membri. Molti leader dei partiti comunisti si schierarono con Trockij, ritrovandosi espulsi dai partiti Stalinisti e perseguitati sia da agenti della GPU, sia della polizia politica di vari stati come Gran Bretagna, Francia, USA e Cina. I partiti Trozkijsti ebbero una grande influenza in Sri Lanka e Bolivia.

Nel 1938, Trockij e i suoi seguaci fondarono una nuova organizzazione internazionale di dissidenti comunisti, la Quarta Internazionale. Nel 1940, Trockij fu assassinato su ordine da un agente sovietico. In opere come "Risultati e prospettive", "Rivoluzione permanente", Trockij sviluppa la teoria di una rivoluzione ininterrotta. Egli inoltre analizza la Russia come uno stato operaio burocraticamente degenerato nella sua opera "La rivoluzione tradita", dove predisse che se la rivoluzione politica della classe operaia non avesse rovesciato lo Stalinismo, la burocrazia Stalinista avrebbe fatto risorgere il capitalismo.

10. Socialdemocrazia (1945 - 1970)

Come risultato del fallimento dei Fronti Popolari e dell'incapacità di Regno Unito e Francia a creare un'alleanza difensiva contro Hitler, Stalin ancora una volta cambiò la sua politica nell'agosto del 1939 e firmò un patto di non aggressione, il Patto Molotov-Ribbentrop, con la Germania nazista. Poco dopo scoppiò la seconda guerra mondiale, e in due anni Hitler occupò gran parte dell'Europa, e nel 1942 sia la democrazia che la socialdemocrazia raggiunsero il loro punto più basso. I soli partiti socialisti di qualche rilievo a poter operare liberamente erano quelli di Gran
Bretagna, Svezia, Svizzera, Canada, Australia e Nuova Zelanda. Ma l'entrata dell'Unione Sovietica nella guerra nel 1941 segnò il punto di svolta contro il fascismo, e mentre le armate tedesche si ritiravano, un'altra grande ondata di sentimenti di sinistra si diffuse. I movimenti della resistenza contro l'occupazione tedesca erano principalmente spinti dai socialisti e dai comunisti, e dalla fine della guerra i partiti della sinistra erano estremamente consolidati.
La più grande vittoria nel dopoguerra dei partiti socialisti democratici fu quella del Partito Laburista britannico guidato da Clement Attlee nel giugno 1945. I partiti socialisti (e talvolta anche Stalinisti) dominarono anche i governi del dopoguerra
in Francia, Italia, Cecoslovacchia, Belgio, Norvegia e altri paesi europei. Il Partito Socialdemocratico fu al

potere in Svezia fin dal 1932, e partiti laburisti raggiunsero il potere anche in Australia e Nuova Zelanda. In Germania, d'altro canto, i socialdemocratici riemersero dalla guerra molto ridimensionati, e furono sconfitti nelle prime elezioni democratiche tedesche del 1949. Il fronte unito tra partiti democratici e stalinisti che era stato instaurato nei movimenti di resistenza durante la guerra continuò negli anni immediatamente successivi. I partiti socialisti democratici in Europa orientale, tuttavia, furono distrutti quando Stalin impose i cosiddetti regimi "Comunisti" in questi Paesi.

La Seconda Internazionale, che aveva base ad Amsterdam, cessò di operare durante la guerra. Fu rifondata come Internazionale socialista al congresso di Francoforte nel 1951. Dal momento che Stalin aveva sciolto il Comintern nel 1943, come parte di un accordo con le potenze imperialiste, questa fu la sola effettiva organizzazione internazionale socialista. La Dichiarazione di Francoforte prese posizione sia contro il capitalismo che contro il comunismo.

Certamente, questa affermazione cercava di mascherare l'ascesa dello Stalinismo e la sconfitta di Trotsky nei primi anni dell'Unione Sovietica. Sarebbe stato come se John Adams si fosse proclamato imperatore all'indomani della Rivoluzione Americana, e pertanto le rivoluzioni democratiche venivano pronunciate come "distruggere la libertà". Mentre cercavano di coprire i crimini dello Stalinismo, questi socialisti necessitavano di nascondere la propria storia di supporto alla Prima guerra mondiale, l'assassinio dei leader marxisti come Rosa Luxemburg e Karl Leibnecht, e la loro stessa alleanza con Stalin.

A dispetto di questo linguaggio duplicemente ottimistico, i partiti socialdemocratici durante i 20 anni successivi alla Seconda guerra mondiale si trovarono sotto assedio da due direzioni. Molti socialisti si aspettavano la ripetizione del copione degli anni Venti, con un'instabilità finanziaria che portasse ad una nuova depressione. Al contrario il mondo capitalista, ora guidato dagli USA, attraversò un boom prolungato che, anche se non equamente, produsse una scarsa disoccupazione ed un miglioramento delle condizioni di vita in Europa e Nord America. I partiti socialisti trovarono sempre più difficile mantenere la visione secondo cui il capitalismo portava inevitabilmente disoccupazione, povertà e miseria per i lavoratori. Alcuni partiti reagirono a tali cambiamenti proponendo un riassetto in senso revisionista dell'ideologia socialista.

Allo stesso tempo, l'alleanza stretta durante la guerra tra Unione Sovietica e mondo occidentale si ruppe a partire dal 1946, e le relazioni tra partiti comunisti e partiti socialdemocratici si ruppero in parallelo. Una volta che i governi capitalisti furono stabilizzati, anche con l'aiuto comunista, come da accordi tra Stalin, Roosevelt e Churchill, i partiti di ispirazione comunista furono espulsi o si ritirarono dai governi postbellici di Francia, Italia e Belgio, mentre in Grecia scoppiava una guerra civile. L'imposizione di regimi Stalinisti in Polonia, Ungheria e Cecoslovacchia non solo distrusse i partiti socialisti locali, ma produsse anche una reazione contro il socialismo in generale. I governi laburisti in Australia e Nuova Zelanda furono sconfitti nel 1949, e così i laburisti britannici nel 1951. Con l'inasprirsi della Guerra Fredda, i governi conservatori in Gran Bretagna, Germania e Italia si trincerarono maggiormente. Solo nei paesi scandinavi e per certi versi in Francia, i partiti socialisti mantennero le loro posizioni. ma nel 1958 Charles de Gaulle prese il potere in Francia e i socialisti francesi (SFIO) si trovarono all'opposizione.

Negli anni 1960 e 1970 nuove forze sociali iniziarono a modificare il panorama politico del mondo occidentale. Il lungo boom del dopoguerra e la rapida espansione dell'istruzione superiore produssero, così come i crescenti standard di vita della classe operaia industriale, una classe impiegatizia istruita nelle università, che iniziò a spezzare l'antica polarità socialisti/conservatori della politica europea. Questa nuova classe di colletti bianchi era meno interessata alle tradizionali politiche socialiste, quali la proprietà statale, e più interessata a una maggior libertà personale e a politiche sociali liberali. Un altro fattore in questo cambiamento fu l'aumento della percentuale di donne nella forza lavoro, che cambiò sia la composizione che la prospettiva politica della classe lavoratrice. Alcuni partiti socialisti reagirono a questi cambiamenti con maggior flessibilità e successo rispetto ad altri, ma alla fine tutti furono costretti a farlo.

Un'altra manifestazione di questo panorama sociale in movimento fu la crescita dello scontento di massa, compreso il movimento studentesco radicale, sia negli Stati Uniti - dove venne spinto principalmente dall'opposizione alla Guerra del Vietnam, sia in Europa. Questa fu la prima insorgenza di sinistra negli USA dagli anni 1930, ma ne li ne in Europa i tradizionali partiti della sinistra guidarono il movimento. Sorse invece un insieme di gruppi Trotskisti, Maoisti e anarchici. Essi raggiunsero l'apice della loro influenza nel 1968, quando scontri che quasi equivalevano ad una insurrezione scoppiarono a Parigi, e ci furono gravi disordini a Chicago, Berlino e in altre città. Nel breve termine questi movimenti provocarono una reazione conservatrice, visibile nella vittoria di De Gaulle alle elezioni del 1968 e nell'elezione di Richard Nixon negli Stati Uniti. Ma negli anni 1970, mentre i gruppi di estrema sinistra continuavano a crescere, i partiti socialisti e comunisti cercarono nuovamente di incanalare la rabbia della gente dentro confini sicuri, come avevano fatto nel 1945.

I laburisti britannici erano già tornati al governo con Harold Wilson nel 1964, e nel 1969 i social-democratici tedeschi salirono al potere per la prima volta dagli anni 1920 grazie a Willy Brandt. In Francia François Mitterrand seppellì le spoglie della vecchia SFIO, e fondò un nuovo Partito Socialista nel 1971, anche se gli sarebbe occorso un decennio per portarlo al potere. Governi laburisti vennero eletti sia in Australia che in Nuova Zelanda nel 1972, e i socialisti austriaci di Bruno Kreisky formarono il loro primo governo del dopoguerra nel 1970. Il governo laburista britannico portò avanti alcune nazionalizzazioni, ma in generale questi governi social-democratici si limitarono a misure di riforma sociale liberali e di redistribuzione della ricchezza attraverso il welfare e le politiche di tassazione. La loro inclinazione pro-capitalista, il loro nazionalismo e la loro dedizione al mantenimento dell'ordine post-bellico impedirono loro di fare qualsiasi significativo cambiamento all'economia.

11. L'Urss e l'Europa orientale dal 1945 al 1985

Il 3 maggio del 1946, parlando al Westminster College di Fulton (Missouri), l'ex primo ministro britannico Winston Churchill avvertì che,

"Da Stettino nel Baltico a Trieste nell'Adriatico, una cortina di ferro è scesa attraverso il continente." Il Presidente Harry S. Truman era tra il pubblico.

Nei mesi che seguirono, Josef Stalin continuò a consolidare una sfera di influenza Sovietica nell'Europa Orientale. Per esempio, la Bulgaria ricevette il suo nuovo premier comunista, Georgi Dimitrov, nel novembre del 1946 fece ritorno in Bulgaria dopo una lunga permanenza a Mosca per prendere il comando. Un governo comunista controllato da Bolesław Bierut fu stabilito in Polonia già nel 1945, e nel 1947, anche Ungheria e Romania finirono sotto un governo comunista. L'ultimo governo capitalista del blocco orientale, la Cecoslovacchia, cadde a seguito di un golpe comunista nel 1948, e nel 1949 i Sovietici tramutarono la loro zona d'occupazione in Germania nella Repubblica Democratica Tedesca, sotto il controllo di Walter Ulbricht.

Per coordinare il nuovo campo socialista, i Sovietici costituirono un numero di organizzazioni internazionali, prima il Cominform per coordinare le politiche dei diversi partiti comunisti, in seguito il Consiglio Per la Mutua Assistenza Economica (COMECON), nel 1948, per controllare la pianificazione economica, e infine (in risposta all'entrata della Repubblica Federale Tedesca nella NATO) il Patto di Varsavia nel 1955, che servì come alleanza militare contro l'occidente.

Ma una crepa all'interno di questa sfera d'influenza emerse dopo il 1948, quando il Maresciallo Tito divenne il presidente della Jugoslavia. Il disaccordo iniziale fu sul livello di indipendenza rivendicata da Tito come unico capo di Stato comunista Est-europeo a capo di una forte maggioranza interna. In seguito la spaccatura si allargò quando il governo di Tito diede il via a un sistema di consigli operai decentrati, per la divisione dei profitti, in effetti un socialismo autogovernato in qualche modo orientato al mercato, che Stalin considerava pericolosamente revisionista.

Stalin morì il 5 marzo 1953, presumibilmente per un'emorragia cerebrale soffrendo brevemente dopo una cena con alcuni ufficiali anziani, sebbene alcuni sostengano che sia stato assassinato.

Sulla scia della morte di Stalin, molti leader dovevano dividere il potere ai vertici dello Stato Sovietico e del Partito Comunista. Nikita Chruščëv divenne primo segretario del Partito, Georgij Malenkov primo ministro, e Vjačeslav Molotov divenne nuovamente ministro degli esteri. Il potente capo della polizia segreta (MVD) Lavrentij Berija, fu spodestato dal potere e ucciso. Dalla lotta al potere che seguì Chruščëv emerse trionfante. Nel 1956, al 20º Congresso del Partito, egli denunciò il "culto della personalità" che circondò Stalin. Durante la campagna di destalinizzazione che seguì, tutti gli edifici e le città che vennero chiamate in suo onore vennero rinominate, dipinti e statue vennero distrutti. Chruščëv iniziò a lavorare sul culto di lui stesso demolendo i rivali e assegnando a Molotov, per esempio, il comodo lavoro di ambasciatore di Mongolia.

Sebbene per alcuni aspetti Chruščëv fosse un riformatore e permise l'emergere di una certa quantità di dissidenti nel partito, non fece nulla per rimuovere il grave freno sulla produttività che avevano imposto sia l'isolazionismo economico, sia lo sbilanciamento burocratico. Le misure di soppressione degli oppositori dello stato di polizia non cambiarono, specialmente nel ricercare i trotskyisti. Il suo dominio coincise con alcuni notevoli successi tecnologici, come il lancio dello Sputnik 1, il primo satellite artificiale, nell'ottobre del 1957.

Inoltre, il suo impegno a rinnovare fu esplicitato con il brutale uso delle forze militari sulla popolazione civile ungherese durante la Rivoluzione ungherese del 1956. Ma il suo periodo come protagonista politico fu breve.

I raccolti dell'anno 1963 furono particolarmente scarsi, e la Russia dovette importare molto grano dall'occidente. Inoltre, alcuni colleghi di Chruščёv del Presidium pensavano che l'installazione dei missili a Cuba, che aveva quasi portato ad una guerra nucleare, era dovuta agli schemi mentali di uno squilibrato ed era stata un imbarazzo nazionale. Nel settembre/ottobre del 1964, Chruščёv venne rimosso dal potere.

Il modello di 11 anna prima si ripeté, dopo che un autocrate era stato rovesciato l'Unione Sovietica visse un breve periodo di divisione collettiva del potere, seguita dall'emergere di un nuovo autocrate. La nuova "squadra" includeva il Premier Kosygin, il segretario del Partito Leonid Brežnev, e il capo del comitato Nikolaj Podgornyj. Questa volta fu Brežnev che divenne la figura dominante nel giro di due anni.

Alla fine degli anni sessanta, gli abitanti di alcuni stati del blocco sovietico divennero scontenti della vita e del costo economico del sistema sovietico, specialmente la Cecoslovacchia.

Come risultato del crescente malcontento, il Partito Comunista cominciò a temere una controrivoluzione. Così vennero avviate delle riforme nel tentativo di salvare il regime, ma alla fine si affidarono all'aiuto degli stalinisti in Russia. Nel gennaio del 1968, Alexander Dubček divenne segretario del

Partito Comunista cecoslovacco. Egli iniziò ciò che è conosciuto con il nome di Primavera di Praga, mettendo fine alla censura della stampa e decentralizzando le decisioni sulla produzione, così che queste dovessero essere prese dai lavoratori e dai funzionari delle fabbriche e non dai pianificatori centrali. Inoltre fu concesso agli abitanti di poter viaggiare all'estero.

Brežnev reagì annunciando e attuando ciò che venne appropriatamente chiamata dottrina Brežnev.

Quando le forze che sono ostili al socialismo cercano di volgere lo sviluppo di paesi socialisti verso il capitalismo, la soppressione di queste forze contro-rivoluzionarie diventa non solo un problema per il paese in questione, ma un problema comune che riguarda tutti i paesi socialisti.

Nell'agosto 1968, conformemente a quanto aveva annunciato, le truppe sovietiche occuparono la Cecoslovacchia. L'anno seguente, i sovietici risposero ad una campagna di disobbedienza passiva da parte della popolazione ceca, rimpiazzando Dubček come segretario. Il nuovo segretario, Gustáv Husák, si dimostrò più rispettoso delle leggi. Egli diresse una "pulizia" del Partito Comunista cecoslovacco e introdusse una nuova Costituzione. Husák divenne presidente nel 1975 e rimase la figura dominante di questo paese fino al 1987.

Intanto, gli inizi degli anni 1970 videro un rallentamento della corsa agli armamenti tra gli Stati Uniti e l'Unione Sovietica, un rallentamento noto come "distensione". Brežnev lavorò con il presidente statunitense Richard Nixon per negoziare ed attuare il Trattato sulla Limitazione Strategica delle Armi del 1972. Brežnev ottenne anche alcune vittorie diplomatiche con il mondo non-allineato, come il patto di amicizia con l'India nel 1971, e la stretta relazione con alcuni paesi Arabi dopo il sostegno materiale sovietico nella Guerra dello Yom Kippur del 1973.

Alla fine degli anni 1970, l'apparato politico del Cremlino sembrava impantanato, in parte a causa dell'età avanzata della sua leadership. Gli anni 1980 videro gli ultimi membri di questa "gerontocrazia" prendere il comando e poi morire. Brežnev morì nel 1982, poi Jurij Andropov nel 1984, e Konstantin Černenko nel 1985. La breve carica di Andropov come Segretario Generale dimostrò che egli poteva avere dei progetti riformisti, e sebbene Černenko li accantonò, Andropov istruì un gruppo di potenziali successori riformisti, uno dei quali fu Michail Gorbačëv.

Fu sempre durante la carica di Andropov che il dominio dei vicini comunisti in Polonia, entrò in lotta con Solidarność (Solidarietà), un sindacato guidato da Lech Wałęsa.

Il sindacato fu una seria minaccia per il governo tanto che il 13 dicembre 1981 Wojciech Jaruzelski dichiarò la legge marziale, sospese il sindacato, e imprigionò la maggior parte dei suoi dirigenti. La legge marziale rimase in vigore fino al luglio del 1983.

12. Ultimi anni dell'Unione sovietica 1985-1991

Michail Gorbačëv, che prese il controllo nel 1985, era il primo segretario del partito comunista sovietico ad essere nato dopo la rivoluzione d'ottobre. Egli è ricordato per tre iniziative: glasnost', perestrojka e "dottrina Sinatra".

La Glasnost', o "trasparenza", era la parola che

Gorbačëv utilizzò per consentire i dibattiti pubblici nell'Unione Sovietica ad un livello senza precedenti.

La *Perestrojka* era la sua parola per riformare il mercato socialista, riconoscendo l'effetto stagnante della pianificazione statale.

La dottrina "Frank Sinatra" era il rovesciamento della dottrina Brežnev. Sinatra cantava "My Way", e la dottrina era a lui dedicata nel senso che ogni paese che era all'interno del Patto di Varsavia poteva trovare la sua "strada" per governarsi.

Inoltre, nel 1989, Gorbačëv ritirò le truppe sovietiche dall'Afghanistan, dieci anni dopo che Brežnev le aveva inviate.

Nell'agosto del 1991, i comunisti anti-riformisti sia del partito che dell'esercito erano abbastanza disperati da tentare un colpo di Stato. I dirigenti del golpe si facevano chiamare il Comitato sullo Stato d'Emergenza. Dichiararono, inoltre, che Gorbačëv era stato rimosso dalla sua carica di presidente a causa di una malattia.

Sebbene il golpe fallì rapidamente e Gorbachev fece ritorno a Mosca, fu Boris Yeltsin che giocò un ruolo di primo piano nella guerriglia di strada contro il Comitato, e l'incidente sottolineò uno spostamento del potere da Gorbačëv a Boris El'cin. Alla fine dell'anno El'cin era a capo della Russia e l'Unione Sovietica cessò di esistere.

13. Il socialismo in Cina dal 1945 al 1965

Durante la Seconda guerra mondiale, i comunisti cinesi sotto la guida di Mao Zedong ed il governo nazionalista di Chiang Kai-shek osservarono una difficile tregua per combattere il nemico comune, l'occupazione giapponese.

Dopo la resa giapponese, la guerra civile tornò immediatamente alla ribalta. Un'altra tregua, negoziata dal generale statunitense George C. Marshall all'inizio del 1946, venne violata dopo soli tre mesi.

Mentre in Cina infuriava la guerra, due governi post-occupazione si stabilirono nella vicina Corea. Nel 1948, Syngman Rhee fu proclamato presidente della Repubblica di Corea, a Seul, mentre i comunisti del Nord annunciarono che l'unica vera Corea era (ed è) la Repubblica Democratica Popolare di Corea.

Nel gennaio 1949, l'esercito della Cina nazionalista venne duramente sconfitto dai comunisti a Tientsin. In primavera, Chiang Kai-shek, che stava perdendo intere divisioni per diserzioni a favore dei comunisti, iniziò il ritiro delle forze restanti a Formosa (Taiwan). Ad agosto, gli aiuti statunitensi ai nazionalisti terminarono. A ottobre, Mao Zedong prese la carica di Presidente del Consiglio Centrale Amministrativo del Popolo della Repubblica Popolare Cinese a Pechino. Zhou Enlai fu nominato Primo Ministro e Ministro degli Esteri del nuovo Stato.

Il 25 giugno 1950, le forze della Corea del Nord invasero il Sud. Nonostante Mao fosse apparentemente poco entusiasta circa la guerra, le truppe cinesi vi avrebbero partecipato da novembre.

Nel frattempo, il Tibet aveva rifiutato di entrare nella Repubblica Popolare e le forze dei comunisti cinesi l'avevano invaso in ottobre.

Dopo questo afflato di espansione, il governo comunista cinese si concentrò sul consolidamento del suo potere interno. Negli anni Cinquanta, si diede avvio alla redistribuzione della terra e si tentò una industrializzazione forzata, con l'assistenza tecnica dell'Unione Sovietica. Dalla metà degli anni

'50, dopo un armistizio in Corea e la resa dell'esercito francese in Indocina, i confini cinesi erano sicuri. Il potere interno di Mao era anche assicurato dall'imprigionamento di quelli che chiamava oppositori di sinistra.

Alla fine degli anni Cinquanta, Mao divenne insofferente allo status quo. Da un lato, vedeva l'Unione Sovietica tentare una "pacifica coesistenza" con le potenze imperialiste occidentali, e pensava che la Cina avrebbe potuto essere il centro di una rivoluzione globale solo rompendo i rapporti con Mosca. D'altra parte, non era soddisfatto dei risultati economici conseguiti fino a quel momento dalla rivoluzione e credeva che il Paese dovesse entrare in un programma di rapida industrializzazione pianificata, noto come il grande balzo in avanti.

La pianificazione economica del periodo del Grande Balzo si incentrò sull'acciaio, considerato emblematico dell'industria. Il governo dispose di costruire piccole fornaci da cortile costruite in comune, nella speranza che la mobilitazione dell'intera popolazione avrebbe compensato l'assenza delle usuali economie di scala. Durante questo periodo, Mao lasciò il ruolo di capo di Stato in favore di Liu Shaoqi, ma rimase presidente del Partito Comunista.

L'affrettato programma di industrializzazione fu un disastro. Esso distrasse lavoro e risorse dall'agricoltura a favore di un lavoro a domicilio marginalmente produttivo, contribuendo così ad anni di carestia. Provocò inoltre una perdita di influenza di Mao sul PC e l'apparato di governo. Modernizzatori come Liu Shaoqi e Deng Xiaoping cercarono di relegarlo allo stato di fantoccio.

Mao non era pronto per quel ruolo. Nei primi anni 1960 radunò attorno a sé la cosiddetta "Mafia di

Shanghai", composta dalla sua quarta moglie, Jiang Qing e da Lin Biao, Chen Boda e Yao Wenyuan.

14. Il socialismo in Cina dalla rivoluzione culturale

Nel 1965, Wenyuan scrisse un attacco non troppo velato contro il vice sindaco di Pechino, Wu Han. Nei sei mesi che seguirono, sulla scorta della purezza ideologica, Mao ed i suoi sostenitori eliminarono molte figure pubbliche, tra cui anche Liu Shao-chi. Dalla metà del 1966, Mao aveva iniziato quella che è nota come la Rivoluzione Culturale, una massiccia azione, supportata anche dall'uso della forza, contro lo stesso apparato del partito comunista sulla scorta di una nuova concezione di Comunismo.

Il caos continuò in tutta la Cina per tre anni, in particolare in conseguenza alle agitazioni delle Guardie Rosse fino al IX Congresso del Partito Comunista Cinese nel 1969, quando Lin Biao emerse come figura militare primaria, e presumibile erede di Mao alla guida del partito. Nei mesi che seguirono, Lin Biao ripristinò l'ordine all'interno, mentre gli sforzi diplomatici di Zhou Enlai raffreddarono le tensioni di confine con l'Unione Sovietica. Lin Biao morì in circostanze misteriose nel 1971.

Gli ultimi anni di Mao videro una notevole distensione nei rapporti della Repubblica Popolare Cinese con gli Stati Uniti; tale periodo è ricordato come quello della "diplomazia del ping-pong".

Mao morì nel 1976, e quasi subito i suoi eredi ideologici, la Banda dei quattro perse il potere a seguito dello scontro con figure più pragmatiche come ad esempio Deng Xiaoping. Il termine "pragmatico" viene spesso usato dai media nei resoconti di queste lotte tra fazioni, ma non deve essere confuso con la filosofia del pragmatismo vera e propria.

Deng lanciò la "Primavera di Pechino", permettendo l'aperta critica degli eccessi e delle sofferenze che si ebbero durante il periodo della rivoluzione culturale. Egli eliminò inoltre il sistema con il quale il regime comunista aveva limitato le opportunità di impiego disponibili alle persone che erano associate alla classe terriera prerivoluzionaria.

Anche se l'unico titolo ufficiale di Deng nei primi anni 1980 era quello di presidente della commissione militare centrale del PC, era diffusamente considerato come la figura centrale della politica nazionale. In quel periodo, Zhao Ziyang divenne premier e Hu Yaobang divenne capo del partito.

Verso la fine del decennio, la morte di Hu Yaobang innescò una dimostrazione di massa di studenti in lutto in Piazza Tiananmen, a Pechino. Questa si trasformò rapidamente in una richiesta di maggior ricettività e liberalizzazione, e la dimostrazione venne catturata dalle telecamere e trasmessa in tutto il mondo. Il 30 maggio 1989 gli studenti eressero la statua della "Dea della Democrazia", che somigliava alla Statua della Libertà del porto di New York.

Il 6 giugno 1989, su ordine di Deng Xiaoping, truppe e carri armati dell'Esercito Popolare di Liberazione posero fine alla pacifica protesta. Migliaia di persone persero la vita nel massacro che ne seguì.

Per l'inizio del XXI secolo, comunque, la leadership cinese si era imbarcata in un programma di riforme basate sul mercato, che era molto più radicale di quello portato avanti dal leader sovietico Gorbaciov alla fine degli anni 1980.

15. Il Socialismo a Cuba

DALLA RIVOLUZIONE ALLO STATO SOCIALISTA

Cuba fu per quasi 400 anni una colonia spagnola; l'indipendenza giunse solo nel 1898, in ampio ritardo rispetto all'ondata indipendentista del mondo latino-americano, ma l'autentica indipendenza cubana da un popolo straniero dominante non giunse neppure in quell'occasione. La struttura coloniale spagnola già fiaccata da un conflitto lungo e sanguinoso quanto misconosciuto nel resto del mondo, il 10 maggio 1898 venne assalita dall'esercito degli Stati Uniti, che congiuntamente alle forze cubane ribelli da tempo organizzate in un esercito di volontari forte di ben 30.000 uomini, costrinse gli spagnoli alla resa nel giro di trenta giorni.

I "marines" americani entrarono all'Avana trionfalmente e issarono la bandiera a stelle e strisce, mentre ai contadini cubani che avevano portato i colonialisti al collasso dopo trenta (!) anni di lotta armata popolare, venne fatto assoluto divieto di entrare nella capitale. Cosa era successo?

Gli USA, con lungimiranza e tempestività erano intervenuti a favore dell'indipendenza cubana col pretesto della missione "umanitaria libertaria", ed in perfetto accordo con i maggiorenti dell'isola avevano ottenuto di guidare l'indipendenza cubana sotto il loro protettorato...Cuba aveva soltanto cambiato padrone!

Il risultato della lotta indipendentista fu oltremodo vantaggioso per la borghesia cubana, che divenne serva degli interessi economici della borghesia nordamericana, ma ricca e padrona di comandare nelle sue proprietà, cioè nei latifondi e nelle fabbriche, nelle città e nei paesi, al riparo dalle contestazioni della plebe. Nei decenni che seguirono, il conflitto insanabile fra chi possedeva tutto e chi niente, così palese in una nazione neocoloniale, sarebbe divenuto odioso, ma cosa più importante, associato alla dominazione "yankee".

Questa é l'origine storica della speciale miscellanea di rivoluzione e nazionalismo che contraddistingue il "Movimiento 26 de Julio", quel movimento populista ma estremamente determinato e sinceramente rivoluzionario che é stato per la rivoluzione cubana il nucleo intellettuale e militante vincente. Ripercorrere la storia della rivoluzione guidata da Fidel Castro Ruz esula dal compito di questa sintesi, ma é obbligatorio indicarne l'anomalo percorso storico. Essa é nata dalle rivendicazioni del bracciante sul latifondista, del disoccupato e dell'operaio sul magnate capitalista, tutti uniti dalla necessità di lottare contro la bestiale dittatura neocoloniale ma privi di un'organizzazione politica di massa provvista di precisa ideologia.

Tuttavia, questa rivoluzione apparentemente indirizzata verso la sconfitta o tutt'al più verso la vittoria liberal-democratica, é riuscita (complici determinate circostanze) a radicalizzarsi e a moltiplicare la profondità di coscienza dei suoi militanti, fino ad impedire che la vittoria si esaurisse in revisione dell'assetto politico tale da lasciare inalterate le ragioni economiche, ovvero l'autentico motore della società. Infatti, andando ben al di là delle peggiori aspettative della borghesia cubana e nordamericana, siffatta rivoluzione si é gradualmente spogliata delle illusioni demagogiche social-democratiche e con lucidità ha imboccato la strada marxista-leninista della trasformazione della realtà socio-economica, sbarazzandosi dell'involucro istituzionale borghese che inizialmente contenne la

53

spinta rivoluzionaria. Ha poi saputo resistere alla reazione imperialista degli Stati Uniti, ed infine, per bocca di Castro e nella concreta azione di esproprio ai danni della borghesia nazionale e straniera, si é proclamata socialista. Ad onta e smacco dell'imperialismo americano. ...complici determinate circostanze... Quali? Due sono state senza dubbio determinanti: la collocazione geografica dell'isola e la volontà dei cosiddetti "Barbudos", i guerriglieri rivoluzionari.

Cuba é un'isola situata a poche miglia marine (90) dalla costa sud occidentale degli Stati Uniti, per questo motivo era da almeno da 30 anni il paradiso tropicale per ricchi nordamericani oltre che per tutta l'alta borghesia internazionale; bordello e casa da gioco la capitale, immenso latifondo produttore di zucchero il resto del paese.

Poiché l'intero continente sudamericano é campo d'azione dello sfruttamento statunitense e i governi delle nazioni latino-americane non sono altro che organizzazioni malavitose a sostegno e difesa degli interessi "yankee", la ribellione popolare cubana capace di rovesciare il governo del dittatore fantoccio e di cacciare a pedate le multinazionali e i loro lacchè, addirittura istituendo lo stato socialista, non poteva che scatenare la rabbiosa reazione nordamericana. Da parte degli USA, dopo la prima inefficace reazione conclusasi con l'appoggio logistico allo sbarco disastroso dei controrivoluzionari cubani di Playa Girón, é seguito l'embargo più lungo della storia moderna (tuttora in vigore!), nonché una pressione politico-militare affiancata all'azione terroristica della CIA; attentati dinamitardi su aerei e navi, trasmissioni radiofoniche e televisive propagandistiche, finanziamento di organizzazioni controrivoluzionarie della borghesia cubana riparata in Florida, strumentalizzazione del flusso migratorio.

Il compromesso o qualunque tipo di accordo pacifista dunque é stato impossibile, ciò ha spinto la rivoluzione cubana verso l'alleato naturale, cioè l'URSS e il "Campo socialista".

L'altra circostanza é il ruolo di vera avanguardia svolto dai dirigenti guerriglieri; i fratelli Castro, Antonio Mella, Frank País, Ernesto "Che" Guevara, Camillo Cienfuegos, Wilma Espín, Celia Sanchez, Aydée Santamaria, ecc. Costoro non sono stati avventurieri o opportunisti e neppure demagoghi incapaci di tradurre in realtà la volontà di giustizia popolare, essi non hanno tradito la massa proletaria con cui hanno combattuto e vinto. Essi hanno saputo davvero trasformare la società contro cui lottavano, senza accontentarsi di ritocchi banali o facili compromessi, e spesso sacrificando la propria vita.

A questo proposito la dice lunga la smaniosa attesa da parte reazionaria della morte di Fidel Castro, simbolo vivente di questa "vecchia guardia" rivoluzionaria in grado di catalizzare ed indirizzare con una precisa ideologia il desiderio di mondi migliori.

LO STATO SOCIALISTA

Lo Stato socialista cubano ha ricalcato a grandi linee il modello fornito dalla Unione Sovietica post-bellica.

L'indiscutibile attrazione esercitata dall'esempio sovietico sul proletariato internazionale, il bagaglio ideologico marxista-leninista del partito comunista cubano prerivoluzionario (il "Partito Socialista Popular"), e soprattutto il sostegno politico-economico fornito dall'URSS alla neonata repubblica socialista immediatamente (dall'ottobre 1960) sottoposta all'embargo statunitense, hanno determinato l'assunzione esplicita e dichiarata del modello sovietico.

Quando il 1° maggio del 1960, a un anno dalla vittoria rivoluzionaria, Fidel Castro proclama la natura socialista della rivoluzione, Cuba è un paese arretrato appena uscito dal regime neocoloniale, pertanto ancora annoverabile a pieno diritto tra i paesi del "Terzo Mondo". Alla volontà politica comunista del governo si è posto allora il problema di costruire la società socialista...

Come fare?

Quali misure economiche adottare? Come formare dal nulla i quadri responsabili dello Stato Socialista? Quali manuali e metodologie utilizzare? Ecc., ecc.

Affidarsi all'esperienza sovietica ai manuali di economia sovietica, agli istruttori sovietici, questa è stata la logica soluzione.

Dunque il socialismo cubano non è altro che la copia di quello dell'URSS?

Sostanzialmente sì, ma con una differenza; la volontà di sfruttare l'esperienza sovietica per rimettere in moto il cammino rivoluzionario in direzione della creazione della società finalmente comunista, ovvero di superare nei tempi il più possibile brevi la fase di dittatura del proletariato.

Questa ambiziosa finalità ha spinto il socialismo cubano verso l'internazionalismo rivoluzionario, di cui le spedizioni di "Che" Guevara in Congo e Bolivia, e l'appoggio politico-militare ai movimenti rivoluzionari in America Latina ed Africa, sono l'esempio incontrovertibile della coscienza della necessità di alimentare la rivoluzione ovunque fosse possibile. Lo slogan guevariano "Creare due, tre, molti Vietnam" sintetizza la strategia scaturita dalla consapevolezza

56

che per far procedere la marcia dell'umanità verso il "regno delle libertà", verso la formazione dell'"uomo nuovo", era indispensabile sbloccare la situazione nata dalla "guerra fredda" abbattendo la potenza dell'imperialismo capitalista. Quello stesso imperialismo che aggredì la rivoluzione d'ottobre costringendo l'URSS a mobilitare le risorse in funzione bellico-difensiva, e che vistosi battuto localmente innescò una corsa all'armamento durata '70 anni bloccando in tutti i paesi socialisti le possibilità creative della rivoluzione, infine costringendo tali possibilità a rimanere "congelate" dalla condizione di guerra fredda permanente.

I1 socialismo cubano si è quindi distinto per aver mobilitato le proprie risorse in favore dell'internazionalismo rivoluzionario in modo dichiarato ed incisivo, addirittura temerario, di cui Guevara è stato il massimo artefice.

L'esempio cubano ha avuto tanta risonanza che ancora oggi, a decenni dagli eroismi internazionalistici e con Cuba socialista ridotta all'ombra di ciò che è stata, fra i popoli del "Terzo Mondo" che hanno vissuto la lotta antimperialista è ancora diffusa la viva simpatia per l'isola caraibica, nei confronti della quale essi sono debitori di aiuti disinteressati soprattutto in termini di materiale umano: tecnici, medici, insegnanti, ecc.

Il peso politico dell'internazionalismo cubano risulta inoltre evidente di fronte all'interesse e al dibattito che suscita oggi nei paesi occidentali, dove la "sinistra" che si era entusiasmata per quello che inizialmente aveva interpretato come un promettente tipo di socialismo "nuovo" (si rammenti la smania revisionista nel cercare fantomatici socialismi "dal volto umano") ora si affretta a liquidarlo accusandolo di autoritarismo o svilendone il significato ideologico con una solidarietà basata più sulla difesa della libertà di autodeterminazione dei popoli, che sulla solidarietà di classe.

Per comprendere le convulse circostanze in cui è maturato il processo di trasformazione dell'economia e della società cubana è necessario compiere una breve digressione riassuntiva che rammenti il corso degli eventi seguiti alla caduta del regime di Batista.

Al trionfo della rivoluzione dell'8 gennaio del 1959 segue la formazione di un governo retto da esponenti della borghesia non compromessi dal precedente regime neocoloniale nel quale Fidel Castro ricopre la carica di Primo Ministro.

Nel corso dell'anno, di fronte alla intransigenza castrista che ai primi accenni di azione controrivoluzionaria (ribellione del generale Hubert Matos) non esita a mobilitare l'esercito guerrigliero e a far occupare l'Avana con una manifestazione pacifista da mezzo milione di "campesinos" provenienti da tutta l'isola, vengono meno le speranze conservatrici di far defluire la spinta rivoluzionaria nel riformismo democratico. Il radicalizzarsi della situazione politica provoca la caduta del governo borghese e la fuga del Presidente Manuel Urrutia Lleó con tutti i ministri in Florida, negli Stati Uniti (Urrutia viene sostituito da Osvaldo Dorticós che rimarrà in carica fino al 1975). Nell'ottobre del 1960 la nazionalizzazione delle banche e delle imprese con più di 24 dipendenti provoca la reazione degli USA che negano il petrolio che prima fornivano normalmente; la richiesta di Castro di raffinare il petrolio offerto dai sovietici viene negata, pertanto il governo rivoluzionario nazionalizza le raffinerie (di proprietà americana). Scattato l'embargo statunitense che trascina al suo fianco i due continenti americani (tranne Messico e Canada), all'economia cubana rimane un unico partner commerciale costituito dai paesi socialisti (Cina, URSS ed Europa orientale).

Riassumiamo ora le misure che la Rivoluzione cubana ha adottato nella costruzione dello Stato Socialista, ciò permetterà di capire quanto di buono ha prodotto, vi é stato, ed in minima parte vi é ancora.

NAZIONALIZZAZIONE DI FINANZE, INDUSTRIE, TRASPORTI, SERVIZI

La risoluzione n. 94 del 21 novembre del 1959 rende ufficiale la creazione dell'"Instituto Nacional de Reforma Agraria" (INRA).

Tale istituto serve allo scopo di ricostruire l'economia cubana in senso socialista, ossia a distruggere l'anarchia produttiva capitalista che era funzionale solo agli interessi della borghesia nazionale e straniera, edificando al suo posto un modo di produzione razionale capace di assicurare l'equa distribuzione di lavoro e compensi. In altre parole, al profitto individuale di padroni grandi e piccoli si sostituisce d'autorità l'interesse collettivo gestito dalla massa proletaria attraverso le strutture amministrative prodotte dal governo rivoluzionario.

Di fronte ad un panorama di industrie produttive, altre abbandonate dai proprietari emigrati all'estero con i capitali, altre ancora improduttive perché i padroni si erano arricchiti a spese dell'erario in quanto legati al regime di Batista, il Dipartimento Industriale nel 1960 unisce i fondi di tutte le fabbriche nazionalizzate (inizialmente solo quelle con più di 24 dipendenti) in un unico fondo centralizzato in cui i vari stabilimenti depositano i ricavi e ricevono i finanziamenti programmati in accordo ad un bilancio prefissato. In tal modo si contribuisce al contenimento della disoccupazione e si permette alla popolazione di continuare a ricevere i prodotti necessari anche in presenza di una temporanea non redditività di tutte le aziende. Il personale che risulta eccedente viene trasferito in altri settori produttivi, mentre i lavoratori per i quali non é possibile il trasferimento vengono creati corsi di qualificazione tecnica e culturale. La sezione finanze, contabilità e bilanci del Dipartimento amministra il fondo centralizzato in conformità di programmi in accordo ad un piano annuale.

La Banca Nazionale é depositaria del fondo centralizzato, essa amministra il capitale finanziario (anch'esso nazionalizzato) e ad essa il Dipartimento Industriale invia copia dei bilanci delle unità produttive mentre le agenzie bancarie, da parte loro, non effettuano pagamenti superiori alle cifre stabilite nel bilancio generale. A guida della Banca Nazionale é "Che" Guevara in qualità di Presidente dal novembre del 1959.

Nel 1961 il 70% del settore industriale é nazionalizzato.

Trasporti e servizi subiscono lo stesso adeguato trattamento: nel marzo del 1959 vengono nazionalizzate le cooperative dei bus e la "cuban Telephone", gli affini e le tariffe telefoniche vengono dimezzate (legge 508 del 19/08/59), i prezzi dei libri di testo per la scuola elementare, superiore e professionale vengono ridotti del 25/30% (legge 479), viene anche ridotto il prezzo dei farmaci del 15/20%. I1 tunnel dell'Avana, unico tratto autostradale a pagamento dell'isola, viene anch'esso nazionalizzato ed il pedaggio abolito.

Negli anni successivi l'intero tariffario dei servizi sarà

ridotto ad un "prezzo politico", una tassa minima per il consumo di gas, telefono, corrente elettrica, e per l'uso dei bus e dei treni. Completamente gratuiti diverranno i servizi essenziali: la sanità e la scuola. Lo studio, di ogni livello e grado sarà assicurato e gratuito, nonché incentivato, qualunque tipo di intervento chirurgico, cura o terapia non richiederà alcuna spesa, anche la chirurgia estetica sarà gratuita. Attualmente le gravi condizioni economiche procurate da 36 anni di embargo a cui si sono sommate le vicende della restaurazione liberal-democratica in Europa orientale con la scomparsa del principale alleato cubano, si ripercuotono immediatamente ed in modo visibilmente disastroso proprio sui traguardi socialisti relativi ai servizi ed alle strutture di pubblica utilità. I1 sopracitato "prezzo politico" va scomparendo e sostituito da tariffe più consistenti, compaiono imposte che erano state dimenticate da oltre trent'anni, la qualità dei servizi si va deteriorando al limite della sussistenza.

RIFORMA AGRARIA

L'1% dei proprietari terrieri cubani controllava quasi la metà di tutto il territorio agricolo dell'isola. Le compagnie "American Sugar Refinig Company", "Vertientes y Camaguey", "Francisco Sugar", "Atlantica del Golfo", "Cuban American Sugar", possedevano circa 2.684.000 ettari, di cui coltivavano meno della metà. I1 salario dei braccianti agricoli era di 50 centesimi al giorno! I1 17 maggio del 1959 la legge di Riforma Agraria sancisce 1'attribuzione dei titoli di proprietà a 150.000 contadini che si dividono tutte le proprietà superiori ai 400 ettari disintegrando una volta per tutte i latifondi

61

e varando un progetto di istituzione di cooperative agricole sotto la direzione dell'INRA.
Nel 1961 una seconda Riforma Agraria riduce a 63 ettari il limite della proprietà privata.

CAMPAGNA DI ALFABETIZZAZIONE

Gli analfabeti a Cuba erano milioni, in alcune zone del paese, soprattutto in montagna, lo erano pressoché tutti.
Il governo rivoluzionario nel 1961 organizza una campagna di alfabetizzazione nazionale senza precedenti storici; migliaia e migliaia di volontari, ragazzi e ragazze diplomati o laureati si recano nelle zone più povere del paese dove si improvvisano maestri condividendo le condizioni di vita degli allievi.
Sarà la stessa ONU a dichiarare alcuni mesi più tardi l'isola "territorio libero da analfabetismo". Questa operazione culturale di massa é la prima grande vittoria nazionale rivoluzionaria nell'edificazione dello Stato Socialista ed é anche una grande lezione politica; tutti i contadini capiscono che esiste una concreta rivoluzione in corso.

LOTTA ALLA DISCRIMINAZIONE RAZZIALE

La popolazione di Cuba é composta per il 72% da bianchi, per il 15% da mulatti, per il 12% da negri e per l'1% da asiatici.
In epoca prerivoluzionaria le barriere razziali, non istituzionali ma socio-economiche impedivano ai neri e parzialmente anche ai mulatti la piena occupazione.
La discriminazione era evidente nel settore turistico, dove i neri ed i creoli erano ammessi in qualità di dipendenti solo nei periodi di bassa stagione... per

non turbare la sensibilità dei turisti nordamericani.

I1 governo rivoluzionario esegue immediatamente (25 marzo 1959) la condanna pubblica della discriminazione razziale e affida alla scolarizzazione di massa il compito di superare tale spinoso ostacolo culturale.

Il problema é di difficile soluzione in quanto non é risolvibile cancellando leggi razziste perché quelle non esistono; prima della rivoluzione non vi era traccia di alcuna forma legislativa di "apartheid", si tratta invece di eliminare i condizionamenti culturali che si sono formati e stratificati a partire dall'epoca schiavista. I1 problema é di ordine mentale.

Sviluppare nella massa la coscienza comunista sarebbe la soluzione, ma la complessità di questo traguardo é quanto di più imponente la rivoluzione deve affrontare. A questo proposito Fidel Castro disse: "... noi non dobbiamo lottare soltanto contro una serie di privilegi e interessi che hanno pesato sulla nazione e sul popolo, dobbiamo lottare contro noi stessi, dobbiamo lottare fortemente contro noi stessi..." (Conferenza stampa del 15 marzo 1959).

L'allusione di Castro é rivolta alla necessità di modificare la formazione culturale di ognuno, allo sforzo intellettuale individuale che é indispensabile per la creazione della coscienza dell'"uomo nuovo", ossia della coscienza comunista.

Oggi, a trentasei anni dalla vittoria della rivoluzione, si può affermare che la discriminazione razziale é stata certamente ridimensionata in modo netto, ma a causa della battuta d'arresto subita dal processo di formazione culturale a cui si accennava sopra, non é stata battuta definitivamente.

La "Federación de Mujeres Cubanas" (FMC), cioè la "Federazione delle Donne Cubane" è una struttura che svolge attività organizzative in ambito esclusivamente femminile con compiti non solo politico-amministrativi ma socio-culturali, al pari del "CDR". I1 ruolo di questa struttura assume importanza particolare se si considera la cultura maschilista cubana, che al "machismo" spagnolo somma quello africano in una miscela sconosciuta in Europa. Per combattere la mentalità che dà per scontate l'inferiorità e la sottomissione femminile, nel 1975 è stata varata la legge sull'uguaglianza fra uomo e donna, misura legislativa che condanna e abolisce le residue forme di maschilismo della società socialista cubana.

La legge è stata accompagnata da una campagna nazionale di sensibilizzazione in cui la Federazione ha avuto ruolo protagonista.

Alla presidenza della "FMC" è Wilma Espín, veterana della guerriglia e moglie di Raul Castro.

La "Asociación de Jóvenes Rebeldes" (Associazione dei Giovani Ribelli) nel periodo immediatamente seguente la vittoria rivoluzionaria organizza la gioventù che aderisce al "Movimiento 26 de Julio", il movimento politico-rivoluzionario animatore della guerriglia. La radicalizzazione dello scontro di classe seguita al moderato riformismo del governo borghese di Manuel Urrutia si conclude nel corso del 1959 con il prevalere del "castrismo", la conseguente definizione ideologica del movimento politico giunto al potere determina, tra l'altro, la trasformazione dell'associazione giovanile in "Unión de Jóvenes Comunistas" (UJC). In un paese in cui le caratteristiche demografiche fanno della gioventù la massa popolare preponderante l'importanza di questa struttura è evidente; essa svolge i compiti organizzativi e formativi comuni a molti altri enti statali, ma con particolare attenzione alla cura del tempo libero, infatti a carico della "UJC" è l'organizzazione di quelle che attualmente, date le gravi condizioni economiche del paese, sono le uniche occasioni di divertimento di massa (concerti, serate danzanti in improvvisate discoteche all'aperto, ecc.).

RISTRUTTURAZIONE DEL SISTEMA RETRIBUTIVO

Durante i primi anni di governo rivoluzionario, tra il 1959 e il 1961, la politica padronale rivolta a concedere aumenti salariali allo scopo di evitare conflitti che potevano facilmente concludersi con la nazionalizzazione dell'azienda, ossia con l'esproprio da parte dello stato che stava assumendo caratteri ormai apertamente socialisti, crea grosse sproporzioni salariali fra i vari settori produttivi, aggiungendo altre iniquità al sistema retributivo capitalista neocoloniale. Esistevano, infatti, enormi disparità salariali, diverse denominazioni e retribuzioni per una determinata occupazione, inesistenza di indicazioni riguardo ai criteri di qualificazione, inesistenza delle norme di lavoro, insomma una babele in cui regnavano le sperequazioni più assurde.
Nel 1962 il Ministero dell'Industria e quello del lavoro riorganizzano e regolamentano 1'attività produttiva e retributiva; elaborano una definizione unica delle occupazioni, definiscono le funzioni lavorative e i criteri di qualificazione, riducono tutte le fasce salariali (migliaia) al numero di 41, classificano i centri produttivi del paese per poter ripartire il personale direttivo, elaborano un'unica scala salariale per

l'intera economia, definiscono le norme di produzione di tutte le unità produttive, classificano i posti di lavoro, inaugurano corsi di specializzazione per i quadri responsabili della gestione politica amministrativa e sindacale.

I1 sistema retributivo elaborato dai due ministeri, al pari di quello di qualunque altro paese socialista, ridimensiona in modo netto le retribuzioni dei lavoratori ad elevata qualifica professionale, misura che provoca la "fuga" dei tecnici di ogni genere verso paesi nordamericani creando non poche difficoltà iniziali all'economia cubana. Invece decisa rivalutazione salariale viene giustamente stabilita per i lavoratori che praticano condizioni di lavoro particolarmente dure e/o pericolose, perciò un'operaio addetto ai servizi portuali di carico/scarico delle merci, ad esempio, percepisce un salario pari a quello di un medico o di un qualunque altro laureato.

Protagonista della riorganizzazione retributiva e produttiva è il Ministro dell'Industria Ernesto "Che" Guevara in carica dal 1961 al 1964, epoca in cui ha occasione di affermare:

Perché il salario è un vecchio male, che nasce con l'affermarsi del capitalismo, che nasce quando la borghesia prende il potere distruggendo il feudalesimo e che non muore neppure nella fase socialista. Finirà, si estinguerà soltanto quando il denaro non circolerà più, quando si arriverà alla società ideale, al comunismo.

Noi siamo ancora in un'epoca in cui l'ingiustizia non è stata eliminata e in cui non possiamo ancora eliminarla del tutto; non possiamo ancora dare a ciascuno a seconda delle proprie necessità. Ci troviamo a dover costruire il socialismo, dobbiamo dare a ciascuno a seconda del suo lavoro, dobbiamo correggere le ingiustizie a poco a poco e dobbiamo farlo discutendo sempre con i lavoratori.

Guevara è consapevole del carattere transitorio del socialismo e dei limiti di esso, perciò elabora un sistema salariale finalizzato al superamento di questa fase, in cui vige la sistematica combinazione d'incentivi materiali e morali in base al quale i lavoratori che si distinguono per la qualità del lavoro compiuto sono premiati con beni di consumo, ma anche con riconoscimenti pubblici per aver acquistato la coscienza di aver esaudito un dovere sociale. Egli riconosce la validità dell'incentivo materiale sul piano produttivo, ma ne condanna l'uso quale leva fondamentale dell'economia socialista, perché sostiene che subordinare lo sviluppo della coscienza all'incremento dei consumi significa impedire la diffusione della morale rivoluzionaria nelle masse, in altre parole ad impedire la creazione del comunismo.

Fra i suoi scritti si può leggere: "...graduale aumento dei beni di consumo per il popolo, questa è la parola d'ordine, e in definitiva, il grande strumento di formazione delle coscienze secondo i sostenitori dell'altro sistema (quello capitalista)". Il "Che" affronta così un problema cruciale del processo rivoluzionario fornendo la propria valutazione in merito; il passaggio dal socialismo al comunismo é possibile soltanto a patto di eliminare completamente le categorie di valore mercantile, fintantoché il socialismo continua ad usare tali categorie senza prodigarsi allo sviluppo degli strumenti (anche retributivi) atti ad eliminarle, procura la sopravvivenza del "germe" capitalista. A questo proposito Guevara afferma:

"Sarebbe come dire che abbiamo preso come arma contro il capitalismo un'arma del capitalismo trasferendola in un contesto dove necessariamente essa non ha mordente, efficacia, perché può svilupparsi soltanto in una piena società capitalista, cioè in una società in cui la filosofia é la lotta dell'uomo sull'uomo, dei gruppi contro i gruppi..." Ed ancora: "Rincorrendo l'illusione di realizzare il socialismo con l'aiuto delle armi spuntate che ci lascia in eredità il capitalismo (la merce come cellula economica, il profitto, l'interesse materiale individuale, ecc.) si può imboccare un vicolo senza uscita, e vi si arriva dopo aver percorso un lungo tratto in cui le strade si incrociano più volte e dove é difficile capire dove si é sbagliato strada. Frattanto la base economica adottata ha compiuto il suo lavoro di scavo sullo sviluppo della coscienza.

Per costruire il comunismo, contemporaneamente alla base materiale, bisogna costruire l'uomo nuovo."

Infine: "Vincere il capitalismo con i suoi stessi feticci a cui si é tolta la loro caratteristica magica più efficace, il lucro, mi sembra un'impresa difficile".

"Che" Guevara intuisce la difficoltà di formare la coscienza comunista, cioè una nuova sensibilità umana non soggiogata dall'egoismo individuale, utilizzando (ancora) un sistema economico in cui si rinuncia a fare del lavoro un dovere sociale e si continua, seppure in forma più blanda, a far sì che sia ancora vendita di una merce l'analisi di questo problema essenziale per il passaggio dal socialismo al comunismo, solleva a Cuba la discussione sulla scelta del sistema di gestione dell'economia socialista, dando vita al cosiddetto "Débate económico" ("Dibattito Economico") in corso nell'isola dall'Ottobre 1963 all'Agosto 1964.

Pur non entrando nel merito di questo dibattito, é doveroso notare che la critica del "Che" al modello economico che in quegli anni andava diffondendosi nei paesi dell'Est europeo (inizialmente Jugoslavia e Cecoslovacchia) favorevole allo sviluppo di forme di libero mercato in seno allo stato socialista, oggi, a restaurazione liberal-democratica ivi compiuta, risulta assai lungimirante

Le teorie di Guevara hanno applicazione a Cuba per tutti gli anni 60, ma dovendo fare i conti con la necessità di uscire dal sottosviluppo del paese (per di più condizionato dai paesi alleati) ossia costruire il socialismo prima che il comunismo, ottengono un'applicazione solo parziale. Dal 1970 vengono accantonate per essere sostituite da quelle degli economisti dei paesi socialisti europei, ciò nonostante il contributo di Guevara in materia di economia socialista rimane straordinario e ancora da sperimentare appieno. Sarà lo stesso Fidel Castro a invitare nel 1987 al recupero del "pensiero economico" del "Che", perché riferimento indispensabile nell'ambito del dibattito nato dalla crisi ideologica in corso nei paesi socialisti.

Meritano un cenno il ruolo e il significato del lavoro volontario; in quanto privo di retribuzione salariale é questo uno degli strumenti dell'economia socialista (insieme ad incentivi morali ed emulazione) che secondo Guevara devono portare al graduale estinguersi delle categorie di valore mercantile.

Già Lenin nell'opuscolo "La grande iniziativa" (28/06/1918) aveva esaltato il valore eccezionale di questa forma lavorativa perché arma letale contro l'egoismo piccolo-borghese e i princìpi del capitalismo tutto; nell'ambito della proprietà socialista il lavoro non ha solo una finalità individuale ma collettiva, ed in essa é possibile formare la coscienza comunista, il lavoro volontario é contemporaneamente un mezzo di espressione e di formazione di questa coscienza. Sulla traccia teorica e di costante esempio personale realizzati in questo senso dal "Che", il socialismo cubano ha adottato massicciamente la formula del lavoro volontario (in ciò favorito dall'ammirevole entusiasmo popolare) ottenendo un doppio risultato: valorizzare la risorsa umana e sviluppare un metodo di formazione culturale secondo il principio etico del sacrificio dell'egoismo individuale a favore dell'interesse collettivo.

Va ricordato che attualmente il lavoro volontario é ancora una realtà della società cubana, del resto incentivi morali e lavoro volontario non sono mai scomparsi del tutto, ma ora coesiste a fianco di retribuzioni in dollari USA fornite da aziende alberghiere di proprietà straniera, cioè si trova a competere con potenti diffusori di valori mercantili che sappiamo essere difficilmente battibili dall'emulazione socialista. Dunque si tratta più che altro della disperata ed eroica difesa dei minimi termini dello Stato Socialista, e nulla più.

È MORTO FIDEL CASTRO, PORTÒ LA RIVOLUZIONE A CUBA

Fidel Castro è morto a Cuba: aveva 90 anni. La notizia della scomparsa del leader cubano arriva dalla Tv nazionale dell'isola dal fratello, Raul Castro. Aveva lasciato il potere una prima volta nel 2006, a causa di una diverticolite all'intestino, e definitivamente nel 2008. È morto alle 22.29 ora cubana (le 4.29 italiane) e sarà   cremato.
Raul Castro ha concluso il suo commosso annuncio con lo slogan tanto caro al fratello maggiore che gli aveva trasferito tutti i poteri nel 2008: "Hasta la victoria,   siempre".

Il governo dell'Avana ha deciso di tributare al 'líder maximo' nove giorni di lutto nazionale, i funerali si svolgeranno il 4 dicembre.

LA SUA STORIA

L'uomo che entra trionfalmente all'Avana l'8 gennaio del 1959 in piedi su una jeep è un giovanotto di 32 anni, alto 1.90, molto miope, con una lunga barba e una divisa militare verde oliva. Nato sotto il segno del Leone il 13 agosto del 1926, è laureato in legge. Si è già sposato e ha divorziato. Ha tre figli: Fidelito, nato dal matrimonio con Mirta Diaz Balart; Jorge Angel e Alina, frutto di due relazioni extraconiugali. È già stato in carcere per aver guidato, sei anni prima, un disastroso assalto di ribelli al cuartel Moncada, una caserma dell'esercito vicino a Santiago, la seconda città dell'isola. Arrestato e condannato a 15 anni, ne sconterà poco più di uno. È stato in esilio diciotto mesi, fra Messico e Stati Uniti. E il 2 dicembre del '56, è tornato clandestinamente con un piccolo yacht, il "Granma", e 88 compagni. La maggior parte moriranno subito dopo lo sbarco ma, insieme a lui, una quindicina - dodici come gli apostoli secondo la leggenda - riusciranno a raggiungere le montagne, la Sierra Maestra, per dare inizio alla guerriglia vittoriosa.
Quell'8 gennaio Fidel Castro è già il capo indiscusso di una rivoluzione che allora nessuno sa dove andrà ma che ha appena liberato Cuba, l'isola più grande dei Caraibi, da un dittatore, Fulgencio Batista, legato alla Mafia italo-americana e a Lucky Luciano, che nella notte di Capodanno del '59 è volato via con 100 milioni di dollari e pochi fedelissimi per rifugiarsi nella Repubblica   Dominicana.

L'impatto mondiale del trionfo dei "barbudos", non più di 800 guerriglieri in tutto, è immenso. Uno squarcio nello scacchiere della Guerra Fredda. Il primo viaggio all'estero di Fidel Castro è negli Stati Uniti, nell'aprile del '59, su invito della Società degli editori di giornali. Nei suoi discorsi americani Castro sosterrà che la sua rivoluzione è "umanista", prometterà di convocare libere elezioni e di difendere la proprietà privata. Alla Casa Bianca lo riceve Nixon, allora vicepresidente, mentre Eisenhower gioca a golf. "E' un tipo naif, ma non necessariamente un comunista", riferirà Nixon al presidente. Ma le relazioni tra i due paesi, separati appena da 90 miglia d'acqua, peggioreranno in fretta. All'Avana sono mesi caotici con i processi sommari e centinaia di condanne a morte per chi, militari e civili, aveva collaborato con il regime di Batista e era accusato di crimini di guerra. Per tutto il 1959 all'interno del gruppo dirigente dei barbudos si sviluppa lo scontro, sempre più aspro, sul futuro della rivoluzione. Raùl e Che Guevara premono per la via socialista; Camilo Cienfuegos, Sori Marin e Huber Matos per il ritorno alla Costituzione del 1940, libere elezioni e democrazia. Camilo Cienfuegos morirà in un incidente aereo il 28 ottobre del 1959. Huber Matos, l'altro comandante che si ribella alla deriva socialista della rivoluzione, sarà processato e condannnato a vent'anni di carcere.
A febbraio del '60, la svolta. Il primo ministro sovietico, Anastas Mikojan, arriva all'Avana e firma l'accordo commerciale che provocherà la rottura delle relazioni con Washington, il via libera alle operazioni della Cia e ai numerosi tentativi americani di assassinare Fidel Castro.
Il 17 aprile 1961 un piccolo esercito d'invasione

composto da 1500 esuli cubani, addestrati e finanziati dalla Cia, proverà a sbarcare sull'isola per rovesciare i barbudos. È la Baia dei Porci che finirà tragicamente per gli assalitori soprattutto perché John Kennedy, succeduto a Nixon e a Eisenhower, si rifiuterà di timbrare come sua un'operazione decisa da altri e impedirà ai caccia dell'aviazione Usa di appoggiare lo sbarco.

Un anno e mezzo dopo, nell'ottobre del '62 la crisi dei missili: quando gli americani scopriranno l'installazione di rampe di lancio sovietiche per testate nucleari, il mondo bipolare dell'epoca sarà, per 13 giorni, sull'orlo della guerra atomica. Finché Nikita Krusciov non accetterà il compromesso secondo il quale Washington prometteva di non promuovere nuove invasioni dell'isola e Mosca di non armarla con testate nucleari. Castro, non consultato, venne colto di sorpresa dal "cedimento" di Krusciov. E da quel momento il leader sovietico diventerà a Cuba *Nikita mariquita*, Nikita il frocetto.

I rapporti di Fidel Castro con la famiglia non sono mai stati facili. Suo padre, don Angel, gestiva una fattoria di 10mila ettari e coltivava la canna da zucchero, a Biran nell'Oriente dell'isola. Sua madre, Lina, era la giovane colf che don Angel aveva sedotto ma che sposerà solo nel 1943, quando Fidel ha 17 anni, dopo la morte della sua prima moglie. Don Angel, che manteneva Fidel e Raul nei loro studi all'Avana, si rifiuterà di partecipare al matrimonio di suo figlio con Mirta Diaz-Balart nel 1948 perché voleva che studiasse e diventasse avvocato. Morirà nel '56 mentre Fidel e Raul sono in esilio a Città del Messico. Ma l'episodio più tragico che dividerà per sempre la famiglia Castro è del 1964 quando Juanita, la sorella minore, lascia Cuba diretta in Messico dove rivela di aver lavorato, contro i due fratelli, come agente della Cia. Nome in codice: "Donna". A provocare il tradimento di Juanita era stata la condanna a morte di Humberto Sori Marin, comandante dell'esercito rivoluzionario sulla Sierra che dopo la vittoria si oppose alla svolta marxista-leninista organizzando una ribellione armata.

Fra il 1963 e il '64 con due viaggi a Mosca Fidel Castro stringerà l'alleanza con l'Urss e il Patto di Varsavia che collocherà definitivamente Cuba nell'orbita dei paesi socialisti. Il primo effetto sarà il dissenso con Che Guevara che deluso (la sua opinione è che l'Urss sia per il Terzo mondo una potenza imperialista come gli Stati Uniti) si allontanerà progressivamente dal gruppo dirigente cubano fino alla tragica avventura in Bolivia dove verrà assassinato nell'ottobre del 1967. L'alleanza con Mosca modifica un po' tutte le idee e progetti dei primi anni della Rivoluzione quando anche Fidel Castro puntava sull'industrializzazione di Cuba per rompere le catene della monocultura dello zucchero. Per compiacere Breznev che, nel frattempo, è subentrato a Krusciov al Cremlino, il leader cubano lancerà la famosa "zafra" (la raccolta della canna da zucchero) dei dieci milioni di tonnellate. Cifra che non si raggiungerà mai ma che mobiliterà l'isola in una battaglia nazionale di consenso popolare verso Fidel. Negli anni successivi l'isola si riempirà di consulenti sovietici e, sotto l'impulso di Raul, che sarà sempre il più filo-Mosca tra i dirigenti cubani, attuerà i piani quinquennali, la burocrazia, e soprattutto il sistema di controllo, mutuato dal Kgb, voluti dall'Urss. Fino alla fine degli anni Ottanta, Cuba scambierà con il Patto di Varsavia zucchero con aiuti di tutti i generi: dalle lattine di fagioli per i soldati, alle auto, ad ogni altro genere di prodotto e aiuto.

L'Urss investirà miliardi per conservare l'avamposto strategico di Cuba a 90 miglia dagli Stati Uniti. E per Fidel saranno anni abbastanza dorati nel corso dei quali l'isola sarà portata ad esempio per la qualità del suo socialismo: scuole e ospedali soprattutto. Il leader cubano sarà costretto però a tenere a freno tutte le velleità rivoluzionarie nel resto del continente americano anche se continuerà a finanziare guerriglie in po' ovunque.

Per compiacere Mosca approverà l'invasione di Praga mentre all'interno dell'isola si stringeranno sempre di più i cordoni della censura, la caccia al dissidente e il conflitto con gli intellettuali. Il caso più famoso della "sovietizzazione" del socialismo caraibico sarà, nel 1970, l'arresto di Heberto Padilla, un poeta che aveva scritto versi critici e che sarà costretto ad una pubblica abiura. Il caso Padilla provocherà la rottura del regime cubano con numerosi intellettuali europei e latinoamericani. Ma Fidel resterà per molti anni ancora un "tiranno fashion", coccolato e vezzeggiato da molti, come Oliver Stone e Garcìa Màrquez. Il momento più critico degli anni "sovietici" sarà nell'aprile dell'80 con quello che si ricorda come "l'esodo del Mariel" (per il nome del porto) quando migliaia di cubani raggiunsero gli Stati Uniti grazie ad un accordo con il presidente Carter dopo giorni di proteste nelle strade dell'Avana. Poi le cose fileranno lisce fino all'89. L'avvio della perestrojka nell'Urss avrà molti estimatori a Cuba. Primo fra tutti Raul, il fratello minore del lider maximo. Invece Fidel vedrà immediatamente nelle riforme di Gorbaciov l'inizio della fine. E si batterà contro tutti per evitare qualsiasi contagio.

Così mentre il socialismo reale implode, il tempo a Cuba verrà scandito dalla 'Causa numero 1',

75

il processo contro alcuni uomini molto importanti della nomenclatura castrista: il generale Orlando Ochoa, eroe dell'Angola; e i due gemelli Tony e Patricio de la Guardia, cervelli di molte operazioni segrete. Una epurazione interna, Ochoa e Tony de la Guardia furono condannati a morte e giustiziati, che servì soprattutto a serrare, con il terrore, le fila intorno al comandante en jefe nella fragilissima stagione della perdita dell'Urss. Con gli anni Novanta inizia il periodo più travagliato per il regime. Mosca chiude i rubinetti dei fondi a perdere iniettati per più di un quarto di secolo nell'avamposto socialista dei Caraibi. L'economia crolla e Cuba, che importa quasi tutto quello di cui ha bisogno, entra in una drammatica carestia che Fidel battezzerà come "Periodo especial" imponendo sacrifici alla popolazione in nome di nazionalismo, indipendenza e socialismo. Per salvarsi, dopo anni di autarchia finanziata da Mosca, Cuba spalancherà le porte al turismo e alle rimesse degli esuli. Un processo che, con la liberalizzazione dell'uso dei dollari, cambierà il volto dell'isola rovesciandone la piramide sociale. Ricchi diventano tutti quelli che hanno relazioni con il turismo del biglietto verde: impiegati d'albergo, taxisti, jineteras; poveri e poverissimi gli insegnanti, i medici, i funzionari di Stato.

L'ultimo fenomeno degli anni Novanta saranno i "balseros" in fuga verso la Florida sulle zattere. *Boat people* disperati spinti via dalla fame. Infine a partire dal 1998 la Cuba di Fidel riuscirà in parte a sostituire quello che fu l'ombrello sovietico con il Venezuela di Chavez. Greggio e fratellanza ideologica. Tra il '92 e il 2006 Fidel Castro ha due gravissime crisi per la diverticolite all'intestino. Tutte e due le volte

76

rischia la morte dopo l'intervento chirurgico. Nell'estate del 2006 cede temporaneamente il potere ad una giunta formata da fedelissimi insieme al fratello Raúl che nel 2008 gli subentra definitivamente come presidente e capo del partito (Pcc). Ora Fidel se n'è andato mentre i suoi eredi s'impegnano con cura a smontare il sistema che ha costruito per conservare il potere. Lascia, insieme alla moglie Dalia, più di dieci figli, solo sei legittimi da due matrimoni. Una scia di grandi passioni senza mediazione tra l'amore e l'odio più viscerali. E più di tre milioni di esuli dispersi tra Stati Uniti, Messico e Spagna. L'ultima grande stagione politica di Fidel Castro fu quella che si ricorda come la Primavera Negra del 2003 e dei cosidetti "Talibani", un gruppo di giovani dirigenti a lui fedelissimi, uniti nella difesa dei principi del socialismo nell'isola. Una settantina di esponenti dell'opposizione, tra cui il poeta Raúl Rivero, che oggi vive tra Madrid e Miami, vennero incarcerati, processati e condannati a pene pesanti. Ma furono gli ultimi fuochi. Con la malattia e l'avvento al potere di Raúl tutti le personalità più vicine a Fidel vennero allontanate dai posti di comando. Alcuni, come Carlos Lage e l'ex ministro degli esteri Felipe Perez Roque, in circostanze ancora tutte da chiarire. In poco tempo Raúl smontò gran parte del sistema costruito dal fratello, sostituendo i funzionari civili con i militari che lui aveva formato e cresciuto come Capo delle Forze armate di Cuba. E concedendo molte nuove libertà. Come il passaporto per viaggiare all'estero, assolutamente proibito negli anni di Fidel. Una lenta apertura del regime, soprattutto in economia, con la nascita delle attività private: dal barbiere ai proprietari di stanze per i turisti. Processo portato a compimento da Raúl con la pace, nel dicembre 2014, firmata con i grandi nemici di Fidel: gli Stati Uniti d'America. Lui non lo avrebbe fatto. E quando ne ebbe la possibilità criticò la svolta del fratello minore. Forse, essendo sopravvissuto a una infinità di presidenti americani, aveva già immaginato che dopo "l'amico" Obama nei circoli della Casa Bianca sarebbero tornati in auge i suoi acerrimi nemici della diaspora cubana, quelli che sconfisse il primo gennaio del 1959. [1]

PARTE SECONDA

PARETO E LA POLITICA

16. Passione per la politica

Come ho sempre ricordato, la passione per la politica, come fenomeno sociale presente nei miei studi fin da ragazzo, il coraggio necessario, l'atteggiamento moralistico e, quindi, polemico, verso coloro che amministravano le collettività finanziariamente e politicamente, mi proveniva certamente dai miei predecessori, che con i loro esempi ed impulsi sono stati lo stimolo perchè non rimanessi indifferente alla battaglia politica. Perchè allora non tentare di arruolarmi fra le schiere dei rappresentanti della volontà popolare, per il trionfo degli ideali di giustizia e libertà?
Coltivai la vocazione politica nel salotto Peruzzi. Salotto più politico che letterario, anche se frequentato da uomini di pensiero, con la stessa natura dei titolari: protagonisti del risorgimento e dell'unità italiana.
Gli ospiti, in gran parte politici: deputati, senatori che, per quanto stanziati oramai a Roma, si soffermavano - nei loro viaggi - a Firenze, dai Peruzzi a irrorare notizie e scandalucci e proposte e ad attingere intenzioni e manovre da meditare nel lancio di iniziative; o giovani ardenti, esacerbati dalla miseria e dalle sofferenze del popolo, pronti a smascherare ogni finzione pietista, non importa se clericale o laica, insoddisfatti delle conclusioni sociali, in parte raffazzonate, della unificazione, ma carichi di speranza.
In questo ambiente sono più volte intervenuto nelle

discussioni, scrivevo lettere sui quotidiani, facevo conferenze al Circolo filologico di Firenze, ai Georgofili e spingevo gli amici a potenziare il movimento proporzionalista a Genova, ad Alessandria, a Milano e a Roma.

Trasferitomi nel 1873 a San Giovanno Valdarno nella Società dell'industria del Ferro, mi trovai subito a contatto con operai provenienti da tutte le regioni italiane. Fra fabbri-ferrai e minatori mi appassionai subito della loro miseria e degli sfruttamenti subiti. Presi parte al Consiglio comunale del Valdarno.

Inoltre sentivo le lamentele degli elettori contro i loro rappresentanti, nominati ancora per tradizione familiare, quasi con metodi feudali. Incoraggiato da questi fatti e con l'appoggio del Notaio di San Giovanni, dott. Cantucci, entrai nell'agone della politica, presentandomi candidato alle elezioni generali del 1880, per il collegio di Montevarchi, nella zona dell'Arno fra Firenze e Arezzo, per moralizzare l'ambiente.

«Io non ho mai rinunciato alla politica, certo avrei preferito che la Camera non fosse sciolta ora per aspettare ancora un po' di tempo a presentarmi candidato alla deputazione. Ma poiché si presentava un'occasione era bene non lasciarsela sfuggire».

Ciò avvenne nell'aprile del 1880, quando, a proposito del bilancio, nonostante il Cairoli, messo in guardia dalla sua prima esperienza ministeriale, si presentasse con un programma più cauto, arruolando come ministro degli Interni lo stesso Depretis, pronto come al solito a trasformare l'amicizia passata in inimicizia, il governo fu costretto dal Re a sciogliere quella ingovernabile Camera e a indire le elezioni. Queste si tennero nel maggio 1880, e furono le ultime a suffragio ristretto, anzi ristrettissimo.

Con le elezioni del 1880 si assiste al definitivo processo di crisi delle aggregazioni politiche tradizionali, rappresentato dal fatto che molti nuovi deputati non erano in grado di individuare una precisa collocazione sui banchi parlamentari, cosi che non furono pochi i collegi nei quali era scomparsa ogni distinzione fra candidati della Destra e della Sinistra, fenomeno che sancisce il costituirsi di una sorta di grande partito ministeriale.

Per le elezioni del 1880 scrissi al Peruzzi, chiedendone l'appoggio, e ad alcuni amici, tra cui il Fenzi, per sapere se avessi avuto serie probabilità di riuscita. Sembrava che l'avv. Niccolò Nobili non avrebbe partecipato alla campagna elettorale.

Il Nobili, consigliere alle Romane, non sarebbe stato rieletto in virtù della legge delle incompatibilità parlamentari, e anche perchè aveva votato contro il ministero, con Nicotera. Confessavo che non consentendo nè con le idee della destra nè con gli affaristi mi sarei schierato per il ministero, almeno fino a quando questo si sarebbe mantenuto in una linea di condotta moderata.

Il Peruzzi in una lettera inviata a Bettino Ricasoli il 4 maggio, dopo aver parlato della improvvisa convocazione dei Collegi elettorali, e della titubanza nel prendere una decisione per la rinunzia alla sua candidatura, per non favorire gli imbroglioni, proponeva di favorire la mia candidatura, presentandomi come persona di idee molto larghe in economia politica ed in fatto di libertà, amante dell'ordine, ottimo oratore di singolare cultura, come si evince da vari articoli apparsi nella Nazione e nella Nuova Antologia; oltre ad avere un animo onestissimo e sentimenti molto nobili. [2]

Nel frattempo volevo scrivere a Celestino Bianchi

(1817-1885), direttore della *Nazione*, «per chiedere il suo appoggio. Non fosse altro per influenzare negativamente il Nobili il quale vedendo scemare le possibilità di successo per una nuova candidatura, poteva essere indotto a non abbandonare il posto di consigliere alle Ferrovie Romane. Anche il Rochi mi avrebbe appoggiato. Si poteva parlare al Fenzi. Io non cercavo e non volevo l'aiuto della costituzionale toscana, ma il Fenzi, poteva preferire me al Nobili, e non essendoci altro candidato di destra, poteva proporre la mia candidatura ai suoi amici come il minor male».

Attraverso la corrispondenza, apprendo la trama delle manovre che vengono imbastite da Celestino Bianchi, direttore de *La Nazione*, da Carlo Fenzi, della Banca Fenzi e C., e della Società per l'industria del Ferro. Le notizie che ricevevo da San Giovanni non mi sembravano tali da darmi molte speranze per cui rinunciavo senz'altro alla mia idea. Se avessi avuto molte probabilità avrei tentato la sorte, ma con poche era meglio non perdere tempo, che in quei momenti della costituzione della nuova società per la ferriera era per me preziosissimo.

Appresi poi che l'Associazione costituzionale toscana elesse G.B. Martini come proprio candidato per il collegio di Montevarchi, preferendolo al Nobili.

Io non credevo che il bene del paese potesse risultare dalla elezione di persone che sposano gli odii e i rancori di poche vanitose nullità, come il Martini. Per me astenersi e lasciar fare è il peggior partito, la mia scelta non era libera, facevo ciò che potevo per quello che mi sembrava il minor male.

«La mia vita potevo metterla al sole, vivevo in una casa di cristallo come quel filosofo dell'antichità. Purtroppo tra due mali si deve scegliere il minore, per me il maggiore era l'elezione del Martini. Era il dominio dei signori dell'associazione costituzionale, capeggiata dal Fenzi. Essi avevano disposto del collegio di Montevarchi come si dispone di un feudo». [3] Del resto potevo fare ben poco. Non si doveva badare solo al successo.

Ma all'ultimo si era presentato il Nobili, che pretendendo di essere eleggibile dando ragioni da non disprezzarsi, si era meritato il mio sostegno e mi aveva così sbalzato di sella, provocando con il mio appoggio un'ombra verso Ubaldino Peruzzi, però subito fugata e al quale dimostravo tanta affezione e devozione.

Nelle elezioni del 16 maggio del 1880 il Peruzzi ottenne 843 voti mentre il Carducci ne ottenne 74.

La votazione di ballottaggio fra il Peruzzi e il Carducci, svoltasi il 23 maggio, si risolse con la vittoria del Peruzzi con 881 contro 96. Era una giustizia dovuta e che onorava i fiorentini.

A livello nazionale l'esito fu il seguente: dei 600 e più mila iscritti andò alle urne il 60 per cento, e la Sinistra pagò il fio della confusione in cui era precipitata con le sue lotte intestine. La Destra salì da 110 a 170 seggi e l'Estrema ne guadagnò una ventina a tutto scapito della Sinistra storica e suoi affini che scesero a poco più di 200. Solo Depretis, rieletto il 29 maggio 81, vi fece un guadagno manovrando i Prefetti in modo da dare la vittoria agli uomini suoi: il che lo rese ancora di più il vero arbitro della situazione. [4]

17. Socialismo e libertà

Tra il febbraio e l'aprile 1891 ho pubblicato su «Il Pensiero italiano» l'articolo: *Socialismo e libertà*, dove ho esaminato il socialismo in rapporto al principio del libero-scambio.

Questo mio approccio, che prima ancora che col socialismo, è con i socialisti, va visto in chiave positivistica tendente alla difesa, sul piano della politica economica, del bene comune che significa anche in parte, ma solo in parte, il bene dei ceti più poveri.

Quale l'obiettivo di questo socialismo? Mirare ad un rinnovamento intero della nostra società, mutandovi specialmente le basi della proprietà, e per lo più anche quelle della famiglia, accrescendo potere allo Stato, e scemando la libertà dell'individuo, coll'intento sempre di favorire i meno abbienti.

Questa rivista d'ispirazione cavallottiana si propone di riprendere e di sviluppare il pensiero politico di Carlo Cattaneo, in cui noto come socialismo e liberalismo non rientrino in alcun modo nel modello teorico postulato dalla lotta concorrenziale. Dopo una premessa in cui chiarisco che lo Stato interviene nella distribuzione della ricchezza sia pure in modo indiretto, ma non per questo meno pesante, attraverso la protezione doganale, i monopoli, le opere pubbliche, i debiti pubblici, le imposizioni fiscali dirette e soprattutto indirette, la politica di guerra, passo a considerare criticamente le posizioni assunte a queste proposito dalle principali teorie socialiste, quali quelle di Ferdinando Lassalle e dei socialisti della cattedra, quelle di Marx e dei socialisti cristiani.

«Il Lassalle riconosce tre periodi nella storia: quello feudale prima del 1779, quello borghese dal 1779 al 1848, quello operaio che principia dopo il 1848, ma che ancora non ha potuto produrre tutte le sue istituzioni. Si è abolita la schiavitù, cioè la facoltà di sfruttare direttamente l'opera dell'uomo; ma si seguita a sfruttarla indirettamente col sistema capitalista borghese, e questo deve, a sua volta, scomparire. Perciò occorre che intervenga lo Stato, e che gli strumenti della produzione siano proprietà esclusiva dei lavoratori e dello Stato stesso. Ogni paese deve risolvere da sè la questione sociale, e, come ha la propria storia, deve avere la propria economia politica.

É questo il concetto che informa principalmente la dottrina degli economisti della cattedra...che, dando gran peso all'intervento dello Stato per integrare la deficienza dell'opera individuale, finiscono per accrescere le attribuzioni dello Stato.

Il Dio Stato dei socialisti della cattedra è, per parlare schietto, un poco usuraio, e se promette di spandere i suoi favori sul popolo, principia a farseli pagare doppi. L'on. Crispi, in un dispaccio rimasto celebre, prometteva ad una augusta persona di sciogliere la questione sociale, ma di quella soluzione non si ha avuto nuova, e le notizie furono solo di nuove spese e di nuovi tributi.

Questa caritatevole sollecitudine dello Stato verso i poveri somiglia molto a quella dei frati, così ben raffigurata dal nostro Boccaccio, i quali, in cambio delle ingenti ricchezze che estorcevano ai fedeli credenti, distribuivano poche scodelle di minestra alle porte dei conventi». [5]

Io sono un pretto democratico, perchè procurare la maggiore somma possibile di bene al maggior numero di uomini è lo scopo della mia vita. Non sono cieco per i difetti della democrazia, ma mi pare che il minor male sia ancora da quella parte. Almeno è cosa da provarsi, mentre la prova dei regimi aristocratici (nel senso proprio della parola: dei migliori) è stata fatta ed è riuscita pessima. Io *spero* (non dico di essere certo) che i mali della democrazia si possano correggere con la libertà.

Non sono contrario che i pochi siano più istruiti dei molti, ma il guaio sta che di quella loro istruzione si valgono per appropriarsi e godersi i beni dei molti, onde non conviene affidare loro il potere. Se fossero moderati nell'appropriarsi i beni altrui, come in parte lo furono in Inghilterra, potrebbero fare ad un tempo il bene proprio e dell'intero paese. Ma disgraziatamente questi casi sono eccezionali; solitamente, come accade ora in Italia, sono tanto avidi che giungono sino a fare danno a loro medesimi coll'eccedere nel gravare il popolo del quale si godono il lavoro.

Un popolo tenuto da secoli nell'ignoranza e nella soggezione, il giorno che intero il potere opera da belva. Io non sono un profeta, ma ti dico subito ciò che accadrà il giorno in cui i socialisti avranno il potere in Europa. I nostri padroni oggi ci spogliano con certe forme decenti; la plebe, quando avrà il potere, ne farà a meno.

Il Tocqueville ha veduto chiaramente che la rivoluzione non aveva fatto altro che adoperare le armi delle quali si serviva la monarchia assoluta.

Il marchese Di Rudinì mette un catenaccio per crescere il prezzo dei consumi, modificando la tariffa dei dazi doganali. I socialisti ne metteranno uno per togliere le terre ai proprietari. [6]

18. Esperienze elettorali

Mentre coltivavo i miei interessi culturali, approfondendo l'economia, la sociologia, gli studi letterari classici, nel 1882 presento la mia candidatura come deputato, prima nel collegio di Montevarchi, poi nel collegio Pistoia-Prato-San Marcello. Una corrispondenza da Prato de «La Vedetta» del 17 settembre 1882, ripropone da parte di un gruppo di industriali di Prato la mia partecipazione alla imminente campagna elettorale. Così diceva l'articolo: «Un forte comitato elettorale dei più importanti industriali si è costituito in questa città per proporre e sostenere un candidato nelle prossime elezioni politiche, il quale oltre alle attitudini necessarie all'uomo politico abbia una speciale conoscenza delle condizioni delle industrie nazionali per poterne sostenere i vitali interessi in Parlamento.

Non si tratta di una guerra personale che si voglia fare al vecchio deputato, ma di una questione di principio che si vuol fare prevalere, di certi interessi nazionali che è una necessità il non trascurare. Questo Comitato ha offerta la candidatura all'ing. Vilfredo Pareto, persona che voi pure dovete conoscere per la sua abilità come scienziato e come industriale. É certo che niuno meglio dell'ing. Pareto può corrispondere a questo concetto del Comitato Pratese, il quale ha già trovato un larghissimo appoggio e nella città di Pistoia e fra gli elettori della Montagna Pistoiese dove moltissimi industriali sono alla testa di fabbriche importanti ai quali l'idea giustissima e savissima del Comitato non poteva non andare a genio perfettamente». [7]

«Questa richiesta mi fa decidere per tentare la seconda avventura elettorale, presentandomi nel collegio Pistoia-Prato-San Marcello Pistoiese.

A Pistoia ero stato nel periodo dell'impiego nella Società delle Ferrovie Romane. A Prato, per ragioni commerciali, dovute alla mia posizione nell'impresa siderurgica di San Giovanni. A San Marcello Pistoiese, ero stato amico del compianto Bartolomeo Cini (1808-1877), padre di Elena, sposatasi col banchiere Antonio French e di Cosimo Cini che dirigeva la cartiera della

Lima». [8]

Per questo tentativo ero già d'accordo col Martelli-Bolognini, sindaco di Pistoia e deputato ministeriale uscente di quel collegio. Nella montagna pistoiese avevo quasi tutti favorevoli; il governo quindi non si sarebbe compromesso ad appoggiarmi.

Al proposito, su «La Nazione» in una corrispondenza da San Marcello Pistoiese, del 22 settembre, si leggeva: «Questa candidatura ha trovato subito un grandissimo favore nella nostra montagna. Il Pareto oltre ad avere tutte le qualità desiderabili in un uomo politico, ha una conoscenza profonda, prodotta da una lunga pratica ed esperienza delle condizioni in cui si trovano le industrie nazionali e saprebbe degnamente propugnare i vitali interessi in Parlamento senza contraddire le sane teorie delle libertà economiche.

I principi liberalissimi dell'ingegnere Pareto, il suo affetto sincero alle istituzioni che ci governano, lo rendono un uomo adatto a sedere alla Camera; e noi siamo determinati a sostenere vivamente la candidatura per le prossime elezioni. Possiamo anche sperare fin d'ora in un felice risultato; perchè è dato contare oggi sugli accordi che si sono presi non solo col Comitato Pratese ma anche con molti dei più influenti elettori della città di Pistoia... Seguiva il commento del direttore del giornale: «Il Comitato pratese di cui parla questa corrispondenza, non poteva essere meglio ispirato; e se i comitati elettorali che vanno pullulando in questo momento sulla superficie dell'Italia avessero eguale senno ed eguale fortuna, e gli elettori li ascoltassero e li secondassero, la Camera nuova potrebbe rivaleggiare con quelle che il nostro Parlamento ha avuto più operose e più benemerite. Il marchese ingegnere Pareto è ricco di varia ed eletta cultura, è dotato di facondia efficace, di sentimenti schiettamente liberali, di un'attività instancabile e indomabile. Noi possiamo parlarne con piena conoscenza di causa perchè abbiamo potuto vederlo in molte occasioni alla prova. Egli è nel pieno vigore della gioventù e dell'ingegno, egli sarà un elemento prezioso nella nuova Camera alla quale e al paese, lo ripetiamo, non sapremmo augurare migliore ventura che di avere molti deputati che lo eguagliassero».

Per fare appoggiare la mia candidatura, pensavo anche di rivolgermi all'amico Francesco Genala, già deputato, che all'epoca delle ultime elezioni conosceva un deputato, che era il factotum di Depretis per le liste del governo. [9]

«La scheda con la quale mi presentavo era Martelli-Pareto-Bastogi. La decisione presa per questo collegio era dovuta al fatto che a San Giovanni avrei avuto poche probabilità, forse per la severità che ponevo nella conduzione dei rapporti col personale della ferriera. Del resto difficilmente avrei potuto riuscire nel collegio di S. Giovanni Valdarno dove si presentava un funzionario del consiglio superiore delle Miniere, Niccolò Nobili.

Gli industriali del collegio di Savona-Sestri-Prà erano in cerca di un candidato e mi avevano offerto di esserlo. Io senza rifiutare non ho peraltro accettato perchè non vedevo chiaro come avrebbero fatto a far trionfare il loro candidato. Sicchè, dove mi si presentavano maggiori probabilità era a Pistoia-Prato-San Marcello.

La zona centrale del collegio nella quale mi presentavo comprendeva Pistoia, Prato, Calenzano, Campi Bisenzio ed altre zone tanto da dover essere sempre nominata come Firenze III.». [10]

A Prato mi recai per fare un discorso agli industriali di quel paese. Per l'adesione alla mia candidatura sarebbe stato utile anche l'appoggio del sig. Pazzino de' Pazzi, sindaco di Montemerlo, per cui chiesi lumi al sig. Ubaldino per sapere che uomo era e come ottenere la sua adesione. A Prato andai a fare un discorso agli industriali del paese.

Quanto alla costituzionale toscana, mi avrebbe appoggiato se avessi avuto probabilità di riuscita, no in caso contrario. Questo era un ottimo sistema per essere sempre dalla parte dei vincenti!

L'avventura elettorale iniziava trasportandomi in «un turbine di eventi tanto da non avere più coscienza dell'essere mio». Il da fare per il ferro, i viaggi a Firenze, Pistoia, Prato, e ancora a Firenze per il ferro. [11]

Il 28 settembre, «La Vedetta» in una corrispondenza da Prato mi invitava ad esporre il mio programma elettorale. Così infatti diceva l'articolo: «Però bisognerebbe che l'ing. Pareto si facesse conoscere, che insomma esponesse chiaramente le sue idee; ormai su che basi si aggirerà il programma del governo è noto, perciò ad un candidato progressista non è più difficile delinearsi il proprio compito. Se veramente i liberali pratesi vogliono far trionfare il marchese Pareto perchè non lo consigliano di far conoscere anche a Pistoia le sue idee?». Così nel turbinio dei miei viaggi ritornai a Pistoia, dove il 29 settembre tenni un discorso raccogliendo un certo successo.

Il 5 ottobre su «La Vedetta» leggevo questo favorevole commento. «La sera del 29 l'ingegnere Pareto espose le sue idee davanti ad un scelto uditorio di industriali e piacque moltissimo. Dal suo discorso si sentiva che era un uomo di proposito, che non voleva altro che cose possibili e ragionevoli, ma quelle voleva fortemente ed aveva forza e coraggio di lottare per raggiungere lo scopo suo. Da notizie che abbiamo da altre parti del Collegio la riuscita della sua candidatura pare ormai assicurata e notiamo con fiducia che i fatti confermeranno le nostre previsioni». [12]

Senza contare le brighe elettorali, come quella messa in scena dal Camici, che invece di appoggiarmi, si faceva invece propagatore di una scheda Camici-Ciardi-Villani. «Che egli avesse mutato parere non avevo nulla da dire, ma dopo tante promesse di sostenermi l'essermi contro non era certo da uomo di carattere».

Lo svolgimento della campagna elettorale del 1882 per quanto mi riguardava stava subendo un calo di interesse.

«La partita per la mia candidatura di Pistoia, pareva perduta, ma una mossa ardita mi aveva consentito di riconquistare le posizioni. Eravamo andati da coloro ai quali doveva raccomandarmi il Camici ed avevamo ottenuto la loro adesione alla mia candidatura. Avevamo così con noi gente influentissima come il Fortegnessi, Tonino Gelli, Gai, Rossi e Cassicoli, che assieme a quelli della montagna e a quelli di Prato, ci facevano ben sperare». [13]

Il 7 ottobre 1882, i quotidiani locali pubblicavano la scheda Martelli-Bolognini-Pareto-Bastogi.

L'11 ottobre scrivevo al sindaco Ippolito Martelli-Bolognini la seguente lettera:

«Ill.mo Signore, Volevo venire domani a Pistoia, ma l'amico Giulio de' Rossi mi scrisse di rimettere a domani l'altro la mia gita perchè giovedì egli non era in libertà. Avrò dunque il piacere di vederla domani l'altro, venerdì. I nostri avversari non devono ancora aver potuto combinare la loro lista perchè ogni giorno ne viene fuori una nuova. Mi pare che noi dovremmo *dare una larga pubblicità alla nostra che è già fissata. Io l'ho già fatta pubblicare sulla Nazione, bisognerebbe ora affiggerla sui muri a Pistoia e Prato. Se ella giudica che sia utile di fare pubblicare altro sulla Nazione e sulla Vedetta me lo scriva, o me lo dirà venerdì. Con distinto ossequio mi confermo devot.mo Vilfredo Pareto».* [14]

Di ritorno da Pistoia apprendo che il Camici si era rimesso in campo, Martelli guizzava come un'anguilla, ma lo tenevamo per la coda. Avrei parlato agli elettori. «Dopo il discorso di Pistoia i pratesi ne volevano un altro. Io non sapevo più cosa dire loro se non per contare la storia di Bertoldo e Bertoldino. Avrei avuto ben molte cose da esprimere, ma non si poteva parlare di nulla senza urtare la suscettibilità di qualcuno. La torre di Babele era un modello d'ordine paragonata allo stato dei partiti in Italia».

A proposito delle candidature, la consegna era quella di tacere. Fra i liberali del terzo collegio di Firenze regnava molta confusione. Non sapevo se ci fosse stata confusione di nomi, ma quello che sapevo di positivo era che il Bastogi che era con noi, non solo accettava, ma lavorava moltissimo per la sua candidatura.

La scheda con la quale avremmo dato battaglia era definitivamente Martelli-Pareto-Bastogi. Molti avrebbero votato anche per me senza gli altri due. In montagna andava, ma il Cini ed il Farina fingevano di accettarmi, ma vi erano doppi giochi e inganni. Sotto sotto lavoravano contro di me. Il Farina mi aveva proposto una cosa poco onesta. Il mio rifiuto non aveva contribuito a farmelo amico. Ma mi sarei battuto anche contro di loro.

Ricordo di aver scritto ad Ippolito Martelli-Bolognini

una lettera, recante la data del 20 ottobre, dove facevo presente il doppio gioco del Farina:

«Ill.mo Cav.re, Ho venduto stasera il Farina alla stazione a Pistoia e non so se venisse da lei o dai nostri avversari, in ogni modo ho creduto bene avvisarla.
Io sono sempre più persuaso che sarebbe utilissimo che il Bastogi venisse con me a fare una gita in montagna ma capisco che ella è molto più pratico di me di queste cose e quindi me ne rimetto interamente a lei. Se ella lo crederà opportuno si potrebbe andare lunedì sera il Bastogi ed io a San Marcello. Credo che così si potranno prendere molti volti, altrimenti chissà cosa segue.
Il nostro manifesto bisognerebbe metterlo fuori al più presto, lo preparino a Pistoia e lo mandino a firmare ai pratesi. Con distinta stima mi confermo dev.mo Vilfredo Pareto».

La corrispondenza da Pistoia pubblicata su «La Nazione> del 17 ottobre mi sosteneva a spada tratta, ma denunciava chiaramente tale confusione: «Ci scrivono da Pistoia in data 15: "Il Popolo Pistoiese" di ieri annunzia la scheda Pareto-Martelli-Bastogi per le prossime elezioni ed i suoi amici voteranno soltanto pel Pareto. Oggi si è parlato di una scheda Camici-Villani-Pareto che incontrerebbe il favore di molti elettori di città. Ma la cosa probabilmente non andrà avanti perchè la posizione del Martelli è solidissima e il suo nome incontra il favore di moltissimi elettori. Alcuni fra questi avrebbero anche pensato una scheda Martelli-Pareto-Cini-Michelozzi, e qualcuno voterebbe volentieri per Martelli-Pareto-Ciardi. Come vedete la situazione è complicata. Mantenete per fermo la riuscita del Martelli e del Pareto. Quest'ultimo è ben accetto a tutti per le sue idee largamente liberali e aliene da ogni spirito partigiano. Si dice che domenica prossima farà un discorso agli elettori di Pistoia e svolgerà il suo programma».

Le subdole trame cui ero fatto oggetto si univano ad accuse di bassa lega, come quella di essermi unito nella scheda predetta a due clericali, Martelli e Bastogi, ed erano l'occasione per mettere fuori la mia bandiera di libertà e di difendere i miei principi.

Così scrivevo al Martelli-Bolognini:

«Ill.mo Cav.re, ulteriori notizie che ricevo dalla montagna m'inducono a credere che il primo consiglio fosse buono e che non conviene che nè il Bastogi nè io ci muoviamo. Faremo invece lavorare il terreno da persone di fiducia. Ho mandato per questo il Sig. Pietro Boccaccini a Pistoia dal Sig. Capitano Bacci perchè se l'intenda con lui e provveda. Con distinta stima mi confermo dev.mo Vilfredo Pareto». [15]

19. Mancata elezione

In una corrispondenza da Prato per «La Nazione» del 26 ottobre 1882, leggevo: «Qui la lotta elettorale si è fatta acutissima, - non per colpa degli amici di Pareto, bensì di altri che non temono d'insudiciarsi raccattando le più basse personalità e di quelle si valgono come armi, mostrando così di non averne più degne o di non saperle adoperare. Gli amici del Pareto sentono troppa la dignità propria per scendere a fare uso di questi mezzi. Essi sono accurati a ricercare tutte le accuse che si fanno contro l'onorevole Ciardi; combattono il candidato e rispettano l'uomo. Come spesso accade che i mezzi onesti e leali sono in fin dei conti i migliori di tutti, così segue agli amici di Pareto;

che ciò che essi hanno creduto dover fare per debito di onestà è tornato a vantaggio della loro causa, la quale acquista ogni giorno nuovi fautori fra gli elettori intelligenti. Con non poca sorpresa si è veduto che una banca di questa città ha scoperto un poco troppo il suo giuoco in favore dell'onorevole Ciardi, e ciò dà luogo a poco benevoli commenti...

La Banca Pratese chiamata in causa da questa corrispondenza fece pubblicare nel giorno successivo una smentita circa il suo appoggio al Ciardi. Quindi vi furono litigi allo scoperto fino a due giorni dalle elezioni. «La Nazione» del 28 ottobre, pubblicando una corrispondenza pervenutale da San Marcello Pistoiese in data 23 ottobre, per quanto mi sostenesse ancora decisamente, condusse questi litigi sotto gli occhi degli elettori fino alla vigilia delle elezioni. Anzi, considerando che avevamo a che fare con un collegio prevalentemente periferico in cui la posta doveva recare il giornale molto tardi, gli elettori ebbero sotto gli occhi il dissidio fino al giorno delle elezioni...

In detta corrispondenza si leggeva quanto segue: «Il Comitato elettorale si è nuovamente riunito ed ha modificato la scheda da proporre agli elettori, che ora sarebbe Camici-Pareto-Villani. L'esclusione del Martelli ha fatto a molti cattiva impressione; è un abile amministratore, uomo onestissimo e che consuma la vita a lavorare pel bene dei suoi concittadini. Se egli ha dovuto mancare a qualche seduta della Camera, si sa che, almeno, aveva per scusa le gravi cure dell'amministrazione del Comune di Pistoia, mentre altri, senza aver questa scusa ci sono andati meno di lui. Non si creda, per altro, che gli elettori della Montagna vogliano seguire il mutamento del Comitato. Molti rimarranno fedeli alla prima scheda votata dal Comitato, cioè: Martelli-Pareto,

Villani; e moltissimi voteranno la scheda Martelli, Pareto, Bastogi, che è destinata, evidentemente ad avere la maggioranza in tutto il collegio. In quanto al Pareto esso è sicuro in ogni modo. Tutti gli sono favorevoli.

In questi giorni ci siamo molto divertiti con le assurde calunnie che gli avversari spargevano contro di lui. Costoro dovevano proprio credere che la Montagna pistoiese fosse abitata da cretini per volercele dare da intendere così grosse. Quando la calunnia arriva ad un certo grado di esasperazione non può ferire, cade nel ridicolo e il meglio è riderne; così facciamo e così crediamo faccia lo stesso Pareto. Del resto tutto ciò gli ha giovato perchè ha dato luogo a splendide rettifiche. Alle calunnie che si nascondono sotto il velo dell'anonimo è stato risposto a viso aperto dagli amici del Pareto, e si sono formati uomini fra i più onorabili e considerati d'Italia».

«Gli elettori finirono per votare un po' tutti i nomi citati come sicuri o probabili candidati, forse escludendomi anche perchè non toscano. Le elezioni del 29 si risolsero con questi risultati: Bastogi 2887, Martelli-Bolognini 2553; General Villani 2351; e questi furono gli eletti. I voti dei non eletti sono stati i seguenti: Ciardi 2189, Marini 1993, Pareto 1957, Camici 1826, Cioni 1013». [16]

«Che lotta queste elezioni! Ma anche se non riuscivo mi ero tanto divertito che ero contento di aver passato qualche giorno immerso nella lotta dove ci stavo come un pesce nell'acqua... Non c'era ingiuria, per quanto atroce, che i miei avversari di Prato non dicessero contro di me; i miei amici rispondevano sullo stesso tono. Questo comportamento era deplorevole e mostrava molta ignoranza nel paese. Ma che farci! Me la ridevo e più me le dicevano grosse e più mi divertivo. Arrivate a un certo punto che accuse diventavano ridicole».

Visti i risultati, comprendevo che anche questa volta, pur ottenendo 1957 voti non ero eletto.

«Tutto il male non viene per nuocere e chissà che non fosse stato il mio bene di non riuscire, soprattutto per la mia salute. Con tutte quelle grandi nottate in ferrovia me la vedevo brutta per la salute...

Il Martelli ha avuto assai più voti di me. Dunque glieli debbono avere dati i Ciardiani e siccome non era supponibile che li abbiano dati per niente è probabile che vi sia stato, all'ultimo momento, un accordo tra Martelli e Ciardi, pel quale Ciardi ha fatto votare per Martelli a Prato e Martelli a Pistoia ha fatto votare per Ciardi. Questo era ciò che ho sempre temuto. Quindi, secondo me, gli eletti dovrebbero essere Martelli-Ciardi-Villani. Cominciavo a capire che mi avevano imbrogliato e raggirato dietro le spalle...

Senza alcun dubbio, Martelli-Bolognini ha vinto con tanta arte che non me l'ho avuta a male. In fondo tutto ciò che era successo mi risparmiava molta salute e 2 o 3 mila lire all'anno che avrei dovuto spendere per stare a Roma e siccome ero lungi dall'avere abbondanza di quattrini è stato forse un bene per me di non essere riuscito». [17]

20. Le élites

Questa esperienza politica, se pur negativa, mi dà modo di pensare che la società ha una struttura elitaria, che le masse sono incapaci di governarsi, che l'élite in competizione sono destinate ad ascendere e a decadere.

La mia teoria dell'èlites trae origine da un'analisi dell'eterogeneità sociale e dalla constatazione delle disuguaglianze, in termini di ricchezza e di potere, presenti nella società. Intendo pertanto studiare scientificamente queste disuguaglianze, che percepisco come naturali. Nel corso del suo sviluppo, ogni società ha dovuto di volta in volta misurarsi con il problema dello sfruttamento e della distribuzione di risorse scarse. L'ottimizzazione di queste risorse è quella che viene assicurata, in ogni ramo di attività, dagli individui dotati di capacità superiori: l'èlite. A un certo punto l'élite non è più in grado di produrre elementi validi per la società e decade; nell'elites si verificano due tipi di movimenti: uno orizzontale all'interno della stessa èlite e uno verticale quale l'ascesa dal basso o declassamento dall'èlite. Come seguace di Machiavelli, mi dichiaro realista ma conservo una valutazione della realtà con sfondi piuttosto pessimistici. Sono conservatore e temo il suffragio universale, ma in economia ho fiducia nel liberismo e nel libero mercato; sono antisocialista, anche alla luce di quanto accade nella Russia della rivoluzione d'ottobre.

21. Liberalismo e Socialismo

Agli inizi degli anni novanta, molto tempo prima cioè che un grande movimento fondativo si mettesse in moto per dar vita, col Congresso di Genova, tenutosi alla sala Sivori nel 1892, al vero e proprio Partito Socialista, viene spontaneo chiedersi se il socialismo sia ancora e sempre simbolo e strumento di libertà. «Visto che tutte le tendenze socialiste mirano a realizzare un solo ed unico scopo: occorre cambiare, ovvero rinnovare le strutture della società, mutando le basi stesse della proprietà e della famiglia, allo scopo di migliorare le condizioni di vita dei meno abbienti. Per fare ciò occorre accrescere considerevolmente i poteri dello Stato, e reciprocamente diminuire le libertà dei singoli. Ciò facendo si instaura un regime di governo dei popoli civili che può dirsi socialismo borghese, il quale differisce dal precedente solo per essere volto a favorire gli abbienti invece di intendere a sollevare le sorti dei miseri». [18]

Accanto a questo socialismo borghese esistono altre forme, quali quelle che si riallacciano alla già fatta analisi storico politica di Marx e di Engels, che differiscono da quello per il loro peculiare intento ideale. Il socialismo borghese è quasi sempre impastato d'opportunismo morale, politico, mentre il socialismo marxistico è lotta disinteressata e generosa per la realizzazione di un ideale d'uguaglianza e di fraternità umane, è insomma fedeltà e dedizione ai principi e alle dottrine dell'umanesimo socialista.

Ma quando i socialisti marxisti indicano i rimedi ai mali del presente, non fanno altro che imitare gli ordinamenti del socialismo borghese, anche se questi ordinamenti sono messi al servizio dei poveri.

Il miglioramento delle condizioni economiche e sociali non si ottiene con la spoliazione dei ricchi, colla depredazione ed il saccheggio delle ricchezze già esistenti, ma per altre vie e con altri mezzi». Ovvero «Per migliorare le condizioni dei meno abbienti, o accresciamo la produzione della ricchezza nazionale, senza però fare aumentare proporzionalmente la popolazione, o invece mutiamo la distribuzione della ricchezza, assegnando ai poveri una parte o il tutto dei redditi che i ricchi accumulano, ovvero consumano al di là del consumo medio dei ceti umili». [19]

Solo l'aumento della produzione può risolvere il pauperismo sociale, l'elevazione del livello di vita delle classi lavoratrici non è un problema di distribuzione, quanto di produzione di beni. Quindi «Riassumendo dunque, se un'organizzazione socialista, quale che sia, vuole ottenere il massimo di *ofelimità* per la società, può operare solo sulla ripartizione, che muterà direttamente sottraendo agli uni quello che darà agli altri. La produzione dovrà essere organizzata come in un regime di libera concorrenza e di appropriazione dei capitali». [20]

Ma allora perché i socialisti, invece, guardano alla ridistribuzione della ricchezza come all'unica panacea ai mali di cui soffre la società?

Per rispondere a questa domanda, occorre uno studio accurato delle proposte che i socialisti hanno avanzato per riorganizzare più correttamente la vita degli uomini nelle società capitaliste. I risultati di questa ricerca, presentati sotto forma d'una tipologia di sistemi sociali, è stata da me pubblicata col titolo *Socialismo e libertà*.

Se lo Stato collettivizza i capitali, cioè le fonti della ricchezza, e tutti gli altri mezzi di produzione privati, non c'è dubbio che la società andrà verso la miseria e la rovina completa. «Stimo molto i socialisti, perché sanno cosa vogliono e lo dicono chiaramente (...). I nostri socialisti possono disputarsi tra di loro, eppure sono sempre d'accordo per dare l'assalto alla società borghese. E questa non conta se non sulle proprie forze per difendersi. Ma benchè lo possa ancora, ella non lo fa né lo vuole, e perciò, è in procinto di suicidarsi. L'avvenire dirà se essa sarà costituita da una società migliore o se la crisi che si prepara finirà per fare retrocedere la civiltà». [21]

I socialisti di stato «Sperperano il capitale e diventano senza volerlo gli ausiliari dell'antica aristocrazia, ponendo ostacolo al sorgere della nuova, la quale si costituisce fortemente solo dove è molto abbondante il capitale. I marxisti hanno un concetto più vero del fenomeno, e, se non scientificamente, almeno istintivamente, hanno capito che la loro vittoria può avere solo luogo se è preparata dall'abbondanza del capitale, o, come dicono loro, l'evoluzione socialista deve passare per una fase capitalista».[20]

Secondo me, il «pericolo socialista», è costituito dai socialisti intellettuali, dai marxisti intransigenti, che non sottovalutano l'influenza del capitale, ma lo vogliono collettivo. «Essi commettono un grave errore, ma meno grave dei radical-socialisti che si preoccupano, non già d'accumularlo, ma di sperperarlo. Infine, ecco i socialisti volgari, che distruggono i capitali e organizzano le spoliazioni a mezzo di imposte inverosimili. Questi ultimi minano le basi stesse della società: cambiando o indebolendo i meccanismi della produzione della ricchezza, mettono in pericolo l'incivilimento stesso della società. Al di fuori dell'ordine economico liberale, non ci sarebbero che distruzioni e spoliazioni di ricchezze. Perché tutto questo? Perché la borghesia ha rinunciato a difendere le sue opere e le sue conquiste? Perché non esercita più i ruoli che le hanno permesso di creare il mondo di oggi?».

Due sono le risposte. La prima: «Data l'assenza di qualsiasi resistenza da parte dei liberali, è possibile che venga un giorno in cui i socialisti resteranno i soli difensori della libertà e che grazie alla loro azione la nostra società riuscirà a salvarsi...Oggi i socialisti oppressi reclamano la libertà, ma ce ne permetteranno l'esercizio se essi domani saranno padroni?», si domanda, ritornando così a formulare la risposta al quesito iniziale che si era posto. La seconda: «I progressi del socialismo sono di giorno in giorno sempre più notevoli. Questo tuttavia non mi sembra il sintomo più inquietante. C'è qualcosa di peggiore: l'assenza totale di resistenza da parte delle classi alte, che sono in procinto di suicidarsi...».

Quale la ragione di questo suicidio? Nell'articolo *Une experience sociale*, spiego che ciò è dovuto al diffondersi di quell'epidemia morale che è il socialismo: «Il socialismo è una religione, accende i desideri più vivi. I suoi fedeli non sono privi di coraggio e d'entusiasmo. Si procura numerosi alleati, persino tra quelli che spossessa d'ogni ricchezza e che impoverisce. I proseliti gli vengono da ogni dove, e forse un giorno assorbirà finanche l'ala sinistra dei nazionalisti». [22]

«Il socialismo tende a diventare sempre più borghese, più etico, più umanitario. La fede nell'ordinamento collettivo diventa sempre più formale e il giorno in cui la teoria collettivista diventerà realtà appare allontanarsi mano a mano che il partito socialista acquista maggiore potere. Quando è all'opposizione ha per fine principale quello di socializzare i mezzi di produzione, ma quanto più acquista potere, tanto più quel fine da principale diventa secondario». [23]

22. Congresso socialista

Nel «1891 gli operai di Milano tennero un congresso in cui fu deciso d'indirne per l'anno seguente un altro che raccogliesse tutte le forze proletarie e rivoluzionarie. Qualcuno propose ch'esse venissero organizzate sotto la generica etichetta *di Partito Operaio Socialista*, ma l'idea fu violentemente osteggiata dagli anarchici, ostili come sempre al concetto di *partito* e più ancora alla qualifica *socialista*, che sempre più andava acquistando un significato suo proprio in contrapposizione con quello della vecchia *Internazionale* di Rimini. Turati risolse la diatriba coniando, o meglio facendo coniare da uno dei suoi, un altro nome che lo lasciava in sospeso: *Partito* dei *Lavoratori italiani.* In realtà, per il momento, la sigla gl'importava poco. Ciò che gli premeva era il congresso, unica sede in cui si potevano regolare definitivamente i conti con gli anarchici.

Rampollo di una dinastia borghese di Milano, Turati aveva debuttato in politica con un saggio sullo "Stato delinquente" che già nel titolo denunziava un orientamento ideologico in contrasto con la sua condizione sociale. Ma, anche se era approdato sulle sponde dell'anarchismo, la sua formazione non era quella di un Cafiero o di un Malatesta. Alto, barbuto, nerovestito, cappello a larghe tese, cravatta alla Lavallière, era ancora un uomo del Risorgimento, cresciuto nell'ambiente romantico e declamatorio della "scapigliatura" milanese; i suoi veri maestri erano stati Romagnosi e Cattaneo, il suo idolo Garibaldi, la sua filosofia quella positivista delle logge massoniche e dei circoli del "Libero pensiero". Insomma, di sangue apparteneva alla famiglia dei radicali alla Cavallotti, e il suo accostamento a Bakunin era soltanto il frutto di un giovanile entusiasmo umanitario allo stato più di sentimento che d'idea.

Ma a questo punto conobbe e s'innamorò di Anna Kuliscioff, che ripeté su di lui la stessa operazione di plagio compiuta anni prima su Andrea Costa. Con ciò non vogliamo dire che fu lei a determinare la sua conversione. Ma certamente l'affrettò familiarizzandolo coi testi di Marx e di Engels e facendo della sua casa il punto di raccolta di una *intellighenzia* cosmopolita che contribuì moltissimo a slargare i provinciali orizzonti del nascente socialismo italiano. Frequentati soprattutto da esponenti della grande e matura socialdemocrazia tedesca che stava per dare scacco matto a Bismarck, quei raduni diedero avvio a molte cose: anche a uno snobismo socialista, che doveva restare caratteristico di una certa borghesia milanese, in cui non si era ammessi che dopo il battesimo di un tè dalla "signora Anna" (della signora, non della "compagna").

A un simile ambiente l'apologia del "malfattore" era poco congeniale. E infatti l'avvocato Turati iniziò la sua milizia giornalistica su un periodico rivoluzionario, ma di stampo mazziniano: *Cuore e Critica*. Fu un periodo di rodaggio in cui, più che a esprimere idee proprie, Turati badò a fare il sismografo di quelle altrui senza riuscire a decidersi per quale socialismo optare fra i tanti - marxisti o positivisti, scientifici o evoluzionisti - che si contendevano l'esclusiva dell'etichetta. Ma nel '91, quando *Cuore e Critica* decise di trasformarsi in *Critica sociale* affidandosi alla sua direzione, egli aveva ormai chiarito il proprio pensiero, o per meglio dire credeva di averlo chiarito. "Senza perdere quel carattere un po' eclettico - scrisse a Costa per invitarlo a collaborare - che fu fin qui la sua forza, io intenderei di farne sempre più un organo nostro, vo' dire del socialismo scientifico italiano."

Sul piano operativo l'impresa gli riuscì in quanto fu su quella rivista che si formarono i quadri dirigenti del futuro partito. Ma sul piano ideologico, essa rimase impigliata in un equivoco di cui ancora si avvertono le conseguenze. Egli aveva optato per il socialismo scientifico, cioè per il socialismo di Marx, ma senza rinnegare la propria matrice positivista, convinto com'era che fra l'uno e l'altra non ci fosse contraddizione. Invece questa contraddizione c'era, e

104

su di essa vale la pena di spendere qualche parola per facilitarne la comprensione a coloro (e sono tanti) che non appartengono alla categoria degli "addetti ai lavori".

Un riassunto del pensiero di Marx richiederebbe un volume, anzi più volumi. Ma vediamo d'isolarne il punto che c'interessa. Del socialismo, Marx non fu l'inventore. Esso è vecchio come il mondo, e la sua concezione moderna aveva avuto per padri Saint-Simon, Owen, Fourier, per citare solo quelli più diretti. Marx fu colui che gli dette la sistemazione più rigorosa, portandovi tutto il suo cospicuo bagaglio filosofico. Egli veniva dall'idealismo di Hegel, che vede nella Storia l'ineluttabile marcia dell'umanità verso la realizzazione dell'Idea. Il reale, dice Hegel, é sempre razionale, anche quando non lo sembra; cioè ogni avvenimento è fatale e inevitabile che avvenga perché è una tappa obbligata verso quel supremo traguardo.

Trasposto sul piano politico, questo supremo traguardo è, secondo Marx, la liberazione del proletariato, grazie all'abolizione delle classi. Il sistema capitalistico, egli dice, reca in sé una contraddizione che lo condanna a morte. Con la sua tecnica, con la sua organizzazione, col suo gigantismo, esso "socializza" sempre di più il lavoro, ma nello stesso tempo pretende di lasciare alla proprietà privata i mezzi di produzione: fabbriche, terra, miniere eccetera. Questo non è possibile. La socializzazione del lavoro comporta fatalmente anche la socializzazione dei mezzi di produzione. E siccome non è pensabile che con questi mezzi la classe dominante possa abdicare in quanto essa domina appunto perché possiede questi mezzi, la rivoluzione è inevitabile, come sempre capita quando le *superstrutture* di una società - cioè le sue leggi, la sua morale ecc. non sono più in armonia con la sua *struttura* economica. La rivoluzione sboccherà fatalmente nella dittatura del vincitore, cioè del proletariato. E questa a sua volta sboccherà nella soppressione di tutte le classi, che è il vero traguardo della Storia, la realizzazione dell'*Idea* hegeliana.

Questo non è - lo ripetiamo - che un sommario abbozzo delle premesse da cui partiva Marx, fermamente persuaso che la Storia è condizionata unicamente dai modi e sistemi di produzione dei beni materiali (di qui, il nome di "materialismo storico" dato alla sua dottrina), tutto il resto - morale, costumi, cultura, religione ecc. - essendone soltanto la conseguenza. Ma basta per comprendere le conclusioni ch'egli ne traeva sul piano dell'azione pratica. Per abolire la proprietà privata, il proletariato deve anzitutto conquistare lo Stato e gestirlo dittatorialmente fino al raggiungimento dei suoi fini. Dopodiché potrà, anzi dovrà abolirlo perché essendo lo Stato lo strumento inventato dalle classi privilegiate per conservare i suoi privilegi, una società senza classi né privilegi non ne ha più bisogno.

Il positivismo, cui viene comunemente assegnato per padre il filosofo francese Augusto Comte, parte da tutt'altre premesse, e quindi giunge a tutt'altre conclusioni. Quando l'uomo, esso dice, cerca d'indagare i perché della Storia e di assegnarle un fine ultimo, un traguardo (come facevano Hegel e Marx), pecca di presunzione. Il massimo a cui egli può arrivare è a filtrare e organizzare i dati delle scienze esatte. Essi ci forniscono una sola certezza: quella dell'evoluzione, di cui Darwin - gran positivista anche lui - aveva formulato la legge. Come evolve l'uomo che prima era una scimmia, così evolvono le società, passando da uno stadio arretrato a uno più progredito. E come la scienza ha liberato l'uomo da tutte le sue superstizioni fornendogli la spiegazione di tutti quei fenomeni che prima gli riuscivano incomprensibili, così la politica è destinata a liberarlo dalla servitù delle ingiustizie sociali. Progresso scientifico e progresso politico camminano di pari passo. Per evoluzione. E l'evoluzione, postulando la gradualità, cioè il metodo delle riforme, esclude la rivoluzione.

Di questa inconciliabilità fra le due scuole e dottrine, il positivista Turati non si rendeva conto. Ad acquistarne coscienza fin da principio ci fu uno solo, in Italia: Antonio Labriola (1843-1904), che a Marx era arrivato battendo la stessa via di Marx. E si capisce perché. Era di Napoli, l'unica città italiana in cui l'idealismo di Hegel aveva avuto dei grandi proconsoli e cultori, specialmente in Bertrando Spaventa (1817-1883). Egli capiva Marx per comunanza di origini filosofiche. E con lui si trovava all'unisono in tante cose, a cominciare dal disprezzo per l'insurrezionalismo romantico. Infatti non vi aveva mai partecipato. La sua rivoluzione nasceva dai libri, aveva eletto a suo strumento non le barricate, ma la cattedra. " Sono un tedesco nato per sbaglio a Napoli " scriveva a Engels con cui teneva una fitta corrispondenza. Ma se questo faceva di lui 'unico vero e rigoroso marxista italiano, ne faceva anche un esule in patria condannato all'incomprensione e alla solitudine. Contro gli anarchici aveva pronunciato, come tutti i marxisti, condanne spietate, e già da un pezzo reclamava la costituzione di un partito socialista.

Turati rimase quindi sorpreso quando, avendolo invitato a collaborare alla sua rivista, si sentì rispondere: " Voi vedete la cosa diversamente da me. Voi volete fare la propaganda fra i borghesi, voi volete rendere simpatico il socialismo. Dio vi aiuti in tale filantropica impresa. In quanto a me, i borghesi li credo buoni solo a farsi impiccare. Non avrò la fortuna d'impiccarli io, ma non voglio nemmeno contribuire a dilazionarne l'impiccagione ". E dando annunzio di quel rifiuto a Engels, con cui anche Turati era in corrispondenza, spiegò: "I nostri operai non saranno certo gli eredi della filosofia classica tedesca, appunto perché quella filosofia a malapena passò per il solitario cervello di qualche professore italiano. La nuova generazione non conosce che i positivisti, che sono per me i rappresentanti della degenerazione cretina del tipo borghese".

Così, mentre Labriola si rinchiudeva fra i suoi libri per elaborare quella *Concezione materialistica della Storia* che rappresenta il Vecchio Testamento del marxismo italiano, Turati si preparava fra gli operai milanesi la "base" necessaria al periglioso passo della scissione. Nessuno era meglio qualificato a orientarsi nel discorde mondo della Sinistra italiana: lì si era formato, ne aveva bazzicato tutti i filoni, ne parlava la lingua. E infine aveva in Anna una maestra di "pubbliche relazioni" come non ce n'era di uguali. Col suo aiuto egli redasse e pubblicò sulla sua rivista il *Programma della Lega socialista milanese.* Era un documento piuttosto astratto, ricco più di enfasi ideologica che di riferimenti ai problemi concreti. Ma esso rappresentava tuttavia un notevole passo avanti rispetto a quelli elaborati fin lì, e soprattutto forniva una piattaforma all'incontro degli operaisti milanesi coi socialisti rivoluzionari di Romagna. Solo da questo incontro poteva prendere avvio un vero partito socialista in grado di liberarsi dall'ipoteca anarchica. E Turati, che dei sacri testi sapeva meno di Labriola, ma come fiuto politico ne aveva più di lui, se n'era reso conto, e al servizio di questa operazione aveva messo anche i suoi innegabili doni di simpatia umana, di eloquenza, e anche di demagogia. Non era una lotta facile perché bisognava fornire argomenti ideologici che servissero nello stesso tempo agli operai milanesi per sottrarsi alle residue influenze mazziniane e radicali, e ai socialisti romagnoli per intentare il divorzio dagli anarchici. E lo si era visto proprio, al congresso operaio milanese del '91 quando le forze radicali e mazziniane respinsero l'etichetta socialista. Ma avallando la proposta di tenere l'anno seguente un congresso su scala nazionale, cui era sottinteso che avrebbero partecipato anche i socialisti romagnoli, si accettava implicitamente di rimettere in discussione il problema. E la battaglia si annunciava decisiva.

Il lavoro preparatorio fu affidato a una commissione in cui spadroneggiava Antonio Maffi (1845-1912), ch'era insieme deputato radicale e dirigente del *Consolato Operaio:* un arrivista arruffone e arraffone, autore di un documento che provocò i sarcasmi di Labriola e li giustificava in pieno. Turati si tenne più sulle sue per non far naufragare il congresso, unica cosa che gli premeva, prima che cominciasse. Le sue carte voleva giuocarle lì.

La città prescelta per il raduno fu Genova perché proprio in quell'anno 1892 essa celebrava il quarto centenario della scoperta dell'America a opera del suo Colombo, e le ferrovie concedevano a chi vi si recava forti riduzioni sul biglietto. A quei tempi i partiti non disponevano dei miliardi di cui dispongono oggi, e i delegati dovevano provvedere alla trasferta di tasca propria. Quelli che la mattina del 14 agosto si riunirono alla Sala Sivori erano circa 200. E sebbene ormai tutti sapessero, ch'era in giuoco la scissione, nessuno era in grado di prevedere a chi sarebbe toccata la maggioranza. L'unico gruppo compatto era quello anarchico, che però non poteva contare sui suoi due più prestigiosi alfieri, Saverio Merlino e Enrico Malatesta (1853-1932), costretti all'esilio da qualche dozzina di mandati di cattura. Erano un'ottantina capeggiati da Gori, e la loro posizione era chiara: era quella del Partito Anarchico Rivoluzionario uscito l'anno prima dal congresso di Capolago. La lotta era per la conquista degli altri 120 delegati, fra cui ce n'erano molti, forse la maggioranza, che sebbene concettualmente conquistati dall'idea socialista, sentimentalmente rimanevano legati ai "malfattori" e avevano l'impressione, ripudiandoli, di macchiarsi di tradimento. Questo "complesso di colpa" era il più insidioso nemico di Turati, che infatti aveva cercato di prevenirlo con una serie di articoli su *Critica sociale* in cui, sia pure con molta abilità, sosteneva questa capziosa tesi: che gli anarchici, "temperamenti di apostoli e di martiri veri", avevano tutto da guadagnare da una separazione perché solo come forza autonoma avrebbero avuto l'esclusiva di quei valori di libertà e d'iniziativa individuale da difendere, all'occorrenza, anche contro un regime socialista che avesse preteso sacrificarli al suo collettivismo.

La battaglia scoppiò subito, e il primo a scendere in campo fu l'operaista Casati, il quale chiese che alla Presidenza venissero eletti solo uomini "coi calli alle mani", ch'era una frecciata contro Turati e il suo stato maggiore d'intellettuali. Lo seguì l'anarchico Pellaco proponendo il rinvio della discussione sul programma perché molti delegati non avevano avuto il tempo di prenderne visione. Era un cavillo procedurale molto pericoloso: la maggioranza non aveva di che mantenersi fuori di casa più di due giorni, e quindi il rinvio avrebbe significato l'aborto del congresso. La proposta venne bocciata, ma dopo una rissa ch'era già un preludio di rottura.

Nel pomeriggio ricominciò la tattica ostruzionistica degli anarchici, che esasperò vieppiù gli avversari. A un certo punto si alzò a parlare uno dei più fidi e autorevoli alleati di Turati, Camillo Prampolini (1859-1930). "Vi tratterrò pochi minuti - disse - ma vi parlerò col cuore, da amico franco, e parlerò per voi anarchici e nell'interesse comune. Dopo che mi avrete ascoltato, dovrete dire che ho ragione, e converrete con me nella proposta che faccio. Da quando cominciò a sorgere il partito socialista in Italia, combattiamo fra noi una lotta continua nei giornali, nelle assemblee, nelle pubbliche piazze, nei congressi. Io non dirò che vi sia da una parte o dall'altra malafede, anzi non vi è. Voi siete onesti quanto noi, ma è indiscutibile che questa lotta esiste, ed è di tutti i giorni, di tutte le ore, e ciò perché noi siamo due partiti essenzialmente diversi, percorriamo due vie assolutamente opposte, fra noi non ci può essere comunanza, dunque lasciateci in pace... " Ma a questo punto si accasciò colpito da malore, talmente doloroso era anche per lui lo sforzo di pronunciare quelle parole di rottura. Replicarono con veemenza Galleani e Gori. La tensione crebbe. Sempre più il congresso assumeva i toni di un regolamento di conti.

La sera Turati, la Kuliscioff e Prampolini tennero rapporto in una trattoria ai loro fidi e decisero di diramare ai socialisti l'invito a disertare la Sala Sivori e di riunirsi in quella del Circolo dei Carabinieri Genovesi, gli ex-compagni d'arme di Garibaldi. Non sapevano quanti vi avrebbero aderito, ma furono più del previsto: circa un 130. Tuttavia fra di essi mancava proprio colui che si poteva considerare il pioniere di quella scissione: Andrea Costa (1851-1910). Da dieci anni beffeggiato e svillaneggiato dagli anarchici per il suo legalitarismo di deputato, non si era tuttavia sentito di ripudiarli e, dopo aver invano tentato di ricucire le due fazioni, aveva deciso con un piccolo gruppo di altri delegati di non partecipare a nessuno dei due congressi. Ancora una volta egli incarnava, fino alla diserzione, il dramma di quella rottura.

Gli anarchici rimasti alla Sala Sivori si contarono, e dovettero costatare ch'erano ridotti a un brandello, e per di più avulso dalla classe operaia, i cui delegati erano passati in massa dall'altra parte. Ciò li lasciava ancora più in balìa delle correnti estremiste e centrifughe, ribelli a qualsiasi forma di organizzazione e condannate dal proprio nihilismo all'autodistruzione, che solo la presenza dei socialisti aveva fin allora frenato. Lo si capì dal grido di: "Viva Ravachol!" che risuonò a più riprese. Ravachol era il dinamitardo francese che meglio aveva incarnato l'illegalismo anarchico e il suo apocalittico furore, e che da poco era salito sulla ghigliottina. Scrisse Malatesta dal suo esilio: "Con l'odio non si rinnova il mondo; e la rivoluzione dell'odio o fallirebbe completamente, oppure farebbe capo a una nuova oppressione".

Ma la sua voce e quella di Merlino furono subito coperte dal fragore delle bombe che ripresero a scoppiare un po' dovunque.

Ben altrimenti procedettero le cose al Circolo dei Carabinieri (16-8-1892). Nemmeno lì la concordia regnava sovrana. Quando Turati presentò un emendamento al programma per dargli un indirizzo ideologico più definito, Maffi si oppose vivacemente per conservargli un'impronta generica che lasciasse spazio all'influenza radicale. Ma dalla discussione emerse la superiore statura di Turati, che infatti ne uscì come il vero dominatore e capo del nuovo partito.

Questo conservò il suo nome di *Partito dei Lavoratori italiani*, in cui la parola *socialista* non appariva. Ma il suo programma non lasciava in proposito alcun dubbio. Esso gli assegnava come mèta la conquista delle fonti di ricchezze e dei mezzi di produzione: terra, miniere, fabbriche, trasporti, tutto doveva essere confiscato ai privati e gestito dalla comunità. Per raggiungere questo fine, la battaglia doveva essere impegnata contemporaneamente in due campi: in quello dei "mestieri", cioè in quello sindacale per conquistare posizioni sempre püi vantaggiose sul piano economico; e in quello elettorale per conquistare il potere sia politico che amministrativo. Perciò si costituiva un partito, che a differenza di tutti gli altri, sarebbe stato strettamente di classe in quanto espressione del proletariato, e soltanto del proletariato. Siccome ne mancava il tempo, la redazione dello Statuto fu rimandata a più tardi, e infatti vi si provvide tre anni dopo, al congresso di Parma.

I risultati di Genova andavano forse oltre le speranze dello stesso Turati, e comunque stupirono Labriola, che si era rifiutato di parteciparvi perché non lo riteneva una cosa seria. Egli scrisse a Turati una lettera che è andata perduta, ma il cui contenuto si può facilmente dedurre dalla risposta del suo corrispondente. Pur con qualche riserva sull'ortodossia marxista del Programma, si felicitava del suo varo; ma - e questo è tipico dell'uomo e del suo pessimismo - lo attribuiva non a una chiara visione politica, ma solo a "coincidenze fortuite". E siccome Engels se ne mostrava invece incondizionatamente entusiasta, gli scrisse che su quel documento qualcosa si poteva, sì, costruire, ma a patto di purgarlo del suo pressappochismo ideologico che "non è soltanto l'effetto di una confusione intellettuale, ma l'espressione di una situazione. Quando pochi, più o meno socialisti, si rivolgono a un proletariato ignorante, impolitico, e in buona parte reazionario, è quasi inevitabile che ragionino da utopisti e operino da demagoghi".

Sulla lunga distanza doveva rivelarsi buon profeta. Ma lì per lì i fatti lo smentirono. Le adesioni fioccarono, specie dalla Romagna. La diede anche Gnocchi-Viani, che non era andato a Genova e si era ritirato in una posizione attendista. E finì per darla anche Costa. L'anno dopo, riunito a congresso a Reggio Emilia, il partito adottò e iscrisse all'anagrafe il suo vero nome di *Partito Socialista dei Lavoratori italiani*. Esso segnava l'ingresso, nello schieramento di quelle tradizionali, di una nuova forza autenticamente popolare, anche se immatura e incolta, con cui sarebbe stato difficile convivere, ma impossibile fare a meno. [24]

23. Socialismo e Libertà

A questo punto il problema che mi pongo è come conciliare il socialismo con la libertà. E appunto sull'antitesi tra socialismo e libertà, mi soffermo nell'introduzione agli estratti di Paul Lafargue del "Capitale" di Karl Marx, dove affermo che il socialismo è niente altro che statalismo vorace ed insaziabile e che fa tanti progressi perché la borghesia ne è soggiogata: «Il socialismo borghese che invade le nostre società deriva dagli stessi principi del socialismo popolare che gli si vorrebbe sostituire. Gli stessi abusi dell'uno fanno prevedere, anzi indicano

114

ciò che saranno quelli dell'altro». [25]

Un esame del socialismo in rapporto col libero scambio, mi convince che anche il socialismo serve poco per risolvere tanti problemi. Anzi, la pratica del socialismo quale è attuata da un certo settore della borghesia, prepara la morte dello stato borghese. Anzi socialismo e liberalismo non rientrano in alcun modo nel modello teorico postulato dalla lotta concorrenziale, come evidenzio nell'articolo uscito nei primi mesi del 1891 *Socialismo e Libertà*.

«Lo Stato moderno interviene nella distribuzione della ricchezza sia pure in modo indiretto, attraverso la protezione doganale, i monopoli, le opere pubbliche, i debiti pubblici, le speculazioni edilizie sovvenute dallo Stato, le imposizioni fiscali dirette e soprattutto indirette, la politica di guerra, la politica coloniale.

Secondo me, la protezione doganale ha l'effetto di distruggere parte della ricchezza, facendo meno produttivo il lavoro della nazione protetta, con un danno che ricade su tutti i cittadini, e permette ad avveduti capitalisti di farsi pagare un tributo dai loro concittadini». [26]

Chi ritiene di produrre benessere attraverso la protezione è in pieno errore, come scrivo nella Cronaca del giugno 1894: «Il concetto che stimiamo interamente sbagliato è quello di sperare un rimedio ai mali dell'Italia nella protezione doganale, che ne è invece principale cagione. La protezione doganale non difende il lavoro nazionale, lo opprime; essa opera solo per favorire certe produzioni a danno di altre, e alla fine dei conti ciò che ricevono alcuni non è uguale a ciò che viene tolto ad altri, bensì il danno supera, e di molto, l'utile; per cui, se pure si volessero favorire certe industrie, meglio gioverebbe fare ciò col dare ad esse quattrini tolti direttamente ai cittadini; perché

almeno di poco differirebbe la somma tolta ai contribuenti da quella che i favoriti godrebbero». [27]
E proseguo: «Così in Italia il governo, per favorire i suoi amici ha potuto impunemente distruggere il commercio del vino nel Mezzogiorno, ha fatto guadagnare le acciaierie di Terni, i fabbricanti di veicoli ferroviari, di panni, ecc., poiché essi non esportando possono sempre essere compensati con un conveniente rialzo dei dazi della maggiore spesa che avranno per la mano d'opera in un paese ove la vita è fatta più costosa dalla protezione.

I monopoli anche se distruggono meno ricchezza della protezione, maggiormente tollerata perché meno palese, sono odiosi perché evidenziano l'ingiustizia della spogliazione. Accade ciò come per le imposte dirette e le indirette. La tassa di famiglia, ad esempio, costa quasi niente di riscossione in paragone del dazio di consumo, eppure i comuni più volentieri accrescono quella che questo, perché un aumento sulla tassa di famiglia è da tutti avvertito, mentre un aumento del dazio di consumo si confonde con le variazioni del prezzo naturale delle cose e passa inosservato.

I debiti pubblici sono uno dei mezzi più potenti coi quali la classe abbiente si assicura un frutto per i suoi capitali superiore a quello che avrebbe con un regime di libera concorrenza, se dovesse esclusivamente adoperarli nell'industria e nel commercio. Le speculazioni edilizie sovvenute dallo Stato e dai comuni portano ad un grave sperpero di ricchezza. La prevalenza delle imposte indirette sulle dirette fa ricadere sulla parte più povera della popolazione il maggiore peso dei pubblici tributi».

Per quanto riguarda le imposte che aggravano sempre di più le classi sociali, non mi meraviglio che quei valentuomini che hanno nome Crispi e Sonnino, per soddisfare le loro voglie megalomane impoveriscono il paese, e mentre respingono l'aggravio dell'imposta fondiaria, accolgono quello sul sale: «I poveri pagano per i ricchi, i più in vantaggio dei meno. Il mondo è sempre andato così, e seguiterà ancora per un pezzo su questa via; anche se sarà governato con le dottrine socialiste».

Infine la guerra e la pace armata è il lusso più costoso che la classe dirigente si procura a spese della nazione, per non parlare delle spese per le colonie, enorme peso per il popolo della madre patria.

«La condizione presente della società civile non ha per base la libera concorrenza e il rispetto della proprietà individuale, ma invece prende forma dall'intervento dello Stato, sia che seguiti ad operare come al presente si manifesta, sia come conseguenza di quanto operò nel passato; cosi che, il regime di governo dei popoli civili può dirsi essere ora un socialismo borghese, il quale da quello propriamente detto differisce solo per essere volto a favorire gli abbienti invece di intendere a sollevare le sorti dei miseri. Erra dunque così, sia chi difendendo i presenti governi crede di difendere la libertà dell'individuo, come chi stima le colpe di questa per discoprire i mali della nostra società». [28]

Secondo me, l'antisemitismo è collaterale al protezionismo: «In grazia delle conquiste germaniche l'Europa, salvo l'Inghilterra, retrocede verso il tipo delle società militari, e vediamo ricomparire vergognosi pregiudizi medioevali. Dove ci fermeremo se seguita a crescere il militarismo, non è agevole concepire. In Austria hanno rifatto le antiche corporazioni di arti e mestieri; in Germania ad ogni elezione cresce il numero degli elettori socialisti; in Francia la borghesia radicale si gode beata i frutti della protezione doganale (...). Infine ecco comparire gli antisemiti. E perché no? Non sono mica né più sgradevoli né più avidi degli altri protezionisti. Molti israeliti sono solerti e operosi, e la loro concorrenza può fare danno a cristiani infingardi. Deve dunque lo Stato proteggere questi, come protegge l'industriale nazionale contro il forestiero, come protegge gli armatori che sanno dove il diavolo tiene la coda e che pagano bene gli avvocati politicanti». [29]

24. I "Sistemi" e la teoria dell'élites

La teoria dell'élite che riceve la sua prima formulazione nell'introduzione all'opera sui *Sistemi socialisti* (1902) e la sua completa enunciazione nel *Trattato di sociologia generale* (1916), trae origine da un'analisi dell'eterogeneità sociale e dalla constatazione delle disuguaglianze, in termini di ricchezza e di potere presenti nella società. Intende con ciò studiare "scientificamente" queste disuguaglianze da me percepite come "naturali".

Nel corso dello sviluppo, ogni società ha dovuto di volta in volta misurarsi con il problema dello sfruttamento e della distribuzione di risorse scarse. L'ottimizzazione di queste risorse è quella che viene assicurata, in ogni campo di attività, dagli individui dotati di capacità superiori: "la classe eletta" o élite. Nella classe eletta non di governo, posta ai gradi più bassi della gerarchia sociale, nei quali si raccoglie la maggior parte della popolazione, stanno di solito i "governati" che rappresentano lo strato inferiore o classe non eletta. La stabilità o la decadenza dell'organizzazione sociale dipendono dal modo in cui avviene il ricambio nelle posizioni di potere tra l'una e l'altra. A questo fenomeno viene dato il nome:

118

circolazione dell'élite. Questa allude a due fenomeni distinti: a) da un lato descrive gli spostamenti orizzontali all'interno della classe eletta di governo; b) dall'altro si riferisce a quella dimensione verticale che favorisce tanto l'innalzamento di individui meritevoli appartenenti alle classi inferiori quanto il declassamento di coloro che non hanno l'energia o le qualità per restare a far parte dell'élite.

La forma del "reggimento politico" è meno importante della sua sostanza, che è sempre la stessa e non muta in rapporto ai tempi, ai luoghi e alle apparenze istituzionali. Nondimeno, per legittimare il proprio potere le classi dirigenti dovranno avvalersi di derivazioni, ossia di quella parte variabile dell'azione che serve per spiegare, giustificare e dimostrare. La funzione delle derivazioni è ideologica, servono cioè a razionalizzare a posteriori la difesa dei propri interessi materiali.

Se il mutamento sociale dipende dai diversi modi con cui si realizza la "circolazione dell'élite", cioè il passaggio dalla classe non eletta alla classe eletta, il cambiamento politico dipende più specificatamente dal modo in cui avviene il passaggio dalla classe elette non di governo alla classe eletta di governo. Quando una società riesce a garantire una regolare immissione di individui dagli strati inferiori ai livelli superiori della classe eletta, l'equilibrio dinamico del sistema è assicurato; se questo processo si interrompe, l'equilibrio viene meno e l'impossibilità di mutamenti controllati genera un processo di rottura radicale dell'equilibrio sociale.

25. L'Ideale socialista

Le società moderne, disgregate e atomizzate, hanno bisogno un ideale per permettere l'entrata nello Stato di masse che finora ne vivacchiano ai margini. Un connubio tra socialismo e liberismo economico.

I sistemi socialisti mirano a cambiare l'ordine delle cose e a trasformare gli equilibri naturali. E ciò è pericoloso. Poiché i parlamenti si rivelano troppo sensibili. Per porre riparo alla diffusione delle idee egualitarie, bisogna limitare i poteri delle assemblee rappresentative, circoscrivendo, in sostanza, le competenze e i poteri del reggimento democratico.

«Limitare il potere dei parlamenti è divenuto ora tanto urgente quanto lo era nei secoli scorsi restringere la regia podestà, ed i popoli più civili principiano ad accorgersi quanta corruzione generi la contesa dei partiti parlamentari, e come il bene della nazione sia molto spesso l'ultimo loro pensiero. Il suffragio più o meno ristretto, quello universale, la rappresentanza delle minoranze, il sistema delle due Camere o di una sola, le prerogative più o meno grandi dell'autorità regia o presidenziale, tutto ciò non pare avere grande influenza per migliorare il reggimento parlamentare». [30]

Lo studio di questa riforma non va trascurato, ma sarebbe illusorio credere che da sola possa bastare a sanare ogni male del governo parlamentare, il quale dovrà sottostare a più radicali trasformazioni

Il mio antiparlamentarismo trova la sua scaturigine nella mia profonda sfiducia nelle istituzioni rappresentative, incapaci di sottrarsi alla demagogia, d'arginare l'interventismo. Il mio è un liberalismo antidemocratico, per il quale il processo democratico rappresenta una stortura del vero ordine delle cose, dell'ordine naturale, cioè dell'ordine liberale.

La mia fede nella democrazia, subisce un altro contraccolpo nel 1892, in occasione dello scandalo della Banca Romana e di altri successivi scandali. Vedo in questi fatti i sintomi preoccupanti del progressivo deteriorarsi della vita pubblica italiana, dovuto alla politica protezionistica responsabile dell'attuale dilagare dell'affarismo speculativo e del politicantismo.

Le mie osservazioni critiche sulla democrazia in genere e in specie sul modo d'intenderla e di volerla applicare da parte di quei partiti che si dicono democratici o socialisti, riguardano ma non colpiscono, la democrazia come istituto, mentre riguardano invece e tendono a colpire ciò che di artificioso, di contraddittorio e di falso hanno presentato e presentano talune formazioni ed istituzioni che si definiscono democratiche.

26. Il Protezionismo e i politicanti

«I liberisti non sono mica fedeli credenti, i quali sacrificano a certi loro idoli il pubblico bene. Sono gente che dallo studio dei fatti passati e presenti hanno ricavato l'ammaestramento che la libera concorrenza produca il massimo di utilità economica per la società. Quindi respingono l'inframmettersi dello Stato, non già per devozione a certi principi astratti, ma solo perché credono che produca effetti direttamente contrari da quelli sperati da coloro che lo desiderano».

Se invece si ritiene che i socialisti abbiano ragione allora si dia allo Stato il monopolio di ogni forma di industria o di commercio, sotto una direzione economica statale, e, «poiché il governo conosce il segreto di far fruttare alle industrie più di quanto ne ottengano i privati, non si potrebbe dare allo Stato il monopolio di tutte le industrie e di tutti i commerci? I socialisti almeno sarebbero soddisfatti». [31]

Ma i fatti mostrano che gli uomini politici debbono badare piuttosto a contentare i loro partigiani che a procacciare il bene dei più, la politica è piuttosto l'arte di lusingare le passioni e i pregiudizi degli uomini che di regolare le cose. Ottenere dagli uomini politici un buon ordinamento è impossibile, si può solo sperare che volgano ad altro i pensieri e le cure, e che lascino le cose andare per il verso naturale.

Infatti, «perché un paese prosperi occorre che ognuno pensi a fare la parte sua. Che i banchieri non si curino d'altro se non di provvedere denaro a chi offre maggiore sicurezza e migliore frutto; che i commercianti badano ad adoperare quel denaro in modo da ritrarne il massimo utile, e che il governo non distrugga troppa gran somma della ricchezza prodotta nel paese».

L'unica realtà è che una vera e propria industria, quella dei politicanti, trae profitto dall'estendersi delle funzioni dello Stato. «Nell'industria del politicante, come in ogni altra, il prezzo della merce deve adeguare il costo di produzione. Nelle prossime elezioni francesi si dice che si spenderanno almeno dieci milioni, e saranno forse molti di più. È manifesto che in un modo o nell'altro quei dieci milioni, devono, con un utile scarso o grande, tornare ai produttori, se no questi a lungo andare si rovinerebbero e smetterebbero dallo spendere per farsi eleggere. È pure manifesto che l'industria di quei signori sarà tanto più proficua quanto maggiori saranno le faccende economiche che avranno da regolare. Ed è questa la più potente fra le cagioni che spinge lo Stato ad inframmettersi sempre in più cose». [32]

In una lettera dell'aprile 1892, all'amico Maffeo Pantaleoni, dopo aver attaccato i politicanti che sono «la sola setta che veramente odio; ammetto tutte le altre, ma da quella non vedo che bene possa venire all'umanità», spiego che «la ragione per la quale non posso essere socialista è perché non vedo modo di accrescere l'ingerenza dello Stato senza accrescerne in pari tempo i danni che producono i politicanti. Sono come la filossera, non c'è modo di distruggerli. Date allo Stato un'ingerenza qualunque per il bene della popolazione ed essi se ne impadroniscono e la volgono a loro prò». [33]

Più si accresce questo inframmettersi dello Stato nelle cose economiche e più fiorisce l'industria dei politicanti: «Piantate la vite, ed appare la filossera; crescete l'inframmettersi dello Stato nelle cose economiche, e sbucano fuori certi animali roditori, i quali, non conosciuti dai nostri antichi, da noi con un nome nuovo sono detti *politicanti*».

Come possono i socialisti proporre di affidare allo Stato tutta l'economia del paese «se fin d'ora tanto mestano e tanto s'impinguano i politicanti, figuratevi cosa accadrebbe quando tutto l'ordinamento economico fosse retto dal *Rechtsorganismus*, che, per dirla in parole povere non è altro che il *diritto fatto persona*. Poveri noi! Roderebbero sino i piatti, e per campare vi toccherebbe dare la caccia alle lucertole!».

Nell'articolo *Il Dialogo dei morti*, che ho pubblicato nel fascicolo di marzo del «Giornale degli Economisti» dove vi discorrono Diogene e Depretis sulla questione dell'intervento dello Stato nelle questioni di economia pubblica, e con riferimento soprattutto alla questione bancaria, immagino che Depretis ammetta apertamente che quell'intervento è fatto in Italia nell'interesse della classe dei «politicanti». Oramai «Tutti intendono che invece di condizioni del paese si deve leggere condizioni dei politicanti». Per la banca in Italia è impossibile non «alimentare i fondi segreti e in poche parole non soddisfare a tutti gli appetiti dei politicanti, e limitarsi nel caso delle banche di emissione» ad essere un'onesta banca di emissione come la banca d'Inghilterra. Al che Diogene-Pareto osserva: «Voi vi credete liberi, ma non lo siete. Libero è quel reggimento in cui il cittadino ubbidisce solo alle leggi, non già quello in cui è governato dall'arbitrio di alcuni, siano pure da lui eletti...Solo la libertà economica può sanare le piaghe che ora tormentano la società. L'esperienza ci insegna che dappertutto la protezione bancaria, doganale, socialista o altra (che male abbiano tutte!) è stata sintomo di corruzione ed ha favorito il furto, la rapina, e distrutto in mille modi il frutto dell'onesto lavoro». [34]

Tra il marzo e il maggio del 1893 in «Critica sociale» sono apparsi gli articoli: il *Dialogo dei Morti* di Francesco Coletti, che con tono ironico si domanda se veramente occorre abbandonare la convinzione sua e dei socialisti che il politicantismo, l'estendersi dell'ingerenza statale e il protezionismo doganale e bancario altro non fossero che «superficiali effetti o modi di concretarsi di quelle cause profonde, sviluppate dal fatale avanzare del processo capitalistico» o meglio scaturite «dalle profonde necessità del sistema capitalistico e, più propriamente, dall'eminente fase di esso che noi attraversiamo»; [35] e *Saprofiti politici* di Filippo Turati, che sostiene l'associazionismo economico come base di una democrazia reale che precluda il formarsi di oligarchie monopolistiche.

La mia risposta fu pubblicata, con una annotazione del

Turati, e con il titolo *La risposta di Diogene sulle cause e sui rimedi degli scandali odierni*, nella *Critica Sociale*, del 1° aprile 1893, dove deploro lo statalismo e il politicantismo come forme degenerative della società contemporanea e invoco libertà politica ed economica.

Nel mio articolo, un punto suggestivo e stimolante per i contemporanei era costituito dall'affermazione che il politicantismo, forma di corruzione del ceto dirigente, consisteva nel fare dell'attività politica un fine, una carriera, e nella maggioranza dei casi un mezzo per ottenere una partecipazione privilegiata ad una porzione di quei beni, che il governo e gli uomini politici erano chiamati invece a tutelare e ad amministrare.

Ma l'aspetto più interessante della polemica è costituito dal problema dei rapporti tra società economica e classe politica. Per Turati la concezione socialista avrebbe evitato ogni sovrapporsi di un potere politico coercitivo al di sopra del sistema degli interessi economici, in quanto, come «in tutte le società che sono società di fatto e non solo di nome, gli interessi di tutti sono decisi da tutti». Per me invece è questione molto dubbia che «il sistema capitalista si possa togliere senza accrescere ad un tempo gli uffici dello Stato» con tutti gli inconvenienti che questo accrescimento porta con sé. «Come farete, domandava ai socialisti, per impedire che gli uomini deputati al nuovo governo non abusino delle maggiori facoltà ad essi concesse?». E, nonostante la sua diversa convinzione, concludeva: «vedrei volentieri in qualche paese un esperimento socialista poiché forse l'esperienza varrebbe a sciogliere alcuni quesiti che ancora appaiono insolubili». [36]

27. Il Pensiero di Marx

In questi anni di tumultuose battaglie civili, provvedo a fare i conti con Marx, quel Marx che, in uno scritto del febbraio 1891, *Socialismo e libertà*, avevo contrapposto ai socialisti collaborazionisti, colpevoli di accrescere il potere dello Stato e di contribuire alla burocratizzazione di tutti gli aspetti della vita sociale.

Apprezzo il Marx politico, coraggioso difensore dei diritti della classe operaia, ma rifiuto decisamente le sue teorie economiche, a cominciare da quella del valore-lavoro, del plus-lavoro e del plus-valore. Questi temi, ripresi anche in articoli giornalistici, hanno indotto l'editore Guillaumin di Parigi a propormi, su suggerimento di Gustave de Molinari, la redazione di una prefazione critica a una antologia del *Capitale*, curata dal genero di Marx, il francese Paul Lafargue.

Sospendendo per un poco di tempo il mio lavoro, accettai l'offerta e mi misi alacremente al lavoro per scrivere la mia introduzione-confutazione, che mi costò anche momenti di scoraggiamento e di noia profonda, come è testimoniato dalla lettera che ho scritto a Maffeo Pantaleoni, il 6 dicembre 1891: «Non conosco nulla di più pesante, e di più noioso della lettura del Marx! Ci vuole pazienza da santi!». [37]

Ho accettato di fare la prefazione a Karl Marx con l'unica speranza che ciò mi faccia conoscere e mi apra la via per potere scrivere sulle riviste forestiere.

Il volume è uscito a Parigi nel settembre 1893, mentre la traduzione italiana venne pubblicata un anno dopo dall'editore Sandron di Palermo.

Questa introduzione-confutazione è un lavoro di gran momento e temo che non possa essere contenuta in un'introduzione, ma penso in questo caso l'editore Guillaumin sia disposto a pubblicarlo in un volume a parte.

Il 23 febbraio 1893 scrivo a Maffeo Pantaleoni: «Nella prefazione a Marx non mancano zampate agli egregi ladri che governano il nostro paese. Per quanto abbiano fatto, per ora non sono morto. Anche se distruggono me, ci sarà sempre gente disposta a gridare la verità in faccia ai malfattori. Vorrei che tu la leggessi. Riguardo all'importanza del Marx, sono i socialisti che ne sono causa. Consento che quell'autore valga poco, ma pure è il testo di quasi tutte le scuole socialiste, anche di quelle che non vogliono essere chiamate marxiste.

Nelle mie conferenze a Milano i socialisti risposero con gli argomenti del Marx. Il Colajanni cita il Marx. Il Turati giura e spergiura col Marx. Non è dunque fuori di proposito fare conoscere come e dove questo autore erri. Voglio però insistere sul fatto, che combattendo i socialisti non intendo punto assumere la difesa dei politicanti-economisti, come il Salandra. Questo mi pare importante, perché è logicamente insostenibile di prendersela coi socialisti perché vorrebbero mutare artificialmente la distribuzione della ricchezza, e poi accettare i mutamenti artificiali che a loro pro vogliono fare certi sedicenti economisti. Il torto degli economisti sin ora è stato appunto di trascurare questa somiglianza.

È ridicolo sentire gente che difende i monopoli dello Stato dicendo che giovano al paese, e poi, che non vogliono che lo Stato eserciti tutte le industrie, come desiderano i socialisti. Se è vero che il monopolio dell'alcool ora proposto, giovi al pubblico per l'igiene, vorrei un poco sapere perché i forni municipali, le macellerie municipali, ecc. non gioverebbero egualmente.

Se è utile al pubblico che lo Stato conceda ad una

società il monopolio del Credito Fondiario, non è ugualmente utile che tutto il credito sia monopolio dello Stato? Forse perché un illustre economista è consigliere del Credito Fondiario? Ma Dio buono! Anche nei diversi monopoli del credito i socialisti daranno uffici di consiglieri ai loro amici!». [38]

Il 16 marzo, sempre al Pantaleoni, scrivo: «Bisogna che dica tutto ciò, altrimenti sarei ingiusto riguardo ai socialisti. Caro mio, la viltà, l'abietta cupidigia dei nostri moderati non ha confini! Tu sai se combatto il socialismo, sai se ho mai scritto una sillaba che sia in favore dell'intervento dello Stato, eppure ti dico che in una rivoluzione preferirei mille volte farmi uccidere tra i socialisti che stare un'ora tra quel canagliume, che non dice una parola se non col fine, più o meno palese, di guadagnare denari che lo Stato dà loro, togliendoli ai contribuenti».

Ritornando al pensiero di Marx: «Per riassumerlo occorrerebbe scrivere un volume, anzi più volumi. Ma vediamo d'isolarne il punto che c'interessa. Del socialismo, Marx non fu l'inventore. Esso è vecchio come il mondo, e la sua concezione moderna aveva avuto per padri Saint-Simon, Owen, Fourier, per citare solo quelli più diretti. Marx fu colui che gli dette la sistemazione più rigorosa, portandovi tutto il suo cospicuo bagaglio filosofico. Egli veniva dall'idealismo di Hegel, che vede nella Storia l'ineluttabile marcia dell'umanità verso la realizzazione dell'Idea. Il reale, dice Hegel, é sempre razionale, anche quando non lo sembra; cioè ogni avvenimento è fatale e inevitabile che avvenga perché è una tappa obbligata verso quel supremo traguardo.

Trasposto sul piano politico, questo supremo traguardo è, secondo Marx, la liberazione del proletariato, grazie all'abolizione delle classi. Il sistema capitalistico, egli dice, reca in sé una contraddizione che lo condanna a morte. Con la sua tecnica, con la sua organizzazione, col suo gigantismo, esso "socializza" sempre di più il lavoro, ma nello stesso tempo pretende di lasciare alla proprietà privata i mezzi di produzione: fabbriche, terra, miniere, eccetera.

Questo non è possibile. La socializzazione del lavoro comporta fatalmente anche la socializzazione dei mezzi di produzione. E siccome non è pensabile che a questi mezzi la classe dominante possa abdicare in quanto essa domina appunto perché possiede questi mezzi, la rivoluzione è inevitabile, come sempre capita quando le *superstrutture* di una società - cioè le sue leggi, la sua morale ecc. non sono più in armonia con la sua *struttura* economica.

La rivoluzione sboccherà fatalmente nella dittatura del vincitore, cioè del proletariato. E questa a sua volta sboccherà nella soppressione di tutte le classi, che è il vero traguardo della Storia, la realizzazione dell'*Idea* hegeliana.

Questo non è - lo ripetiamo - che un sommario abbozzo delle premesse da cui partiva Marx, fermamente persuaso che la Storia è condizionata unicamente dai modi e sistemi di produzione dei beni materiali (di qui, il nome di "materialismo storico" dato alla sua dottrina), tutto il resto - morale, costumi, cultura, religione ecc. - essendone soltanto la conseguenza. Ma basta per comprendere le conclusioni ch'egli ne traeva sul piano dell'azione pratica. Per abolire la proprietà privata, il proletariato deve anzitutto conquistare lo Stato e gestirlo dittatorialmente fino al raggiungimento dei suoi fini. Dopodiché potrà, anzi dovrà abolirlo perché essendo lo Stato lo strumento inventato dalle classi privilegiate per conservare i suoi privilegi, una società senza classi né privilegi non ne ha più bisogno.

Ora, nell'esaminare l'opera del Marx, trovato il primo errore non è possibile che non si proceda oltre, anche perché ci sono dei casi in cui i ragionamenti falsi hanno portato a conseguenze vere, o per meglio dire, in cui gli uomini hanno spiegato con principi falsi teoremi veri. In secondo luogo, occorre vedere il Marx intrinsecamente. Il suo libro è un vangelo di un numero sempre crescente di uomini. Non si persuaderà nessuno, e non si impedirà una sola nuova conversione, dicendo che il principio su cui riposa il ragionamento di Marx è falso. Nel mio scritto su Marx ho procurato di evitare tutto ciò che poteva parere ironia. Vorrei che chi leggesse non ci trovasse la nota della polemica, ma quella di un esame assolutamente imparziale.

Gli scrittori della «Idea Liberale» mi hanno chiesto di tradurre in italiano questa introduzione, edita da Guillaumin, con il nome di *Studio critico della teoria marxista*, traduttore sarà Guido Martinelli». [39]

28. Introduzione al Capitale

Esaminando l'opera di Karl Marx, non ha altro scopo che di sapere cosa si deve intendere per *valore* e *capitale*.

Il libro di Karl Marx è diretto contro il capitalista, che si appropria del lavoro dell'operaio che ha fatto il lavoro. Il capitale è un bene della società, ma può perire ed essere dilapidato. Quindi il capitalista ha interesse a farsi garantire dallo Stato un interesse superiore a quello che otterrebbe dal libero mercato.

Ma fra questo socialismo borghese e quello popolare, un accordo, auspici i politicanti, è possibile. L'analisi dei fatti dimostra in termini inequivocabili che la libera concorrenza aumenta la ricchezza e il protezionismo la distrugge mortificando la competitività e la libera iniziativa. Non è lontano il giorno in cui assisteremo alla enorme distruzione delle ricchezze, che ne sarà la conseguenza.

La colpa però non sarà del sistema capitalistico, bensì dell'intervento dello Stato, che modifica arbitrariamente la distribuzione della ricchezza.

A questo punto è opportuno porsi la domanda: il capitalista è utile o dannoso? La soluzione secondo Karl Marx riposa interamente sulla sua famosa teoria del «plus-valore».

Cosa vuole provare Karl Marx con la sua teoria del plus-valore? Che la parte del valore di scambio che il capitalista riceve è presa sul lavoro.

Se il valore di scambio del prodotto fosse più grande della somma di lavoro che è incorporata in una merce, si potrebbe dire che è questo soprappiù che riceve il capitalista; ma se il valore di scambio del prodotto è precisamente uguale alla somma del lavoro incorporato nella merce, è ben certo che il capitalista non può avere altro, se non una parte di questo lavoro.

Nel lavoro incorporato nella merce è del resto compreso il lavoro necessario per riparare i fabbricati, le macchine, ecc., e, in generale, per conservare il capitale. Ed è solamente l'uso di questo capitale, indipendentemente dal suo logorio, che Carlo Marx nega poter produrre alcun valore di scambio.

Il problema da risolvere è dunque questo. Può il capitale, indipendentemente dal suo logorio, far parte del costo di produzione? D'altronde è da considerare che non è solamente l'uso del capitale semplice che è in rapporto con il valore, ma sono tutte le circostanze nelle quali esso si produce, l'ambiente in cui il bene strumentale opera normalmente, e il suo uso nel tempo.

Per questo uso nel tempo del capitale, il capitalista riceve un interesse che Karl Marx chiama plus-valore. Ma se il capitale non riceve alcun interesse, nessuno vorrà darsi il disturbo di produrre e conservare questo capitale.

Così nessuno vorrà più produrre se dovrà cambiarne i prodotti ottenuti a peso uguale con una merce di prezzo inferiore. Karl Marx risponde che lo Stato può prelevare sul prodotto del lavoro ciò che è necessario per assicurare la riproduzione semplice e progressiva del capitale senza intervento alcuno del «*cavaliere dalla trista figura*» chiamato capitalista.

Bisogna ancora osservare che quand'anche si riuscisse a provare che la parte del valore di scambio che riceve il capitalista è presa sul lavoro, noi non avremmo con ciò dimostrato che l'intervento del capitalista cagioni un pregiudizio agli operai. Karl Marx crede ciò. Ma ciò che fa illusione nel suo ragionamento è che la parola *valore* ha generalmente il significato di *ricchezza*. Dire che si può togliere a qualcuno una parte di ricchezza che egli possiede, aumentando nello stesso tempo il suo benessere sembrerebbe una contraddizione: tuttavia la cosa è possibilissima, perché il nostro benessere dipende solamente dalle utilità economiche dei beni (valori d'uso) di cui noi ci serviamo, e non già dai loro valori di scambio.

Per completare la teoria di Karl Marx bisognerebbe che il sistema capitalista riducesse l'operaio a non avere che il *minimum* di benessere che gli è indispensabile per vivere e per riprodursi, ma è chiaro, che in questo caso l'operaio non avrebbe nulla da perdere e tutto da guadagnare in un tentativo per cambiare il sistema.

Marx è l'autore di dottrine scientificamente non verificabili adoperando concetti, come quello di sfruttamento, che nulla hanno a che fare con la scienza economica. La mia introduzione alla scelta di brani del Capitale ebbe subito larga diffusione nella cultura italiana e francese, e certamente contribuì, proprio alla vigilia del grande dibattito europeo sul marxismo, a condurre studiosi come George Sorel e Benedetto Croce su posizioni che verranno, poi, giudicate «revisioniste». Sono molto compiaciuto di trovare in pensatori marxisti una sostanziale affinità di metodo scientifico, come il Croce, che mi ha inviato il suo saggio *Sulla concezione materialistica della storia*, e di cui lodo la correttezza del metodo e condivido la confutazione dell'economicismo che ne è seguita. Mi sembra che anche Croce sia d'accordo con la mia teoria della «mutua dipendenza dei fenomeni economici e sociali» e che consideri il materialismo storico soltanto come un primo approccio, necessariamente approssimativo e bisognoso di correzioni, alla verità scientifica». [40]

29. Significato della democrazia

Osservo altresì «una spiccata tendenza dei popoli civili ad usare una forma di governo il cui potere di fare le leggi spetta in gran parte ad un'assemblea eletta da parte almeno dei cittadini», come, in Svizzera, dove il potere di fare le leggi da parte dell'assemblea eletta è ristretto dal voto popolare specialmente poi nella forma che assume nei piccoli cantoni, colla democrazia diretta; ed è un governo "democratico", ma null'altro che il nome ha di comune coi governi, che pure si dicono "democratici", di altri paesi, come

133

sarebbe la Francia e gli Stati Uniti d'America». [41]

In una lettera al Prof. Antonucci, del 24 novembre 1907, scrivo: «Con gli anni sbollirono un poco questi ardori giovanili e quando la Sinistra venne al potere in Italia e quando in Francia all'Impero succedette la Repubblica, fui pure costretto a riconoscere che le mie teorie non corrispondevano ai fatti. Le modificai in parte e mi avvicinai alle idee di conservatore liberale, e, studiando meglio la storia, vedevo che quanto prima m'era parso semplice, era invece molto complesso e principiai ad intendere che la parola *democrazia* significa tutto e niente». [42]

A proposito della politica fiscale del governo e del già citato scandalo della Banca Romana, e sotto la spinta del mio intransigente moralismo, così ho scritto all'amico Pantaleoni in una lettera del 14 agosto 1892: «Il punto su cui non siamo d'accordo è quello dei dazi fiscali. La mia teoria è la seguente. Le spese del governo per ¼ (supponiamo) sono utili, ma almeno per ¾ sono, nonché inutili, dannose al paese. Quindi per me il nostro più urgente bisogno è di restringere quelle spese; e perciò l'esperienza, la storia, tutto dimostra non esservi che un mezzo, cioè negare le imposte al governo.

Non capisco come tu faccia a dire che ciò che paghiamo al governo è un prezzo che dobbiamo per cosa da noi comperata! Tu sai benissimo che i parlamentari sono il prodotto dell'intrigo e della corruzione; non mi dire che rappresentano il paese!

Quando pago per la questura, non sono necessariamente defraudato. Ma queste sono il meno. Quando pago per fare stare in piedi la banca Romana, sono defraudato. Quando invece pago lo zucchero 1,50 il kilo e alcuno ci guadagna un *milione*, sono defraudatissimo.

Io conosco qui gente che era piena di debiti, e che grazie alle convenzioni ferroviarie sono arricchiti. (...). Se faccio sacrifizi, è per andare dietro ad un ideale di onestà e di benessere per i poveri, ma non mi sogno di farne per favorire i ladri». [43]

Nel febbraio del 1892, a proposito dei radicali ho scritto a Pantaleoni: «I miei amori radicali non sono che un *pis aller*. Temo che i radicali non siano niente più liberali degli altri, e, quando avranno il potere, è probabile che io sarò all'opposizione. Ma per ora sono i soli che abbiano il coraggio di dire certe verità che altri tacciono. Un tempo sperai che i neocattolici avessero quel coraggio, ma poi sono diventati opportunisti, protezionisti, ecc, ecc. Da loro non si cava nulla. Nonostante, lo Jacini nei *Pensieri sulla politica italiana*, abbia scritto cose molto vere. Io starei molto volentieri con persone come lui, più volentieri che con qualunque altra gente, ma la disgrazia è che predicano bene e raspano male. Sinchè si tratta di scrivere un opuscolo, tutto va bene, ma poi all'atto pratico approvano coloro stessi di cui hanno scritto che erano pessimi soggetti!». [44]

Circa la situazione interna italiana sono pessimista, come ho scritto in una lettera, del 9 gennaio 1894, ai giovani repubblicani milanesi del Fascio "Carlo Cattaneo: «La condizione della nostra patria ormai è questa: che ogni libertà si è spenta eccetto quella del furto dei politicanti, e che tutto si pone in opera per spegnere nella coscienza popolare ogni sentimento retto e onesto».

Solo gli uomini dell'Estrema mi sembrano possedere quelle doti che fanno difetto alla borghesia: i radicali, i democratici, i socialisti possederebbero quelle virtù d'intransigenza, di rigore, di combattività, che i borghesi hanno dilapidato in quanto individui ed in quanto classe. Donde la credenza che gli uomini dell'Estrema serviranno la causa liberale, nella misura in cui potranno «insegnare agli ignoranti, convincere gli inerti, stimolare gli indolenti». Ma il tramonto d'una tale credenza verrà da me precisato in una lettera all'amico Pantaleoni: «Il vero male del nostro paese a me pare che sia specialmente che manchiamo di persone *indipendenti* ed energiche. Per tal modo nessuno reagisce contro il male. Si transige, si cerca di attenuarlo con sofismi, si scusa tutto e tutti. E non vedo neppure molto lontano, alcuna speranza di miglioramenti». Ed altrove: «Se ci fosse un'associazione potente in Italia che svelasse al popolo la frode e l'inganno che racchiudono protezione e imposte dirette, se non ora, almeno fra qualche anno dovrebbero bene i governanti mutare strada. Ma non c'è! Ecco il guaio...».

Il socialismo non risolverà nessun problema, perché non affronta il problema dello Stato. «Il vero problema che deve sciogliere l'umanità, per avere un buon governo, sarebbe: *come affidare il potere ai migliori senza che ne abusino...*I più colti, i meglio educati, coloro che in una parola sono i migliori, oppure il volgo rozzo e ignorante? La risposta non può essere dubbia. Ma è altrettanto certo che ogni qualvolta quella minoranza ha avuto il potere, ha avuto di mira sopra ogni cosa il bene proprio, e non si è curata d'altro. Sicchè pare minore male che il potere sia in mano di chi sa *meno*, ma altresì non ha in mira interessi di un troppo ristretto numero di persone». [45]

E in occasione delle elezioni del 1897, in una lettera del 10 marzo all'amico Pantaleoni, scrivo: «Tu speri buone le elezioni italiane? Sei proprio il re degli ottimisti In nessun paese le elezioni sono buone, nemmeno in Svizzera, ove solo il *referendum* corregge le bestialità dei deputati. In Italia le elezioni sono e saranno pessime. Sono fatte dai prefetti e con i denari dei candidati e delle banche. La prossima Camera sarà uguale all'antica. Ma se puoi avere illusioni, meglio conservarle. La speranza è l'ultima dea e, se si può, è meglio di non perderla.

Certo che la crisi economica, in Italia, deve volgere alla fine del periodo acuto. Tornerà a crescere il risparmio e così si preparerà la materia per pagare le nuove bricconate dei governanti. Il popolo è come le api: prepara il miele, ma non ne gode». [46]

30. La Classe politica e i Politicanti

Il progredire della società dei politicanti è l'occasione per scrivere la *Cronaca* del 1 maggio 1894: «in tutti i paesi i politicanti sono una triste genìa, ma peggiori che in Italia non è facile trovarne»; i politicanti in fondo non sono cattivi, non fanno il male per il sol gusto di nuocere, e quando sono ben pasciuti, lasciano campare i loro sudditi e, sarebbe accusa stolta e malvagia l'affermare che la nostra classe governante si compiace di tali sofferenze (del popolo); no, essa le vuole solo sin dove ed in quanto possono giovare ai suoi interessi, assicurare i suoi guadagni, procacciarle i godimenti della gloria politica e militare.

Carattere costante della nostra classe politica è, il suo trasformismo, che non fu affatto inventato da Agostino Depretis, «ma venne praticato sino dal 1860, e seguita ad essere l'arma più potente della classe dominante».

La delusione provata dal governo Di Rudinì, mi convince che ogni popolo ha il governo che si merita, ma è nell'atteggiamento dei governati, nella struttura delle istituzioni che si deve ricercare la causa di

137

siffatto operare dei governanti. «Finchè si era governati dalla banda crispina si poteva dire: "se venisse un governo onesto, staremmo meglio". Ora quel governo è venuto; poco è mutato e non si sta meglio; onde è manifesto che ben altra è la cagione dei nostri mali. Nessuna meraviglia quindi se i giovani che ora crescono, se onesti e intelligenti, sono quasi tutti socialisti. I mali dell'Italia non sono seguiti né per colpa del Depretis e del Magliani, né del Crispi, né del Di Rudinì. Hanno per prima cagione, è vero, la fiacchezza del popolo, l'immoralità della borghesia, la mancanza assoluta di educazione politica; ma poi si deve cercare la causa di quei mali nei nostri ordinamenti politici, efficaci per il male, inefficaci per il bene». E ancora scrive: «Ormai pare che siamo rassegnati al disonesto procedere dei nostri politicanti. Ci abbiamo fatto il callo, e se talune volte viene a galla qualche marachella, la gente pare che dica: non è altro? Si dubitava di molto peggio!». [47]

Nella *Cronaca* del 1 giugno 1894, scrivo: «Da noi si discorre in un modo e si opera in un altro. Si discorre contro i dazi doganali e poi si eleggono deputati protezionisti. Si biasimano le eccessive spese militari, e poi si manda al parlamento chi le approva. In tanta debolezza e confusione degli onesti, che non sanno ciò che vogliono, si capisce che vincano le birbe, che almeno hanno un concetto chiaro e preciso del fine al quale mirano, quello cioè di spogliare contribuenti e banche».

Le cose andrebbero meglio se vi fosse maggior conoscenza delle leggi economiche e sociali. Nella *Cronaca* del 1 dicembre 1894, a proposito della certezza delle leggi Pareto scrive che prima ancora della libertà occorre per fare prospero un paese ed assicurarvi l'ordine con leggi certe e una qualche norma. «ma purtroppo da noi queste materie sono studiate poco o niente. Intendiamo bene che i politicanti non se ne curino, ma la gente perbene che ha qualche coltura dovrebbe procurare di conoscere le leggi le quali regolano lo svolgersi delle società per poter sanamente giudicare dei provvedimenti che vengono proposti». Appunto è ciò che manca in Italia. Non si sa più cosa sia lecito e cosa sia illecito. Condanne vengono comminate per aver riprodotto parole dette da altri che rimangono immuni. Si fanno le inchieste e rimangono segrete. Giudici compiacenti devono servire i ministri. Non si capisce più niente, e non si sa cosa si vuole. I provvedimenti arbitrari che si usano avranno il solo effetto di allontanare il popolo dalla legge e a cedere alla prima rivoluzione che capiterà». [48]

Questo uso del termine «politicanti», semplice traduzione del francese *politiciens*, che abbonda in tutta la letteratura economico-sociologica d'oltralpe nella seconda metà del XIX secolo, gli proviene certamente dalle opere del Taine, che ha recato un notevole contributo al formarsi di una prima e organica definizione teorica del fenomeno della classe politica.

La mia opera non si ferma alla polemica contingente, ma voglio arrivare ad indagare i fatti sociali e ricercarne le ragioni nel ripetersi di fenomeni costanti. Circa il discorso di Francesco Crispi, molte cose si possono dire pro e contro. Ma a chi ben guarda nulla in lui è mutato dal tempo in cui si ribellava al suo legittimo governo perché non vi poteva avere parte, da quello in cui ferocemente combatteva la destra che non lo voleva ministro. Uno fu sempre il suo scopo, ed a quello intese sempre adoperando quei mezzi che erano di stagione, senza averne biasimo più di quello che incolga all'uomo il quale, venuta l'estate, lascia la pesante cappa invernale.

Più in là dobbiamo spingere le indagini, e, se vogliamo ottenere qualche legge generale, non limitarle ad un popolo e ad un tempo, ma estenderle a tutta la storia. Agevole sarà in tal caso il vedere come tra coloro che si godono il frutto delle altrui fatiche, antica come il mondo è la contesa, volendo alcuni farsi la parte del leone, altri a questi toglierla. Coloro che, non essendo ammessi al governo, stanno di mala voglia e arrotano i denti fuori della sala ove si banchetta, richiedono solitamente l'aiuto degli sfruttati per assicurarsi all'ambìto desco, e poiché a spiattellare così l'intento, nessuno si muoverebbe in loro soccorso, procurano di adescare i buoni uomini con ogni sorta di lusinghe. Allora discorrono di giustizia e di libertà, allora vogliono intemerati gli uomini che governano, rispettate la vita e le sostanze dei governati. Così accadde in Grecia, così accadde a Roma, così dappertutto. La nuova aristocrazia romana nelle sue contese coi *patres* chiedeva al popolo l'aiuto e la forza per vincere, e le leggi *Liciniae-Sestiae* sono rimaste nella storia come il primo segno del patto della nuova aristocrazia col popolo. Similmente la borghesia italiana sdegnata dall'avere così piccola parte negli antichi governi della penisola, incitava a ribellione il popolo.

«La classe dei politicanti si sta scindendo in due classi ben distinte. Una ha per premio del suo onorato lavoro gli alti uffici dello Stato, e tutti i benefici che si ottengono da chi ha il potere, ma non prende quattrini. L'altra, che comprende un maggiore numero di individui, tira solo a fare quattrini, e conferisce il potere a chi gliene procura. Tale "divisione del lavoro" nel passato appena si avvertiva. Oggi spicca; e dagli

140

stessi politicanti viene biasimato chi vuole ottenere l'uno e l'altro utile. Prevede che tale separazione sarà ancora maggiore in avvenire, poiché è evidente che grazie ad essa più proficua diventa l'industria del politicante. I fatti divenuti noti mostrano come le faccende della Banca Romana fossero interamente note a ministri che pure non ne trassero alcun utile pecuniario. Perché dunque non provvidero ad impedire quel disordine? Perché di esso si giovavano deputati e giornalisti loro partigiani. I politicanti sono uomini come tutti gli altri, né interamente buoni, né interamente cattivi. Solo l'ordinamento che ad essi permette di disporre dell'economia della nazione è pessimo, né altri frutti può dare che quelli che al presente si sono osservati». Come operare un cambiamento nella vita politica? «È inutile, e quasi ridicolo, sperare la salute da una rivoluzione parlamentare; il mutamento deve seguire nel paese, prima che nel parlamento e nel governo».

Le sue speranze sono rivolte ai socialisti: «Perciò rimane chiaro che i riformatori debbono mirare principalmente a mutare le credenze e i pensieri della popolazione, e perciò pure si scorge che, per ora solo i socialisti possono mutare in bene lo stato del nostro paese, poiché oltre ai clericali, sono i soli che si sappiano fare ascoltare dal popolo».

Nei confronti del decentramento scrive: «Ogni tanto si torna a discorrere in Italia di ciò che nel nostro gergo politico si chiama *decentramento*, cioè del togliere alcune facoltà al governo centrale per darle ai governi locali. Molte persone stimano essere tale ordinamento molto liberale, ma temiamo che male s'appongano. Ordinamento liberale è quello che lascia libero l'individuo, ma non già quello che lo fa soggetto a questo piuttosto che a quell'altro pubblico ufficiale

(...). È male che l'autorità pubblica decida come si debbono comporre i treni, e quali elisir si possono vendere, ma non già che ciò si decida a Roma piuttosto che in altri luoghi. Anzi ci sono buone ragioni perché, supposto che si voglia dare al governo tale facoltà, decida il potere centrale piuttosto che amministrazioni locali ove spesso si annidano tirannelli». [49]

Il suo scetticismo nei confronti dell'introduzione dell'istituto del referendum o di una riforma strutturale come il decentramento politico amministrativo, è confermato da uno scritto nel quale conferma che il referendum non darà nessun rimedio ai mali del paese, ma ne può venire solo un maggiore utile come quello di educare il popolo alla vita politica, inducendolo a discorrere di cose invece che di persone.

31. La marea socialista

I successi dei socialisti mi danno modo di scrivere sulla "Bibliotheque Universelle" l'articolo *L'étatisme en Italie* nel quale vede salire ogni giorno la marea socialista, mentre gli stessi conservatori si incaricano di minare e distruggere le dighe che potrebbero ancora arrestarla. L'accentramento prepara il socialismo di stato, e questo apre la via al socialismo popolare.

Per contro trovo ridicoli i borghesi nell'inutile battaglia contro il socialismo, come ho scritto nella *Cronaca* del 1 novembre 1895: «Fanno proprio ridere quando rimproverano ai socialisti il voler porre come necessaria la contesa fra le classi sociali. Per Bacco, anche un cane ringhia se ad esso si toglie un osso dai denti; solo gli uomini dovrebbero senza la minima contesa lasciarsi levare il pane di bocca?

Si dice essere questa un'economia politica *materialista*. Sarà, dei nomi poco ci preme. In quanto alla sostanza, noi conosciamo solo una scienza economica, quella cioè che spiega e prevede i fatti. Le gesta dei nostri politicanti sono ormai note e fatte certe da troppe testimonianze per essere poste in dubbio».

«In quanto allo sperare che coi provvedimenti presenti spegnerete per sempre il socialismo è stoltezza che non ha pari - scrive nella *Cronaca* del dicembre 1894 -. Nel prof. Ferri voi punite non gli atti ma le idee, e potete credere sul serio che perché lo avete condannato a qualche mese di confine e lo condannerete a qualche mese di carcere muteranno le sue opinioni e cesserà di essere socialista? Potete proprio fuori di scherzo figurarvi che mandando due o tre anni un uomo al domicilio coatto tornerà amante del vostro governo, della vostra libertà, della vostra giustizia? A che pro dunque tali persecuzioni? Non avranno che un solo fine. Preparare candidati per le future elezioni.

Se non avrete qualche altra Banca Romana che vi provveda di molti buoni biglietti di banca, preparatevi pure a vedere nelle nuove elezioni cresciuto di molto il numero dei deputati socialisti (...). Occorre proprio essere offeso dalla più profonda ignoranza delle scienze sociali per figurarsi che mandando al domicilio coatto cinquecento persone in un paese di trenta milioni di abitanti se ne muteranno le sorti. Ma purtroppo da noi queste materie sono studiate poco o niente. Intendiamo bene che i politicanti non se ne curino, ma la gente perbene che ha qualche cultura dovrebbe procurare di conoscere le leggi le quali regolano lo svolgersi delle società per potere sanamente giudicare dei provvedimenti che vengono proposti».

A proposito della fiducia dei socialisti nell'azione dello Stato, scrivo: «È strano che i socialisti, che più di altri soffrono delle prepotenze dei nostri governi, serbino intera fede nei benefici effetti dell'opera dello Stato. Questo fenomeno ci spiega come potessero gli antichi messicani adorare quei loro idoli ai quali sacrificavano vittime umane, e intendiamo quell'affetto come da figli a padre che il Tocqueville ci narra essere stato nei francesi per i loro re assoluti. Come lo sconcio e turpe operare di un Luigi XVI non valeva a togliere il reverente affetto alla monarchia assoluta, similmente per le colpe e pei delitti dei nostri governi non viene meno nei socialisti la fede nel retto e virtuoso operare di futuri governi, ai quali vogliono affidare ogni o più minuta cura della nostra vita. Come poi provvederanno perché quel futuro governo non somigli a quelli che conosciamo; come potranno distruggere i politicanti, che più della fillossera sono difficili a sperdere, non dicono; eppure è cosa di gran momento, e tale che più di ogni altra importa per il buon fine dei loro ordinamenti (...). E ciò a parere nostro è molto pericoloso, perché, essendo seguaci del metodo sperimentale, non intendiamo come le medesime cause non abbiano da produrre nel futuro gli stessi effetti che ebbero per il passato». [50]

La diversa concezione dello Stato non mi appare, comunque, un ostacolo alla collaborazione con i socialisti per risolvere i problemi urgenti del paese. In risposta a Napoleone Colajanni, ho scritto: «Il vostro articolo dà un concetto chiaro e preciso del socialismo in Italia. In molte cose, naturalmente non andiamo d'accordo, perché io sono *liberista*. Voi volete che il governo sia qualche cosa di più che carabiniere. Infatti in Italia fa anche il ladro. Vediamo se tutti d'accordo potessimo togliergli questo nobile ufficio e poi vedremo quali altri affidargli». [51]

PARTE TERZA

I SISTEMI SOCIALISTI

32. Premessa di G.H. Bousquet

L'opera di Pareto (1848-1923) si è sviluppata in due direzioni: *l'Economia matematica* e la *Sociologia Generale*. I Sistemi Socialisti (1902), analisi parziale di certi aspetti della vita sociale sono, per parecchi riguardi, il lavoro che annunzia il *Trattato di Sociologia Generale*; questo libro è il punto di partenza di molte teorie, che si ritroveranno nella Sociologia, ma quest'ultima mira a elaborare una grande sintesi teorica, ciò che *I Sistemi* non fanno. Insomma, la dottrina di Pareto essendosi sviluppata, il suo *Trattato di Sociologia Generale* rappresenta rispetto a *I Sistemi* una nuova fase del suo pensiero, che permette di comprendere meglio questo studio. Perciò era necessario non trascurare gli insegnamenti del *Trattato*, in occasione di questa pubblicazione de *I Sistemi*. Queste due opere vicendevolmente si illuminano. Questa è la prima considerazione, che mi ha spinto a scrivere questa introduzione. Ve n'è ancora un'altra: sono certe critiche fatte alla redazione dell'opera. Sembra, in verità, che Pareto abbia sempre sistematicamente trascurato di attenersi al rigore e alla chiarezza dell'esposizione, e nel. *Trattato* questa noncuranza è financo spinta a un grado eccessivo.

Il *Trattato di Sociologia Generale* si presenta nell'apparenza come un'immensa massa di fatti e di teorie, in un disordine formale notevole. Ma, cosa curiosa, quando lo si conosce bene, sembra che il

147

piano di questo enorme caos sia insomma molto semplice, nelle sue grandi linee.

1° L'autore afferma di voler seguire in sociologia un metodo puramente scientifico e obiettivo, e ch'egli non ha che fare delle altre sociologie umanitarie, filosofiche, ecc. Questo è il contenuto del I capitolo.

2° L'esame di alcuni casi particolari lo porta a credere che la parte dell'istinto, dell'irrazionale, è nelle nostre società considerevole; ma che questa è una parte velata dal fatto che gli uomini, mentre agiscono sotto il dominio dell'istinto, della passione, ecc. parlano, scrivono, elaborano delle teorie, con le quali pretendono giustificare le loro azioni (cap. II).

3° Ciò vuol dire che scrutando, in particolare, le teorie, le dottrine, ecc. che hanno corso fra gli uomini, troveremo degli elementi che hanno grande importanza per determinare la forma delle società umane; ciò, del resto, non a causa del valore scientifico, logico, sperimentale, che queste teorie possono avere, ma perchè esse sono l'indice delle vere forze sociali, degli istinti, delle passioni, degli interessi, ecc. (capitoli III a V).

Il risultato di questo studio è il seguente: il valore logico e sperimentale di tutte queste dottrine è misero; il più delle volte, sotto questo aspetto, sono un tessuto di sciocchezze. Al contrario, noi siamo confermati del tutto nella nostra ipotesi che, dietro questa apparenza, bisogna tenere il maggior conto di istinti fondamentali assai poco variabili.

4° Così dunque Pareto, nel comportamento verbale degli uomini, che accompagna il loro comportamento nell'azione, distingue due cose: da una parte, tutte quelle vane teorie, che, in realtà molto variabili, *derivano* da tutt'altra cosa che dalla logica e dalla ragione: egli chiama ciò le *derivazioni* dall'altra, ciò che rimane; quando si toglie il velo delle derivazioni, cioè i *residui,* che sono la sola base psicologica reale, su cui si fondano le società. Egli studia questi residui nei capitoli VI a VIII, raggruppandoli in sei classi:

istinto delle combinazioni; persistenza degli aggregati; bisogno di manifestare i sentimenti con atti esterni; socialità; integrità dell'individuo e delle sue dipendenze; sessualità.

5° Ma, per ciò che riguarda le derivazioni, se veramente esse hanno un così scarso valore logico, come dunque si riesce a farle accettare dai membri della società? Pareto, nei capitoli IX e X, dopo avere classificato queste derivazioni, studia il loro valore persuasivo, ben diverso dal loro valore logico.

6° Lo studio dei residui e delle derivazioni ci ha fatto conoscere le manifestazioni di certe forze che operano sulla Società, e per conseguenza anche queste stesse forze. Così, passo a passo, ci avviciniamo alla nostra mèta, che è di avere contezza della forma che assume la società in virtù delle forze che su di essa operano» (§ 1687).

Si tratta dunque ora di studiare (cap. XI) le proprietà generali dei residui e delle derivazioni; nello stesso tempo, un nuovo fatto sociale molto importante è messo in evidenza, ossia, la «circolazione delle elette»: dalle classi inferiori della società, gli elementi più qualificati tendono continuamente à elevarsi, cosi modificando la struttura dell'eletta sociale.

7° Siamo allora in grado di comprendere la forma generale della società (cap. XII). Essa è caratterizzata da una mutua dipendenza generale degli elementi che la compongono. Ispirandosi alle equazioni dell'equilibrio economico di Leone Walras, Pareto vuole in alcune formule, del resto niente affatto matematiche, spiegarci quale forma generale prende la società sotto l'azione dei molti fattori che la determinano; per questo, e in prima approssimazione, egli ricondurrà questi fattori a quattro: residui, derivazioni (le quali sono molto meno cause, che effetti), fenomeno economico e circolazione delle elette.

8° Per finire, egli procede a certe verifiche storiche. Mostra, in particolare, l'importanza che per la prosperità sociale ha una certa distribuzione dei residui della prima e della seconda classe, nell'eletta della società e nei suoi gruppi inferiori.

Ecco il piano semplicissimo, nettissimo e chiaro, ch'è alla base di quella foresta vergine, quasi impenetrabile, ch'è il *Trattato di Sociologia Generale.*

Compariamo ora ciò a *I Sistemi Socialisti.*

Quando si paragonano le due opere, si constata che Pareto, verso il 1902, non considera ancora affatto l'equilibrio sociale quale sarà da lui definito nel *Trattato.* Quanto al resto, vi sono dei punti notevoli di rassomiglianza.

Quali sono, in realtà, le idee generali, che hanno presieduto all'elaborazione de *I Sistemi?* Esse sono esposte nell'Introduzione con la quale Pareto dà inizio alla sua opera, e noi non abbiamo che poco da dire a questo proposito, perchè insomma egli confuta anticipatamente molte critiche che gli si sono potute muovere.

1° In primo luogo, l'autore nega di voler fare trionfare qualunque specie di dottrina pratica; la sua opera vuole avere un carattere rigorosamente *scientifico*. Questa proposizione stupisce molti; e non bisogna dissimularsi che il tono dell'opera potrebbe giustificare questo equivoco, perchè stranamente contrasta con quello degli altri autori in questa materia, mentre la sua forma brillante è degna talvolta di un Pascal o di un Voltaire. Ma la questione non è qui: ciò che afferma l'autore è vero, sì o no? la logica del ragionamento è, sì o no, falsata da considerazioni subiettive? Ecco quel che importa; e si è costretti a rispondere sì alla prima domanda, no alla seconda.

Per fare ben comprendere ciò che distingue una proposizione scientifica da un'affermazione sentimentale, vediamo un caso ipotetico fuori del nostro campo. Immaginate un uomo che inciti i suoi compatrioti a una guerra «fresca e gioiosa» e al quale si possa dire: «Vi è troppo facile agire in tal modo, noi potremo sopportarne tutte le sofferenze, mentre voi, con i vostri discorsi e i vostri scritti, ne raccoglierete gloria e profitto»; in tal caso siamo in pieno campo sentimentale, il ragionamento scientifico non ha da intervenire. Se invece quell'uomo dice: «tale guerra può avere questo risultato, che per mio conto credo utile alla patria», la prima parte di questa affermazione, non dispiaccia ai pacifisti, dipende esclusivamente dall'osservazione e dal ragionamento, la sua esattezza o la sua falsità non hanno nulla a vedere coi sentimenti che solleva. Lo stesso è dei problemi sociali. Se un buon borghese trova che, dopo tutto, la miseria delle classi inferiori non ha alcuna importanza, poichè egli non la sente, e che tutto è per il meglio finchè egli non abbia a soffrirne, spetterà agli etici rimproverarmelo, la scienza non ha da intervenire. Ma tutti i loro sforzi restano vani e impotenti nel campo molto ristretto, ma perfettamente limitato, in cui a Pareto piace restare. Le condizioni delle classi lavoratrici sono un fatto; i sistemi che voi proponete per migliorarle sono un altro fatto; ma qualunque sia l'eccellenza dei vostri elisir, permettete, signori, che non si confonda la malattia, vera o immaginaria, col rimedio che voi preparate per guarirla. Noi dichiariamo esplicitamente di non volere esaminare che il valore della vostra medicina, ed è tutto. Dichiarare che un sistema è applicabile o non, esaminare la sua origine, osservare le sue diverse forme, non dipende dai sentimenti di giustizia «sociale», di «solidarietà», benchè rispettabili. Questa confusione vorrebbero creare i critici de I Sistemi, e vorrebbero trascinarvi Pareto, come la rana di La Fontaine: «Dans le marais entrée, notre lonne commère - S'efforce de tirer son poste au fond de l'eau».

Ma, come bene scriveva Papafava nel Giornale degli, Economisti, bisognerebbe, per riuscirvi, «dimostrare che la logica dell'autore non è logica». Così per I Sistemi, come per il Trattato, noi non conosciamo alcuno che l'abbia tentato. Quali sono i rapporti fra i sistemi socialisti e la realtà sperimentale, ecco la sola ricerca che noi vogliamo fare; e questa lunga spiegazione si riassume in una frase sferzante, che Pareto lancia ai suoi avversari: Se voi mi affermate che un uomo può vivere fino a 200 anni masticando ogni giorno una foglia di timo, io non sono ridotto al dilemma di ammettere la vostra proposizione o di trovare un altro mezzo per prolungare la vita fino a 200 anni!».

Aggiungeremo ancora che nella teoria dell'utilità, sviluppata nel *Trattato,* si troveranno molte altre prove della relatività delle nostre opinioni, in materia sociale; ma senza insistere su questo punto, si può far rilevare, come l'autore invero non manca di fare, che il suo proposito, non è di deridere la sofferenza umana, nè di sottovalutare la filantropia *pratica* di coloro che vogliono lenirla; certo, ci si fanno in questa materia, noi crediamo, molte illusioni, ma, senza fermarsi sulle critiche dei teorici, uomini di cuore hanno spesso operato con successo, e non si può che inchinarsi dinnanzi alla loro opera, senza ingannarsi sull'importanza dei risultati raggiunti.

2° Fra i vari punti trattati nell'Introduzione, era questo il solo su cui occorresse dare spiegazioni un po' dettagliate, perché gli altri non ne hanno bisogno. Tuttavia, per quanto riguarda la distinzione paretiana tra fenomeno oggettivo e fenomeno soggettivo, è bene far rilevare quale è stato lo scopo di Pareto. Egli intende per fenomeno oggettivo il fatto qual è in realtà; per fenomeno subiettivo, il modo in cui si presenta allo spirito di certi uomini, sotto forma di teorie, di dottrine, di sistemi, ecc. Muovendo da ciò, lo scopo di Pareto è press'a poco questo: a) fare una critica del sistema subiettivo, nei suoi rapporti con la realtà dei fatti; *b)* dall'aspetto obiettivo, ricercare quali sono le cause psicologiche, sociali o altre, che hanno dato origine al sistema subiettivo; (diciamo, press'a poco, perché, secondo la sua abitudine, l'autore non si è curato di darci un piano, e il disordine della sua opera è grande). Questa distinzione è essenziale nella sociologia di Pareto, ed è una delle scoperte più feconde; bisogna ritornarvi: *la distinzione tra il fatto reale e il modo onde si esprime nelle manifestazioni verbali degli uomini viventi in società è alla base di tutta l'opera sociologica di Pareto,* finché il lettore non l'avrà ben compresa, il significato e lo sviluppo delle ulteriori teorie gli sfuggiranno. [52]

Bisogna anche comprendere che le teorie sociologiche [53] non hanno valore, se non in quanto riposino su fatti numerosi e osservazioni concordanti; per ammetterle o respingerle, conviene discutere anzitutto le prove sperimentali, che ad esse servono di fondamento; è inoltre desiderabile che le si combatta così, come si è fatto per le teorie fisiche, chimiche, ecc.; ma il discuterle in nome del sentimento che quelle teorie vi ispirano, non produrrà che delle logomachie. Dopo la pubblicazione de I *Sistemi,* nuove verifiche sono state fatte da Pareto e dai suoi discepoli; tuttavia, il giorno in cui si venisse a stabilire che sono erronee, bisognerebbe subito abbandonarle; è anche probabile che un grande progresso scientifico sarebbe allora realizzato perchè si sostituirebbero ad esse nuove e più comprensive teorie; ma non siamo ancora a questo punto.

Con l'aiuto di questi principi, Pareto passerà

in rassegna i diversi sistemi socialisti, raggruppati in classi. Non bisogna esagerare il valore di questa classificazione, semplice repertorio, senza grande importanza scientifica. Essa risale al tempo in cui Pareto non insegnava ancora, [54] ed egli se ne è servito più tardi come di uno strumento senz'altro utile; ma occorrendo, egli non esita a spezzare questo quadro, come quando tratta dell'utopia liberale a proposito del socialismo di Stato, di Augusto Comte accanto a Saint-Simen, e del Cartismo nel capitolo dei sistemi reali. Riconosciamo che nessun legame unisce i vari capitoli. Dopo l'Introduzione, si può quasi leggerli in un ordine qualsiasi.

Vorremmo inoltre rispondere a una questione: perchè, accanto alla varia erudizione, i fatti contemporanei sono così spesso citati? È facile dirlo: il presente illumina il passato, e viceversa; la loro analisi comparata mette in luce la loro profonda analogia, sotto aspetti mutevoli. Non si può non essere colpiti, alla lettura de I Sistemi, da questo sforzo continuo e tenace di Pareto, verso la scoperta dei fatti costanti che si nascondono dietro apparenze variabili, che è lo scopo di ogni scienza; noi non differiamo molto dai nostri antenati, il presente somiglia al passato, e perciò bisogna studiarli allo stesso modo.

Ma, malgrado queste idee generali, non vi è ne I Sistemi un piano ordinato; nessuna conclusione di insieme vi è formulata. Dall'opera risulta che, salvo rare eccezioni, quell'insieme vago e incoerente che passa sotto il nome di «Sistemi Socialisti» non ci apprende quasi nulla *direttamente* sui fatti sociali, di cui tali sistemi non sono che una manifestazione, un indice. Se è lecito trarre una conclusione sul carattere del socialismo, nella sua unità e variabilità, la si può così riassumere:

1° Prima di ogni altra cosa, tutti i sistemi socialisti cercano di restringere il diritto di proprietà privata e di estendere i diritti dello Stato, a detrimento della libertà individuale.

2° Inoltre, almeno nell'epoca moderna, essi corrispondono, negli strati superiori della società, a uno sviluppo dei sentimenti umanitari, che fanno parte di quelli studiati da Pareto, nel *Trattato,* sotto il nome di «residui della classe quarta».

3° Viceversa, il socialismo nelle classi inferiori corrisponde a un sentimento accresciuto della loro propria dignità; sentimento che fa parte dei «residui della quinta classe». Pareto ha forse omesso di sottolineare la cosa con sufficiente forza.

4° Infine, il fenomeno socialista traduce il gioco di molteplici interessi economici e un movimento di circolazione di elette, come Pareto non cessa di mostrarci nel corso della sua opera. Sono questi fattori che contano, e non le teorie più o meno assurde, le «derivazioni» socialiste. Questo è l'insegnamento fondamentale, che Pareto ci dà.

Qual'è l'attitudine personale di Pareto, rispetto al Socialismo? Anzitutto, cosa che potrebbe parere paradossale, ma è vera, egli dà prova di una grandissima imparzialità. Se si prende in mano la sua opera e la si esamina in modo sommario, si è indotti a credere che si tratti di un violento libello molto ingiusto. Niente di meno esatto. La forma, così spesso sarcastica, riveste una sostanza di pensiero, che ha una potenza stupefacente mista a un'oggettività totale, come è mostrato da un esame più approfondito del testo. Per non citare che due o tre esempi, a caso, Pareto dice: «Il socialismo è stato, almeno indirettamente, un elemento essenziale del progresso delle nostre società... La religione socialista ha dato ai proletari l'energia e la forza necessari per difendere i loro diritti... Il socialismo facilita l'organizzazione di elette che sorgono dalle classi inferiori ed è, alla nostra epoca, uno dei migliori strumenti di educazione di queste classi». Pareto, ne *I Sistemi Socialisti* come altrove, non cessa di opporsi al protezionismo, «questo socialismo dei capitalisti», in difesa delle classi diseredate (p. 85). La critica che muove alla metafisica della scuola classica liberale (cap. XI) non è meno dura di quella che fa alle teorie socialiste. Che dire, infine, di questa frase: «La distribuzione delle ricchezze si fa, almeno in certi casi, in modo così imperfetto, come la selezione degli uomini; questo è specialmente il caso della distribuzione che si effettua per mezzo dell'eredità».

Detto ciò, non è meno certo che Pareto non aveva alcuna speciale simpatia pel socialismo: del resto, per quale altra dottrina aveva egli simpatia? Egli sembra partire da questo modo di vedere: un sistema di libertà economica, in cui nessuno sarebbe in grado di spogliare il suo vicino, è l'ideale. Ma egli non sviluppa ciò esplicitamente in nessun luogo.

Questa assenza di simpatia per il socialismo non

157

si spiega in alcun modo, lo ripeto, con della cieca simpatia per questa o quella dottrina, o classe sociale, diverse dal socialismo o dal proletariato. La mia impressione è, che Pareto aveva un temperamento essenzialmente aristocratico e, insomma, disprezzava l'umanità; di più, egli aveva orrore di ciò che gli italiani chiamano con una parola molto espressiva, che non ha l'equivalente in altra lingua, la «prepotenza». Egli era nato per essere all'opposizione; il potere gli pareva cosa sommamente antipatica, e più ancora lo sfruttamento del potere da parte dei governanti, senza distinzione di partito.

In realtà, Pareto non sembra abbia avuto opinioni politiche ben determinate. [55]

Solo una volta, nel 1908, egli si dichiarò «repubblicano federalista». Detestava la plutocrazia demagogica, di cui studiò lungamente, nella *Sociologia,* l'opera e il carattere, quando essa era al potere nell'Europa Occidentale; così come l'umanitarismo sentimentale che si confonde in certa misura con alcuni aspetti del socialismo.

Un certo tempo, si è voluto vedere in Pareto un profeta del fascismo. È questo, credo, un grande errore: il trionfo di questo movimento politico, l'ultimo anno dell'esistenza del Maestro, costituiva certamente una verifica delle sue teorie sociali; ma egli non lo ha mai esaltato. Uno degli ultimi suoi scritti, apparso qualche giorno prima della sua morte, nel luglio 1923, in una rivista fascista *(Gerarchia),* è una difesa della libertà: libertà di opinione e libertà di insegnamento in specie.

Pareto era spirito di un'indipendenza assoluta, e

in fondo, di tendenze anarchiche; rifiutava sentimentalmente di ammettere qualunque forma di coazione, e si elevava contro ogni oppressione. [56] Nel 1898 egli veniva in aiuto dei socialisti italiani, perseguitati nel loro paese; un pò più tardi, protestava contro i persecutori dei cattolici in Francia. «Non essendo nè socialista né clericale, egli scrive, [57] ho sempre difeso la libertà degli uni e degli altri».

Quale sviluppo ha avuto il socialismo, dall'epoca in cui Pareto scriveva *I Sistemi?* In questo proposito, un'osservazione sembra lecita. Su numerosi punti, l'analisi di Pareto si è verificata ai nostri giorni.

Anzitutto, disgraziatamente, l'avvilimento della borghesia, che non ha cessato di mostrarsi, quasi sempre, di una codardia incredibile nei confronti dei suoi nemici. Vi sono stati momenti, nell'altro e in questo dopoguerra, in cui il trionfo del socialismo è apparso del tutto prossimo, perchè la classe operaia non ha trovato davanti a sè alcuna resistenza.

Nella *Trasformazione della Democrazia,* Pareto scriveva (1920): «Delle due forze in contrasto nella società, la popolare è ora la maggiore, e perciò traballa lo Stato borghese, e il suo potere si sgretola; la plutocrazia demagogica vede affievolirsi il suo primo termine, rinforzarsi il secondo; e si preparano oscillazioni, di cui peraltro non ci è dato prevedere nè il tempo preciso nè l'estensione».

Poco avanti aveva scritto: e per acquistare conoscenza dell'estensione e della forza dei sentimenti, si osservi l'energia e la costanza colla quale lavoratori e stipendiati hanno ora imposto la giornata delle otto ore. Si sono prefissi uno scopo raggiungibile, e senza mai piegare, uniti e fedeli, in tutti i paesi, lo hanno conseguito. Hanno lasciato gracchiare gli avversari, invocanti lo "spirito patriottico di sacrificio", ed hanno detto: " Noi dopo la guerra vogliamo star meglio di prima, voi accomodatevi come volete e potete". Nessuno della classe operaia ha predicato ai compagni di lavorare di più, pel vantaggio degli abbienti, come fra questi c'è chi predica di recare danari al governo, che ha cosi modo di largheggiare nei doni alla classe popolare ed alla plutocrazia, il che è naturale conseguenza del reggimento della plutocrazia demagogica. Hanno i propri krumiri, tanto la parte popolare, quanto quella degli abbienti, ma la prima li perseguita e li odia, la seconda li scusa e spesso li onora». Sulla stessa questione, si notino ancora la giustezza e l'obiettività di queste osservazioni *(Fatti* e *Teorie,* p. 354): «Si noti che, per cagione della complessità del fenomeno economico, non si può, da un effetto separato, concludere l'effetto complessivo. Per esempio, è certo che la riduzione ad otto delle ore di lavoro opera per far crescere il costo di produzione; ma da ciò non si può concludere che, se le ore di lavoro diventassero nove, il vantaggio andrebbe tutto ai consumatori; potrebbe essere tolto loro, in parte più o meno grande, dalla politica protezionista o dalla fiscale. Similmente per gli alti salari degli operai e il costo di produzione, si può dire che pel consumatore è lo stesso che la somma da esso pagata in più vada agli operai, o al fisco, o a coloro che conoscono l'arte di appropriarsi la roba altrui. Cosi gli operai potrebbero dire che, coll'avere ottenuto le otto ore di lavoro ad alti salari, non hanno fatto altro che trarre al loro mulino l'acqua che altrimenti avrebbe alimentato spese per nuove guerre, nuove imprese di scarsa o di nessuna utilità economica, sperperi di ogni genere. Essi si mostrano maggiormente sani ed avveduti dei risparmiatori, che invece parteggiano ora per le spese patriottiche ed imperialistiche, ora per le sociali, ora per le umanitarie, ora per le *pescicanesche,* senza avvedersi, oppure, avvedendosene, senza curarsi che da tutte sono gravati e spogliati».

Di fronte alla diminuzione dell'autorità centrale, sulla quale il Pareto ha tanto insistito nella *Trasformazione della Democrazia,* si erge l'immenso prestigio dei sindacati. In questo riguardo, la diagnosi di Pareto è ancor sempre valida, malgrado certi moti di resistenza nazionale, qua e là. E qui una riflessione è lecita: ora è un secolo, si apriva l'era del liberalismo economico, oggi quasi schiacciato; che avverrà di qui a un secolo, per il socialismo, oggi vittorioso nelle sue diverse forme?

Tutta la politica della borghesia si riassume in una parola: usare astuzia: [58]

fare concessioni, protestare la propria devozione e i propri amori verso il proletariato, far rilucere la speranza di riforme fittizie, ecco tutto ciò ch'essa ha saputo fare.

Le leggi sociali propriamente dette si sono andate moltiplicando in modo spaventoso; e le nazionalizzazioni di imprese hanno confermato le

161

vedute di Pareto sul socialismo municipale e le miniere ai minatori» (p. 463). L'antica oligarchia degli imprenditori, che tuttavia pagava imposte sui profitti realizzati, ha ceduto il posto a una quantità di nuovi privilegiati, in imprese il cui disavanzo è cresciuto, e che costituiscono un pesante carico pel contribuente.

Altre forme di abolizione, spesso completa o quasi, della proprietà sono state messe in opera, ed hanno contribuito alla decadenza della borghesia : le leggi sulle locazioni hanno spossessato, finanziariamente parlando, i proprietari urbani, e quelle sugli affitti agrari, i proprietari dei beni rustici ; i proprietari di azioni, pel gioco delle imposte e delle pretese leggi sociali, hanno visto svanire una parte molto importante della loro ricchezza ; ma di gran lunga più colpiti sono stati i possessori di titoli a reddito fisso : in Francia e in molti altri paesi, sono stati rovinati nella proporzione di più del 99 %, rispetto al 1914.

Se a ciò si aggiunge che, da una parte gli impiegati più elevati sono relativamente meno remunerati di allora, e che, d'altra parte, i bassi salari sono stati relativamente ben più aumentati, che dunque si è avuto, nei paesi borghesi (non in Russia), uno schiacciamento della gerarchia delle retribuzioni, schiacciamento inoltre molto accentuato dall'imposta progressiva sul reddito, si avrà la misura del come la borghesia si sia lasciata spossessare, quasi senza affatto reagire.

Per mezzo dell'imposta, dell'inflazione e delle leggi sul diritto di proprietà, molto più che per effetto delle leggi sociali propriamente dette, le classi operaie sono riuscite a impossessarsi delle

162

ricchezze della borghesia, in una proporzione cui non si sarebbe potuto pensare al tempo in cui Pareto scriveva. Il pericolo di tutto ciò, è che si è scoraggiato lo spirito di intrapresa; se il mondo europeo è tuttavia più ricco oggi che nel 1902, è a causa delle scoperte scientifiche, che hanno meglio permesso di utilizzare le ricchezze esistenti; mentre il socialismo (oltre la redistribuzione, ch'esso opera, dei redditi è del capitale) tende a male organizzare la produzione e ad incoraggiare dappertutto sciupio e pigrizia. Ora, l'applicazione tecnica delle scoperte scientifiche non ha assolutamente nulla a vedere col socialismo; senza di essa, le masse popolari avrebbero visto le loro condizioni retrocedere; si comprende cosa come la loro adorazione pel socialismo, relativamente giustificata, sia in senso assoluto assurda.

Quanto al bolscevismo, questo immenso fenomeno sociale, esso non può ancora essere studiato scientificamente. Si può solo dire che il pericolo che fa correre alla borghesia, lo fa correre ugualmente a tutto ciò che gli è estraneo; così, si assiste ora allo strano spettacolo, che Pareto non avrebbe potuto prevedere, di una specie di Santa Alleanza, raggruppante i suoi avversari, dai socialisti fino ai capitalisti più fermi. Questa lotta fra il bolscevismo da una parte, e i suoi avversari dall'altra, specie di guerra civile universale a base religiosa (nel senso paretiano della parola), prenderà, forse, la forma di una lotta a mano armata. Quale sarà il suo risultato, e per quanti anni determinerà il corso dell'evoluzione umana? Non ne sappiamo assolutamente nulla.

In ogni caso, questo fenomeno avrà insegnato alla

scienza economica borghese che il funzionamento di una società in cui l'insieme dei mezzi di produzione sia socializzato è perfettamente possibile in pratica. Ciò, io penso, nessun economista dell'epoca del Maestro avrebbe garantito come possibile; d'altra parte, tutto 'ciò che si poteva prevedere, a proposito del cattivo rendimento di tale sistema, ha trovato la sua prova nell'esperienza.

In fondo, siamo riportati a questa constatazione: che l'attitudine della borghesia riguardo al socialismo determinerà il suo avvenire, ma che la difficoltà consiste nel trovare degli indici sicuri, i quali ce la facciano apprezzare al suo giusto valore. Accanto a quelli di cui abbiamo parlato avanti, bisogna rilevare ancora con Pareto [59] , sotto l'aspetto negativo, che la borghesia internazionale non ha esitato ad approvvigionare la Russia rossa, venendo così indirettamente in aiuto dei propri nemici, ciò di cui i bolscevichi non le sono stati affatto riconoscenti. In un'altra occasione Pareto scriveva: «Da fatti noti, si può prevedere che, se mai sorgesse un governo deciso a dare battaglia ai suoi avversari, troverebbe i suoi peggiori nemici, non fra costoro, ma, al contrario, fra coloro ch'egli vorrebbe difendere, che gli rimprovererebbero ogni atto di violenza, come se le vittorie si potessero conseguire senza morti né feriti». Non è, questo, indice di una differenza nei sentimenti delle due classi, che non mostra nella borghesia uno spirito di resistenza molto serio? [60]

Si può concludere con Pareto che, a comparare la nostra epoca con quella del principio del secolo XIX, «sembra ch'essa annunzi il crepuscolo piuttosto che l'aurora, ma in fin dei conti la realtà può essere diversa dall'apparenza». Non bisogna nascondorselo, il crepuscolo sarebbe della nostra intera civiltà, cioè della più fulgida meraviglia della storia universale, di una cosa che mai ancora il mondo ha veduto. Se per la prima volta, verso la fine del secolo XVIII, la nostra civiltà è riuscita a spezzare i quadri in cui tutte le civiltà precedenti erano rimaste rinchiuse, e a così svilupparsi infinitamente più di tutte quelle civiltà, questa è opera della borghesia occidentale; essa l'ha creata con la sua intelligenza, il suo lavoro, la sua utilizzazione delle forze della natura e del proletariato ; è questo il suo titolo di gloria incontestabile, e incontestato dagli stessi Marx ed Engels nel *Manifesto dei Comunisti;* e questa formidabile creazione apparirà un giorno molto superiore all'opera di Atene o di Roma.

È inconcepibile che, erede di un tale passato, l'attuale borghesia non pensi a difendere con tutti i suoi mezzi, e foss'anche con le armi alla mano, il suo patrimonio in pericolo. Si obietterà, che la nostra civiltà, come le precedenti, non sarà eterna; non lo contestiamo, e Pareto per primo ha mostrato che non si può molto influire sull'andamento dei fenomeni sociali; ma non si può qui ripetere la nobile parola del Taciturno: «Non è necessario sperare per intraprendere, nè riuscire per perseverare»?

Cettigue, septembre 1927. Algeri, Università, maggio 1951.   G. H. Bousquet. [61]

33. Il Socialismo

Gli avvenimenti dell'ultimo lustro del secolo, mi persuadono definitivamente che il vento delle illusioni e delle follie tira sempre più forte sulle «tramortite» società europee.

Il socialismo ha il vento in poppa: i miti della giustizia e della eguaglianza hanno più corso di quello della libertà.

Decido quindi di fare con cura i conti col socialismo, e con la sua matrice più sostanziale: il *marxismo*. In occasione della prefazione al libro il Capitale di Karl Marx, molte sono state le discussioni con l'amico Maffeo Pantaleoni, per cui, a chiarimento, ho veduto l'utilità di dare una teoria generale dei sistemi socialisti.

Il 30 giugno 1901 scrivo all'amico Pantaleoni: «Lavoro a più non posso per finire il mio libro *Les systèmes socialistes*, e per esserne fuori. Sarò contento quando sarà finito».

Con i *Sistemi Socialisti*, intendo pormi di fronte ai fatti e alle dottrine correnti e alle esperienze politiche e sociali, in posizione differente da quella dalla quale li avevo prima visti e giudicati, vale a dire in una posizione critica ma scientifica, dando una formulazione teorica e sociologica obiettiva e, per quanto possibile esatta.

L'originalità del mio libro risiede nella messa in evidenza delle debolezze della dottrina liberale, dell'inconsistenza logico-sperimentale di tutte le dottrine socialistiche, dotate tuttavia di una straordinaria efficacia in quanto catalizzatrici di passioni, di istinti, di sentimenti, di volontà d'agire. Mettendo a profitto il bisogno che ogni uomo ha di immaginare per sé e per i suoi nuovi ruoli, d'immaginare città ideali, di vivere in un mondo migliore, il socialismo è arrivato a elaborare miti potenti, formule politiche efficaci e suscettibili di spingere le masse all'azione, per realizzare cambiamenti sostanziali in ogni settore della vita associata.

Le ricerche critiche che presuppongono la conoscenza di certi principi di fisiologia sociale erano state già da me trattate in parte nel *Cours d'Economie Politique*. L'Introduzione al primo volume, terminata l'8 maggio 1902, tradotta in italiano, è già stata pubblicata nel novembre del 1901 su «La Riforma Sociale». Al proposito il 29 aprile 1899, ho scritto al Pantaleoni: «Il lavoro di cui ti parlò il Racca è il compendio del mio corso, sui sistemi sociali e socialisti. (...). Ora tutto il libro è finito. La stesura dell'opera mi ha preso più tempo del previsto e così ho potuto terminarla solo a ottobre! Sono contento del mio lavoro; il che vuol dire che nessuno ne dirà bene. Ho osservato che le cose mie che più piacciono a me, non piacciono punto agli altri. Il libro sarà pubblicato a Parigi, da Giard et Brière, nella collana economica di Alfred Bonnet».

La sua uscita in due volumi avviene nel 1902 e nel 1903.

Questo non è un libro di teoria pura, ma un libro in cui tutti gli elementi della realtà vengono studiati attentamente. Applicando il metodo logico-sperimentale, senza scendere ad un ragionamento filosofico, ho spaziato nella storia dagli antichi greci agli autori moderni consultando la più diverse letture. Seguendo prevalentemente il metodo logico-sperimentale, anziché quello rigorosamente matematico, conservo lo schema dell'equilibrio economico, respingendo ogni intervento protezionistico o monopolistico, capace, di produrre soltanto una più o meno grave distruzione di ricchezza.

Dal punto di vista strettamente economico, ogni menomazione della libera concorrenza è un male, perché, secondo me, se quando ci si occupa della scienza, bisogna fare dell'analisi, quando si bada alle applicazioni pratiche bisogna fare della sintesi, quindi non ci si può limitare ad un solo punto di vista, ma si deve considerarli tutti.

Punto fondamentale ed essenziale alla base di tutta la mia opera sociologica è la distinzione tra il fatto reale e il modo in cui si esprime nelle manifestazioni verbali degli uomini viventi in società.

La distinzione tra l'aspetto oggettivo e soggettivo dei fenomeni sociali mi porta a chiarire in cosa consistano questi due fenomeni. «Lo studio del fenomeno oggettivo consiste nel ricercare quale è il legame di mutua dipendenza tra fatti reali, mentre lo studio del fenomeno soggettivo ha lo scopo di scoprire rapporti, che si stabiliscono tra due fatti, ugualmente immaginari. In questa opera tutte le questioni saranno considerate da questo duplice punto di vista: oggettivo e soggettivo. Da una parte, ricercheremo quali sono i fatti reali che hanno favorito la fondazione di certi sistemi sociali e lo sbocciare di progetti di sistemi sociali, in altri termini: quali sono le cose e i fatti che ci si rivelano sotto queste forme; dall'altra parte, esamineremo i ragionamenti di cui si fa uso per giustificare quei sistemi o quei progetti di sistemi, e vedremo fino a qual punto le premesse sono tratte dall'esperienza e le deduzioni sono logiche». [62]

Con la redazione dei *Systémes socialistes*, si conclude la mia ricerca intrapresa fin dall'aprile 1898, in cui la prospettiva di una soluzione democratica dell'evoluzione della società contemporanea è definitivamente superata, con lo spegnersi delle illusioni della vittoria in Italia e in Europa del programma liberista.

Come il *Cours* rappresenta la prima importante tappa del processo di elaborazione della scienza economica, così i *Systémes* segnano il punto focale della sua ricerca sociologica. L'indagine tende a rispondere a due quesiti fondamentali: quali sono stati i risultati degli esperimenti pratici dei sistemi socialisti, e quale è il valore teorico delle rispettive dottrine.

L'immenso materiale raccolto mi ha portato a formulare ipotesi operative che ho orientato verso le seguenti conclusioni: il prevalere del sentimento sul ragionamento nell'azione umana e quindi nella storia; il bisogno che gli uomini sentono di giustificare con ragionamenti e sofismi ogni loro atteggiamento; la distinzione tra valore teorico, efficacia pratica e utilità sociale nell'analisi delle dottrine.

Così ho principiato a formulare un abbozzo per la teoria dell'élites e la loro circolazione, la distinzione tra l'aspetto oggettivo e soggettivo dei fenomeni sociali ed infine la teoria del movimento ondulatorio del dinamismo sociale.

Il libro è la risposta minuziosa e cavillosa, a due interrogativi: quali sono le formule, le teorie, ovvero le ideologie usate nel corso delle azioni, quale ne è la sostanza intima? Il libro vuole anche essere la prova dell'intuizione che nella condotta umana il ragionamento ha meno importanza del sentimento. Il libro è scritto a scopo esclusivamente scientifico. «Non vi si collega alcun proposito di difendere una dottrina, una tendenza, o di combatterne altre. C'è solo il desiderio di ricercare obiettivamente la verità. La scienza non si occupa che di constatare i rapporti delle cose, dei fenomeni, e di scoprire le uniformità, le cause, che questi rapporti presentano. Le cause che oltrepassano i limiti dell'esperienza si trovano fuori del campo della scienza. Si sente spesso parlare di un'economia politica liberale, cristiana, socialista, ecc. Dal punto di vista scientifico ciò non ha senso. Una proposizione scientifica è vera o falsa, non può adempiere un'altra condizione, come quella di essere liberale o socialista».

Ma se tali caratteri accessori sono assolutamente respinti dalle teorie scientifiche, essi non mancano mai, tutt'altro, fra gli uomini che studiano queste teorie.

L'uomo non è un essere di pura ragione, è anche un essere di sentimento e di fede, e il più ragionevole non può esimersi dal prendere partito, forse anche senza averne netta coscienza, a proposito di alcuni, almeno, dei problemi, la cui soluzione oltrepassa i limiti della scienza. «Non vi è un'astronomia cattolica e un'astronomia atea, ma vi sono astronomi cattolici ed astronomi atei. La scienza non c'entra, nelle soluzioni che il sentimento fornisce per questioni che sfuggono alle ricerche scientifiche o, sperimentali. Ogni volta che essa ha tentato di uscire dal suo terreno, non ha prodotto che logomachie. Così pure, il sentimento non ha posto nelle ricerche scientifiche, e quando ha voluto invadere il campo della scienza, ha gravemente ostacolato la ricerca della verità ed è stato fonte inesauribile di errori e di concezioni fantastiche».

«L'intrusione del sentimento nel campo delle scienze fisiche ne ha sempre ritardato il progresso, e, talvolta, l'ha completamente arrestato. Solo da un piccolo numero di anni le scienze hanno potuto sottrarsi quasi interamente a questa influenza perniciosa, e da allora comincia lo sviluppo veramente straordinario che esse hanno avuto alla nostra epoca. Le scienze sociali, al contrario, sono rimaste troppo sottomesse al

170

sentimento, la cui influenza, altrettanto nefasta che per le scienze fisiche, è perfino aumentata nella seconda metà del secolo XIX, grazie ad una recrudescenza dei sentimenti "etici" e al progresso della fede socialista.

Questo fenomeno si spiega facilmente. È ben più facile per un uomo fare astrazione dai suoi sentimenti in una questione di astronomia, che in una questione la quale tocca i suoi interessi sociali o commuove le sue passioni.

Dare al ragionamento e al sentimento la loro parte nei fenomeni sociali, non significa affatto proporsi di svalutare l'uno o l'altro. Il fatto che, scrivendo un libro scientifico, io mi tengo naturalmente e necessariamente nel campo del ragionamento, non vuol dire che io neghi l'esistenza del campo del sentimento e della fede. Ciò che desidero evitare sono le dissertazioni, troppo usate nelle scienze sociali, il cui ragionamento si unisce al sentimento, in strano miscuglio.

Ciò non è facile. Ciascuno ha in sé un segreto avversario, che cerca d'impedirgli di seguire questa via e di astenersi dal mischiare i suoi sentimenti alle logiche deduzioni dai fatti. Segnalando questo difetto in generale, io so bene di non esserne immune. I miei sentimenti mi trascinano verso la libertà, ma ho avuto cura di reagire contro di essi, in modo da non dare troppo peso, ma neppure svalutare, gli argomenti in favore della libertà.

34. Fenomeni oggettivi e soggettivi

In genere, bisogna sempre distinguere il fenomeno oggettivo concreto dalla forma sotto la quale il nostro spirito lo percepisce, forma che costituisce un altro fenomeno, che si può dire soggettivo. Per chiarire la cosa con un esempio volgare, l'immersione di un bastone nell'acqua è il fenomeno oggettivo: noi vediamo tale bastone come se fosse spezzato e, se non conoscessimo il nostro errore, lo descriveremmo come tale: è il fenomeno soggettivo.

Il modo di sfuggire a un errore non consiste nel cadere nell'errore opposto. Poiché vi sono bastoni diritti che a noi paiono spezzati, non bisogna credere che non vi siano, in realtà, bastoni spezzati. Il fenomeno soggettivo in parte coincide col fenomeno oggettivo, e in parte ne differisce. La nostra ignoranza dei fatti, le nostre passioni, i nostri pregiudizi, le idee in voga nella società in cui viviamo, gli avvenimenti che fortemente ci commuovono e altre mille circostanze ci velano la verità e impediscono alle nostre impressioni di essere la copia esatta del fenomeno oggettivo che le ha fatte nascere.

Osserviamo tutti i giorni fatti analoghi. Date le condizioni in cui vive un uomo, si può spesso attendersi di sentirgli esprimere certe opinioni, ma egli non ha coscienza di quel rapporto e cerca di giustificare le sue opinioni con ragioni del tutto diverse.

Molti non sono socialisti perché sono stati persuasi da un certo ragionamento, ma ciò, ch'è molto diverso, consentono a tale ragionamento perché sono socialisti.

Le fonti delle illusioni che gli uomini si fanno, quanto ai motivi che determinano le loro azioni, sono molteplici; una delle principali sta nel fatto che un grandissimo numero di azioni umane non sono la conseguenza del ragionamento. Queste aziono sono puramente istintive, ma l'uomo che le compie prova un sentimento di piacere nel dare ad esse delle cause logiche.

In quest'opera, tutte le questioni saranno considerate successivamente da questo duplice punto di vista, cioè da un punto di vista che diremo oggettivo e da un altro che diremo soggettivo.

Gli uomini hanno l'abitudine di far dipendere tutte le loro azioni da poche regola di condotta, nelle quali ripongono una fede religiosa. È indispensabile che sia così, perché la grande massa degli uomini non possiede né il carattere né l'intelligenza necessari per poter collegare quelle azioni alle loro cause reali; del resto anche gli uomini più intelligenti sono costretti a condensare le loro regole di condotta in un piccolo numero di assiomi, perché non si ha veramente il tempo, quando si deve agire, di darsi a lunghe e sottili considerazioni teoriche. [63]

35. La Gerarchia del potere

C'è un punto nella introduzione ai *Systèmes*, «nel quale la riflessione economica precedente e quella sociologica futura si fondono in una specie di immagine pregnante ed eloquente: ed è quando sostengo che la curva della distribuzione della ricchezza, più che avere la forma di una piramide sociale, ha quella di una trottola («toupie»): i ricchi ne occupano la sommità, i poveri sono alla base, e che, se si disponessero gli uomini in strati seguendo altri caratteri (la loro intelligenza, il loro talento musicale, poetico, letterario, morale, e persino la loro attitudine a studiare le matematiche), si otterrebbero molto probabilmente delle curve più o meno simili a quella della distribuzione della ricchezza. Dunque, la curva della ricchezza non ha origine nella disuguaglianza economica: ma in quella propria delle nature umane.

173

Infatti, essa dipende probabilmente dalla distribuzione dei caratteri fisiologici e psicologici degli uomini. Con questo affermo, e ne sono anche convinto, che le stratificazioni sociali coincidendo con la distribuzione delle capacità, sono ben rappresentate dalla forma della «trottola» che disegna anche la irrimediabile e immodificabile gerarchia del potere in ogni tipo di società e in ogni tempo.

Dove il collo della trottola s'affina e punta verso l'alto, là si collocano quelle che chiamo *élites*, le «aristocrazie»: comunque, perché non sorgano dubbi, quest'ultimo termine è da intendersi nel suo senso etimologico piú preciso: äpiotoç = migliore. Non voglio discutere se l'élites sono «migliori» perché sono élites (cioè, perché stanno in alto) o sono élites perché sono «migliori» (cioè, perché hanno la capacità di stare in alto). Ma posso anzi dire che le due cose in genere coincidono. Però, riconosco fin dall'inizio che la trottola non si presenta immobile; al contrario essa registra al proprio interno un vivace movimento.

Le molecole di cui si compone l'aggregato sociale non restano in riposo; alcuni individui si arricchiscono, altri si impoveriscono. Movimenti assai ampi agitano dunque l'interno dell'organismo sociale, che somiglia, in ciò, a un organismo vivente.

Un fatto di estrema importanza per la fisiologia sociale è che le aristocrazie non durano in eterno. Possono esserci processi di decadenza, cui corrispondono movimenti di ascensione dal basso: l'élites possono essere sostituite completamente o integrate da apporti esterni, che in genere vengono dal basso per cooptazione.

La guerra è una potente causa di estinzione delle elette bellicose. Aristotele nota che in Atene, al tempo delle riforme dell'ateniese Efialte, il partito al potere era stato molto ridotto dalla guerra, dato che ogni campagna causava la morte di mille membri di questa eletta. Così la guerra civile delle Due Rose, che nel secolo XV in Inghilterra falcidiò largamente l'aristocrazia.

Il fatto si è manifestato in ogni tempo, per cui si è tentato di considerare questa causa, cioè la guerra, come la sola capace di fare scomparire quelle elette. Ma così non è. Anche durante la pace più profonda, il movimento di circolazione delle elette continua, anche le elette che non subiscono alcuna perdita con la guerra scompaiono, e spesso assai rapidamente. Non si tratta solo dell'estinzione delle aristocrazie per le eccedenze delle morti sulle nascite, ma anche della degenerazione degli elementi che le compongono. Talvolta, è stato dimostrato, che ogni aristocrazia finisce con l'esaurimento, la nevrosi o la pazzia».

«Le aristocrazie non possono dunque sussistere che per l'eliminazione di questi elementi e l'apporto di nuovi. Un semplice ritardo in tale circolazione può avere la conseguenza di aumentare considerevolmente il numero di elementi degenerati compresi nelle classi che ancora detengono il potere, e di aumentare, d'altra parte, il numero di elementi di qualità superiore compresi nelle classi soggette. In tal caso l'equilibrio sociale diviene instabile e il minimo urto, dall'esterno o dall'interno, lo distrugge. Una conquista o una rivoluzione vengono a sconvolgere tutto, al portare al potere una nuova eletta, a stabilire un nuovo equilibrio, che resterà stabile per un tempo più o meno lungo». [64]

36. L'eterogeneità sociale

La teoria dell'eterogeneità sociale e dell'élites trova

175

conferma anche nel *Cours d'économie politique*, laddove scrivo che la disuguaglianza nella ripartizione dei redditi sembra dipendere molto più dalla natura stessa degli uomini che dalla organizzazione economica della società. Mentre profonde modificazioni in questa organizzazione potrebbero non avere che una scarsa influenza nel modificare la legge della ripartizione dei redditi.

Tuttavia, se la mobilità tra i diversi strati sociali fosse perfetta, ma di fatto, come scrivo nell'*Addition au Cours d'économie politique*, essa dipende, nello stesso tempo dalla ripartizione delle qualità che consentono agli uomini di arricchirsi e dalla disposizione degli ostacoli che contrastano alla messa in opera di tali facoltà.

La disuguaglianza nella distribuzione dei beni materiali e morali è resa possibile dal fatto che, in definitiva, i meno governano i più, ricorrendo a mezzi di due tipi: la forza e l'astuzia. La massa si lascia dirigere dall'élite perché questa detiene i mezzi della forza o riesce a convincere, a ingannare, la maggioranza. Il governo legittimo è quello che è riuscito a persuadere i governati che è conforme al loro interesse, al loro dovere o al loro onore di obbedire ai pochi.

E' proibito credere o sperare che la lotta delle minoranze (dei pochi) per il potere possa modificare l'andamento immemorabile delle società e portare ad uno stato fondamentalmente diverso: «Ai nostri giorni, i socialisti hanno visto molto bene che la rivoluzione della fine del XVIII secolo aveva semplicemente sostituito la borghesia al posto dell'antica élite, e hanno anche notevolmente esagerato il peso dell'oppressione dei nuovi padroni, ma credono sinceramente che una nuova élite di politicanti manterrà meglio le sue promesse di quelle che si sono succedute sino ad oggi. Del resto, tutti i rivoluzionari proclamano, successivamente, che le rivoluzioni passate sono pervenute, in sostanza, solamente a ingannare il popolo; solo quella che essi hanno di mira sarà la vera rivoluzione. "Tutti i movimenti storici" - diceva, nel 1848, il *Manifesto del Partito Comunista* - "sono stati sinora, movimenti di minoranza a profitto delle minoranze. Il movimento proletario è il movimento spontaneo dell'immensa maggioranza a profitto dell'immensa maggioranza".

Disgraziatamente, questa *vera* rivoluzione, che deve portare agli uomini una schietta felicità, senza mescolanze, è soltanto un deludente miraggio, che non diventa mai realtà; assomiglia all'età dell'oro dei millenari: sempre attesa, sempre si perde nelle nebbie dell'avvenire, sempre sfugge ai suoi fedeli nel momento stesso in cui credono di averla». [65]

37. I Sentimenti

Il socialismo ha certe cause che si trovano in quasi tutte le classi della società ed altre che differiscono secondo le classi.

Fra le prime bisogna mettere I sentimenti che spingono gli uomini a compiangere i mali dei loro simili e a cercarvi un rimedio. Oggi quasi tutti adulano i socialisti, perché sono diventati potenti, ma non è lontano il tempo in cui molti non li consideravano molto più che dei malfattori. Niente è più falso di un tal modo di vedere. I socialisti fino ad oggi non sono stati certo moralmente inferiori ai membri dei partiti *borghesi*, soprattutto a quelli che si servono della legge per prelevare tributi sugli altri cittadini e che costituiscono il cosiddetto *socialismo borghese*.

Se i «borghesi» fossero animati dallo stesso spirito di

abnegazione e di sacrificio a favore della propria classe, di cui sono animati i socialisti a favore della loro, il socialismo sarebbe lontano dall'essere minaccioso com'è attualmente. La presenza di una nuova eletta nei suoi ranghi è precisamente attestata dalle qualità morali che i suoi gregari mostrano, e che ha loro permesso di superare vittoriosamente le rudi prove di numerose persecuzioni.

Ogni osservatore imparziale può riconoscere che, se il socialismo non ha potuto fare del bene, con misure che avrebbe direttamente ispirate, esso è stato, almeno indirettamente, un elemento essenziale di progresso nelle nostre società; e ciò, indipendentemente dal valore logico che possono contenere le sue teorie. Importa poco, sotto un certo aspetto, che esse siano false, se i sentimenti che ispirano sono utili. Ora, la religione socialista è servita a dare ai proletari l'energia e la forza necessarie per difendere i loro diritti, e li ha moralmente elevati.

Il socialismo sembra attualmente essere la forma religiosa meglio adatta all'ambiente degli operai della grande industria; ovunque questa sorge, la religione socialista appare e recluta aderenti in proporzione dello sviluppo dell'industria. Il socialismo facilita l'organizzazione delle elette che sorgono dalle classi inferiori ed è, ai nostri tempi, uno dei migliori strumenti di educazione di queste classi.

D'altronde notando i sentimenti elevati che spesso sono una delle cause della credenza socialista, noi non abbiamo affatto inteso affermare che l'oro sia puro di ogni lega, e che il socialismo, per un'eccezione veramente unica, sfugga all'influenza che le nostre passioni e i nostri interessi più o meno esercitano su tutte le nostre credenze.

I sentimenti socialisti formano come due fiumi

principali. L'uno viene dagli strati inferiori della società, ha le sue scaturigini nelle sofferenze che gli uomini di questi strati provano e nel desiderio, che hanno, di mettervi fine, impadronendosi dei beni di cui godono gli uomini degli strati superiori, o semplicemente nella cupidigia dei beni altrui. Un tempo, non solo i beni economici, ma anche le donne erano invidiate dalle classi inferiori come da quelle superiori. La comunità dei beni aveva quasi sempre per complemento la comunità delle donne.

L'altro fiume viene dagli strati superiori: le sue fonti sono numerose. L'istinto di socialità, che esiste in tutte le classi sociali, dà luogo, nella maggior parte degli uomini, a sentimenti di benevolenza verso i loro simili. Questi sentimenti, sono in genere favorevoli ai sistemi socialisti, ma in forme tanto diverse, quanto maggiore è la decadenza delle classi superiori.

Questi sentimenti degenerano in chimere sentimentali, e di qui nascono le utopie che, secondo i loro autori, devono far regnare la felicità sulla terra. I mezzi per raggiungere il fine sono in genere molto semplici: consistono essenzialmente nel decretare l'abolizione di certe istituzioni, che esistono insieme con i mali che si vogliono evitare e che, in virtù del ragionamento *post hoc, propter hoc,* sono giudicate causa di questi mali. Se l'uomo è infelice in società, torniamo allo stato di natura, egli sarà felice.

L'alta borghesia crede di potersi dare senza pericolo a questi giochi di spirito socialista, non tenendo conto che la decadenza ha per sintomo principale l'indebolimento dei sentimenti virili, di cui è indispensabile essere provvisti nella lotta per la vita, e sviluppa inoltre gusti depravati, spinge gli uomini a ricercare nuovi e strani godimenti. L'uomo prova, ad esempio, un'acre voluttà nell'avvilire sè stesso, nel degradarsi, nel deridere la classe cui appartiene, nello schernire tutto ciò che prima credeva rispettabile.

Nella nostra epoca la forma del socialismo scientifico è divenuta alla moda, com'era un tempo la forma religiosa. Molto importante dal punto di vista delle dottrine, il socialismo scientifico lo è molto meno dal punto di vista pratico. Mai la scienza ha agitato o entusiasmato le masse.

Il socialismo sembra avere esercitato finora un'azione più considerevole sulle classi superiori, che sulle classi inferiori della società. Non a caso i capi socialisti si reclutano principalmente nella borghesia. I teorici del socialismo non vengono dalle classi operaie.

L'indebolimento nelle classi superiori di ogni spirito di resistenza, e, ancor più, gli sforzi perseveranti ch'essi fanno, senza averne coscienza, per accelerare la loro rovina, è uno dei fenomeni più interessanti del nostro tempo: ma è ben lungi dall'essere eccezionale; la storia ne fornisce parecchi esempi e ne darà probabilmente ancora, fino a quando durerà la circolazione delle elette, cioè fino a quando possono estendersi le nostre previsioni nell'avvenire». [66]

38. I Sistemi socialisti in generale.

A questo punto mi pongo la domanda: Cos'è il socialismo?

In genere, non *si definisce rigorosamente ciò che si intende per organizzazione socialista e non si può ben definirlo.* È uno di quei termini vaghi che appartengono al linguaggio comune e di cui si è costretti a servirsi momentaneamente, ma che sarebbe utile sostituire al più presto con qualche termine più rigorosamente definito.

Per molti, un'organizzazione socialista è

un'organizzazione «artificiale» che si oppone a un'organizzazione liberale, detta «naturale». Gli economisti della scuola ottimista hanno avuto il torto di servirsi spesso di queste espressioni. Ma cos'è un'organizzazione sociale «artificiale» e com'essa si distingue da un'organizzazione «naturale»? Se con quest'ultimo termine si intende caratterizzare le organizzazioni che, essendosi sviluppate in natura, esistono realmente, il termine di organizzazione sociale assume veramente un'estensione troppo grande e si estende a tutte le organizzazioni che abbiamo detto virtuali. Se per «organizzazione naturale» si intende un'organizzazione che permette all'uomo di seguire tutti i suoi «istinti naturali», non si indica con ciò che una pura utopia, e si ha anche contraddizione nel dare il nome di organizzazione a ciò che ne è, propriamente parlando, la negazione. Conviene dunque, se si vuole ragionare con un po' di precisione, astenersi dal fare uso di termini simili.

Si ha un criterio più preciso per caratterizzare i sistemi sociali, nel considerare i limiti nei quali essi ammettono la proprietà privata. I due estremi sono irrealizzabili; non si può abolire completamente la proprietà privata, non si può ammetterla senza restrizione alcuna. Da una parte, è evidente che ognuno avrà almeno la proprietà del boccone di pane che sta per mangiare, del bicchier di vino che porta alle sue labbra; d'altra parte, ogni organizzazione richiede spese, lavori, sacrifici, che sono fatti in comune, e che per ciò stesso intaccano il diritto assoluto di proprietà privata. Fra questi due estremi, esiste un'infinità di gradi intermedi, ed

181

essi possono servire a caratterizzare i sistemi, secondo che questi si avvicinino più all'uno che all'altro estremo. Questa classificazione noi adotteremo. I sistemi socialisti saranno caratterizzati dal fatto che essi non ammettono se non un minimo di proprietà privata. Tuttavia, questo carattere appartiene anche ad alcuni sistemi che non si ha l'abitudine di comprendere fra i sistemi socialisti, per esempio a delle organizzazioni dispotiche.

La grande classe ora stabilita si può suddividere, secondo il genere di proprietà privata che si colpisce: 1° se si tratta di ogni proprietà, qualunque sia, avremo da una parte il comunismo perfetto, dall'altra il regime di un despota assoluto, che non ha soggetti, ma schiavi. La proprietà comune si può estendere anche alle donne, che spesso, del resto, sono state in realtà considerate come beni appropriati. 2° Se la proprietà dei prodotti sussiste, e si elimina quella dei mezzi di produzione, avremo, almeno approssimativamente, i sistemi socialisti moderni da una parte, i sistemi di monopolio governativo dall'altra. 3° Infine, si può supporre eliminata la proprietà privata dei prodotti, conservandosi quella dei mezzi di produzione. Il tipo puro di questa ultima classe non si osserva troppo, neanche fra i sistemi ideali, ma vi sono sistemi che più o meno vi si avvicinano, come il socialismo di Stato da una parte e, dall'altra, un gran numero di organizzazioni reali, che la ricchezza prodotta da privati distribuiscono a un'oligarchia, a un'oclocrazia, a caste militari o sacerdotali. Queste organizzazioni lasciano produrre la ricchezza ai particolari, e se ne appropriano in seguito, principalmente a mezzo dell'imposta. *Sic vos non votis mellificatis, apes.*

Bisogna spiegare in qual senso questa terza classe restringe la proprietà privata dei prodotti. In verità, questa proprietà esiste sempre, al momento in cui i prodotti sono consumati. Ma bisogna portare la nostra attenzione, oltre che su questo momento, su quelli che lo procedono. Riconosceremo allora che vi sono tre tipi ben distinti: a) I beni possono non cambiar di mano, se non per operazioni volontarie, scambi, doni, ecc. b) Essi possono cambiar di mano perchè A si appropria con la forza dei beni che possiede B. E il caso della spoliazione privata e diretta: i beni non cessano un istante di essere proprietà privata; solo, cambiano le persone che li possiedono. e) La collettività, o il governo che si crede la rappresenti, tolgono ad A i beni che possiede e li distribuiscono, in seguito, secondo certe regole: questi beni in tal modo pervengono nelle mani di B. In tal caso i beni hanno cessato per un tempo più o meno lungo di essere proprietà privata, ed è in tal senso che questa proprietà è ristretta. Le organizzazioni del socialismo di Stato appartengono evidentemente a questo terzo tipo.

La seconda classe comprende sistemi assai meno facilmente realizzabili di quelli della terza classe. In altri termini, la limitazione della proprietà dei mezzi di produzione è più rara, in realtà, della limitazione della proprietà dei prodotti. La produzione sociale della ricchezza non ha spesso dato buoni risultati, salvo a mezzo della guerra, ch'è un'industria del tutto speciale, non produttiva in senso assoluto, ma solo in senso relativo.

Del resto, anche la guerra ha sovente preso i

caratteri di un'industria privata. L'esperienza ha dimostrato, al contrario, che si può togliere ai produttori, senza troppo scoraggiarli e senza urtare in una troppo viva resistenza, una parte notevole della ricchezza che loro appartiene. Ciò deve intendersi, sia a proposito dei lavoratori che dei capitalisti. Un tempo, in Roma, i padroni lasciavano agli schiavi, sotto forma di peculio, una parte della ricchezza che questi producevano: oggi regimi di socialismo di Stato lasciano ugualmente ai capitalisti una parte del frutto dei loro capitali. Nell'un caso e nell'altro, il problema da risolvere consiste nel determinare qual'è la parte del prodotto che conviene lasciare agli individui, perchè il loro zelo sia sufficientemente stimolato e la somma da prelevare raggiunga il massimo. Togliere allo schiavo tutto il prodotto del suo lavoro non era, pel padrone, il mezzo di avere un'entrata considerevole; così come spogliare completamente il capitalista non è per un governo socialista il mezzo di trarne il massimo profitto.

Rendere collettive le imprese non è, finora e salvo casi eccezionali, il mezzo di aumentare la produzione; vale meglio lasciarle in mano dei produttori privati e spogliare in seguito costoro di una parte della ricchezza che producono. P evidente che non conviene toglier loro tutto, perchè allora cesserebbero di lavorare e produrre. La maggior parte delle organizzazioni di socialismo di Stato sono precisamente scomparse per mancanza di moderazione; i prelievi sulla classe capitalista, dapprima moderati, sono andati sempre aumentando, fino a distruggere una parte notevole del capitale mobiliare esistente, a scoraggiare lo spirito di impresa, a porre ostacoli alla produzione e, con ciò, a portare la rovina economica del paese.

La principale differenza fra i moderni socialisti intransigenti e i socialisti transigenti, del genere di Bernstein, consiste in ciò, che i primi vogliono sopprimere totalmente le imprese private, i secondi le lascerebbero sussistere, per trarne il maggior profitto possibile.

Non bisogna opporre, come spesso si fa, i sistemi socialisti che, si dice, non rispettano la proprietà privata, ai sistemi esistenti, i quali, al contrario, la rispetterebbero.

In Europa, nel secolo XIX, le spese degli Stati sono andate sempre crescendo; costituiscono attualmente una parte notevole, spesso più di un quarto, del reddito dei cittadini, e niente indica che cesseranno di crescere. La proprietà privata è dunque colpita in larga misura.

La cosa non può essere del tutto negata, ma ci si rifiuta di ammetterne le conseguenze, dicendo che i prelievi operati sulla proprietà privata dai regimi esistenti differiscono dai prelievi socialisti, perchè quelli sono semplicemente delle imposte. Ciò vuol dire prendere a base di una classificazione, non le cose, ma i nomi di cui queste cose si adornano. Si afferma, è vero, che questi nomi non sono arbitrari, perchè si definisce l'imposta come «una somma necessaria per i bisogni dello Stato». Ciò non fa che allontanare la difficoltà, che ora si trova nel termine: *bisogni.* Se questo termine si prende nel senso corrente, i socialisti potranno dire che il primo *bisogno* dello Stato è di avere cittadini felici e prosperi, e che perciò bisogna *socializzare* la produzione; e se si chiede loro di chiamare imposte il prelievo ch'è necessario fare sulla ricchezza privata per raggiungere tale fine, è da credere ch'essi non avranno così cattivo carattere da rifiutarsi a una concessione, che non riguarda se non delle parole. Si potrà discutere l'efficacia dei mezzi ch'essi propongono, ma questa è un'altra questione.

Se si dà una definizione più precisa del termine *bisogni,* si avranno tanti sistemi, quante definizioni si daranno. Gli uni diranno che lo Stato ha solo il bisogno di garantire la sicurezza delle persone e dei beni; gli altri, che esso ha *bisogno* di realizzare un ideale etico, ecc.

La spiegazione che così diamo dell'imposta è dunque puramente verbale, ed è uno dei più gravi difetti delle scienze sociali di accettare ancora spiegazioni di tal genere, che sono definitivamente bandite da tutte le scienze positive. In realtà, se ci teniamo esclusivamente ai fatti, l'imposta è semplicemente la somma che i governanti, sia direttamente, sia indirettamente, prelevano sull'aggregato di cui fanno parte e sul quale si estende il loro potere; somma ch'essi impiegano secondo ciò che dettano la loro ragione, i loro pregiudizi, i loro interessi e talvolta il loro capriccio.

Naturalmente, queste spese sono sempre proclamate necessarie dalle persone che le fanno, e lo sono in realtà, quando ci si pone dal loro punto di vista. In ogni tempo, una parte dell'imposta è stata impiegata nell'interesse comune dei governanti e dei governati; una parte generalmente assai piccola, nell'interesse esclusivo dei governanti e dei loro partigiani fra i governati, molto spesso per opprimere l'altra parte dei governati. Una parte infine è stata interamente dissipata per ignoranza o capriccio. t ben lungi dall'esser certo che la parte spesa nell'interesse comune dei governanti e dei governati e nell'interesse dei soli governati sia stata la maggiore; sembra probabile piuttosto il contrario.

Le organizzazioni che ammettono la proprietà privata, cioè la quasi totalità delle organizzazioni finora conosciute, offrono agli uomini due mezzi essenzialmente diversi di acquistare la ricchezza: l'uno è di produrla direttamente o indirettamente, col lavoro e i servizi dei capitali che possiedono, l'altro di appropriarsi della ricchezza così prodotta da altri. Questi due modi sono stati sempre messi in uso, e sarebbe temerario credere che presto si cesserà dall'impiegarli. Ma siccome il secondo di questi mezzi è generalmente riprovato dalla morale, si chiudono volontariamente gli occhi sul suo uso, si ha l'aria di supporre che sia qualcosa di sporadico, di accidentale, mentre è un fenomeno generale e costante. [67]

39. I movimenti sociali

I movimenti sociali hanno generalmente luogo sulla linea della minore resistenza. Ora, la produzione diretta dei beni economici è spesso molto penosa; l'appropriazione di tali beni, prodotti da altri, è talora assai facile. Questa facilità è stata grandemente accresciuta da quando *si è pensato di effettuare la spoliazione, non contro la legge, ma a mezzo della legge.* Per risparmiare, per non consumare tutto ciò che guadagna, un uomo deve avere un certo dominio su sè stesso; lavorare un campo per produrre del grano è penoso, attendere all'angolo di un bosco un passante per spogliarlo è pericoloso; al contrario, andare a deporre una scheda di voto è cosa assai agevole, e se, con questo mezzo, ci si può procurare il vitto e l'alloggio, tutti e specialmente gli inadatti, gli incapaci, i pigri si affretteranno ad adottarlo.

Da un altro punto di vista, si può osservare che dei due procedimenti di cui si può usare per impadronirsi dei beni altrui, ossia direttamente con la violenza o la frode, o indirettamente grazie all'aiuto dei pubblici poteri, il secondo è molto meno nocivo dell'altro al benessere sociale. Ne è un perfezionamento e un miglioramento, come l'allevamento degli animali domestici è un perfezionamento e un miglioramento della caccia agli animali selvatici. I socialisti che vogliono attribuire alla collettività la proprietà dei mezzi di produzione, regolando equamente la questione dell'espropriazione dei proprietari attuali, non possono essere accusati di voler fare uso dell'uno o dell'altro di quei due procedimenti. Altri socialisti, che vogliono espropriare senza indennità i possessori attuali, gradualmente o bruscamente, hanno evidentemente il proposito di ricorrere al secondo procedimento, ma non si potrebbe in verità far credere, come han fatto certi legislatori, che vogliano ricorrere al primo. t unicamente a mezzo della legge, che i socialisti e i comunisti vogliono mutare la distribuzione della ricchezza, dare agli uni quello che tolgono agli altri; e, sotto questo rapporto, i loro sistemi non

188

differiscono affatto, come si. è spesso osservato, dai diversi sistemi protezionisti. Questi rappresentano, propriamente parlando, il socialismo degli imprenditori e dei capitalisti.

Solo per incidenza, e per riprovarla, l'economia classica si è occupata dell'appropriazione che ha luogo con l'aiuto della legge. Per ogni scienza, è un diritto e una necessità, limitare il suo campo di indagine. Non v'è dunque nulla da ridire, in questo proposito, contro il metodo impiegato dall'economia politica. Ma, dopo aver separato, per l'analisi, le diverse parti di un fenomeno reale, per studiarle isolatamente, bisogna farne la sintesi, riunirle, per avere un'idea della realtà. L'economia politica può non studiare l'appropriazione con l'aiuto della legge, ma questo studio dev'essere fatto da qualche altra scienza, se si vuol conoscere il fenomeno concreto. Non si potrebbe in alcun modo trascurarne una parte così importante.

La lotta delle classi, sulla quale Mari ha specialmente attirato l'attenzione, è un fatto reale, di cui si trovano le tracce in ogni pagina della storia; ma essa non ha luogo soltanto fra due classi: quella dei proletari e quella dei «capitalisti»; essa si ritrova fra un'infinità di gruppi che hanno interessi diversi, e soprattutto fra le elette che si disputano il potere. Questi gruppi possono avere un'esistenza più o meno lunga, fondarsi su caratteri permanenti o più o meno temporanei.

Nella maggior parte dei popoli selvaggi e forse in tutti, il sesso determina due di questi gruppi. La oppressione di cui si lamentano o si sono lamentati i proletari è nulla, in comparazione di quella che soffrono le donne dei selvaggi in Australia. [68]

Caratteri più o meno reali, fondati su la nascita, il colore, la nazionalità, la religione, la razza, la lingua, ecc., possono far nascere questi gruppi. Ai nostri giorni, la lotta dei Cechi e dei Tedeschi, in Boemia, è più viva di quella dei proletari e dei capitalisti, in Inghilterra. Gente che ha una stessa occupazione è naturalmente disposta a raggrupparsi. In parecchi paesi, i fabbricanti di zucchero si sono concertati per farsi pagare un tributo dai loro concittadini. Questo fenomeno è analogo a quello che si osservava un tempo, quando bande armate levavano tributi sui contadini, e non ne è che una trasformazione. Gli armatori si uniscono per farsi pagare dei premi di navigazione; i mercanti al dettaglio, per fare schiacciare di imposte i grandi magazzini; i bottegai, per impedire o rendere difficile la vendita ambulante; gli imprenditori di una regione, per respingere quelli di un'altra; gli operai «organizzati» per togliere ogni lavoro agli operai «non organizzati»; gli operai di un paese, per escludere dal « mercato nazionale » quelli di un altro paese ; gli operai di un comune, per respingere quelli di un altro. In Italia, i calzolai abitanti in certe città hanno cercato, a mezzo di dazi di consumo, di impedire la vendita delle calzature fatte da calzolai abitanti fuori di quelle città. [69]

In ogni tempo e in ogni luogo, la storia del passato e l'osservazione del presente ci mostrano gli uomini divisi in gruppi, ognuno dei quali si procura generalmente i beni economici, in parte producendoli direttamente, in parte spogliando altri gruppi, che li spogliano a loro volta.

Queste azioni si incrociano in mille modi ed hanno effetti diretti e indiretti estremamente vari. Si potrebbe, per ciascun gruppo, stabilire una specie di bilancio. Per esempio, degli industriali producono certe merci, pagano dei tributi a causa dei dazi protettivi sulle merci che impiegano, e questi tributi vanno ad altri gruppi di industriali, di agricoltori, di commercianti, ecc.; essi pagano altri tributi a causa delle emissioni di carta moneta o per misure prese a proposito della circolazione monetaria, altri tributi ancora ai politicanti, altri per mantenere certi pregiudizi ch'essi giudicano favorevoli ai loro interessi. In compenso, essi percepiscono tributi dai consumatori, grazie ai dazi protettivi sui prodotti stranieri che potrebbero far concorrenza ai loro ne percepiscono dai lavoratori, grazie all'emissione di carta moneta e grazie alle misure che prende il governo per impedire ai lavoratori di discutere liberamente le condizioni di offerta del lavoro; [70] se ne fanno pagare dai contribuenti, facendosi aggiudicare a prezzi di favore forniture del governo, ecc. Per certi gruppi industriali, è facile vedere da quale parte pende la bilancia; per altri, è difficile sapere se, insomma, essi guadagnano o perdono in questa organizzazione, che del resto implica un'enorme distruzione di ricchezza per la società in generale. Non sono rari i casi, in cui gli interessati si siano ingannati, facendo il bilancio dei guadagni e delle perdite che loro procurava tale sistema di reciproca spoliazione. Forse il socialismo di Stato riserva a certi gruppi delusioni crudeli.

Vi sono gruppi, pei quali la questione si presenta più semplice; ad esempio, per quelli che non producono niente di apprezzabile, non pagano, o quasi, tributi, e ne ricevono soltanto. Altri, i più numerosi e i più importanti, producono direttamente i beni e, molto spesso, pagano tributi e non ne riscuotono o ne riscuotono di insignificanti. Questa è stata spesso la sorte dei lavoratori; ed è anche la sorte che certi regimi vorrebbero assegnare, in avvenire, agli imprenditori e ai capitalisti.

Generalmente, perchè gli individui possano costituire un gruppo e muovere alla conquista dei beni altrui, sono necessarie parecchie condizioni: 1° Bisogna che i membri del gruppo non siano troppo disseminati, e possiedano un carattere facilmente riconoscibile, come quello di una stessa razza, di una stessa religione, di una stessa occupazione, ecc. Ecco una delle cause principali, per cui i consumatori non possono organizzarsi con successo per resistere ai sindacati di produttori. Per esempio, da noi tutti fanno più o meno uso di vesti-menta e solo pochi si dedicano alla loro confezione. Il fatto di portare vestimenta non può dunque servire a determinare un gruppo fra gli uomini, mentre il fatto di confezionare vestimenta può perfettamente determinare tale aggruppamento. 2° Secoli di civiltà hanno impresso nel cuore dell'uomo il sentimento ch'egli deve astenersi dall'appropriarsi dei beni altrui. Bisogna evitare di urtare direttamente questo sentimento. Perciò conviene impiegare una via indiretta per appropriarsi tali beni, [71] e trovare qualche ragione per giustificarla. Ma, quanto a questo, la difficoltà non è mai molto grande, perché le peggiori ragioni trovano credito, quando servono potenti interessi o lusingano pregiudizi. Poichè la maggior parte degli uomini si fa dei propri interessi delle convinzioni, si predica a dei convertiti. Una fraseologia vuota, delle formule vane, pompose, sentimentali, delle sentenze astratte e sottili, delle espressioni vaghe, dubbie, il cui senso non è mai determinato: è tutto ciò che chiedono uomini i quali cercano, non la verità, di cui non avrebbero a che fare, ma solo una giustificazione ad azioni che sono loro vantaggiose o semplicemente piacevoli. Del resto, vi sono epoche, come per esempio, la fine del sec. XVIII in Francia, e l'epoca attuale, in cui gli spogliati stessi si incaricano, con le loro declamazioni etiche sulla «sensibilità», la «solidarietà», ecc., di giustificare la spoliazione ed accrescerla.

Nessuna contraddizione logica anche delle più patenti, potrebbe scuotere la fede dei veri credenti. [72]

S'intende spesso la gente tuonare contro gli «speculatori», accusarli, da una parte, di aumentare il prezzo del grano, dall'altra, di farlo diminuire. Così, checchè accada, gli speculatori hanno sempre torto. Quando ci si rivolge agli agricoltori, si afferma che gli speculatori sono la causa della diminuzione del prezzo del grano; quando si parla agli operai, si giura che gli stessi speculatori sono responsabili dell'alto prezzo del grano. Sembra che, in questa logica «solidarista», due proposizioni contradittorie possano essere nello stesso tempo vere, ciò che non avviene nella logica ordinaria. Spesso scompare fin ogni ragionamento e basta, per trascinare gli uomini, suscitare i sentimenti che fa nascere un termine appropriato, un nome conveniente dato a una cosa. Così è stato sempre e dappertutto. Si otteneva dal popolo ateniese ciò che si voleva, parlandogli del buon mercato del grano. [73]

Nel Medio Evo i più bravi tremavano, se si chiamavano eretici, manichei, pagani, infedeli. Alla fine del secolo XVIII bisognava essere «sensibile». Al tempo della rivoluzione, in Francia, la «virtù», il «civismo», «sanculottismo» erano molto in onore. [74]

I due Bruto, Socrate e la cicuta, figuravano quasi necessariamente in ogni discorso. Si doveva fare allusione alle «virtù» dei repubblicani romani e proporle come esempio ai francesi. Questa tradizione è stata ripresa recentemente da un capo «nazionalista», il quale vuole che il popolo francese elegga il presidente della repubblica nello stesso modo in cui il popolo romano «sceglieva i suoi capi». Questo concetto denota una profondità di studi storici veramente notevole.

Ai nostri giorni, il termine di solidarietà è divenuto di moda; ha sostituito quello di «fraternità», molto usato nel 1848, ma attual- mente un po' fuor di moda. Ciascuno in verità intende la «solidarietà» [75] a suo modo, ma precisamente il vago dell'accezione favorisce l'impiego di questo e di altri termini simili. Bisogna notare che quando ci si dichiara solidale con altri, è generalmente per prendergli qualcosa, e ben raramente, ossia mai, per dargliela. Il termine di «protezione»

194

non passa di moda. Continua ad essere di grande uso. Lo si rafforza utilmente con l'epiteto di «nazionale». Invocare la protezione dell'industria nazionale, dell'agricoltura nazionale, ecc., è fare uso di ragioni che non ammettono replica. [76]

40. Le azioni umane

Gli economisti hanno avuto il torto di dare troppa importanza ai ragionamenti, come motivi determinanti delle azioni umane. [77]

Hanno creduto che, facendo vedere il vuoto e il falso delle teorie dei loro avversari, li avrebbero ridotti all'impotenza. Il successo della lega di Cobden ha molto contribuito a questa illusione.

S'è pensato che tale successo fosse il trionfo della ragione sul pregiudizio; era solo il trionfo di certi interessi su altri. In Francia, tutta l'economia politica era liberale, gli ammirevoli saggi di Bastiat ne avevano reso popolari le dottrine e, malgrado ciò, il protezionismo ha trionfato, senza incontrare seria opposizione. Lo stesso fenomeno ha avuto luogo in Italia. Gli uomini di Stato come Cavour, Minghetti, Peruzzi, erano liberali; gli economisti come Ferrara, Pantaleoni, Boccardo, De Viti, Mazzola, Martello, De Joannis, Dalla Volta, Giretti, Todde e molti altri ancora, insegnavano la dottrina liberale. Un bel giorno, una coalizione di interessi impose un ritorno decisivo alla politica protezionista. Così in Francia come in Italia, la battaglia non si è combattuta sul terreno delle dottrine, ma su quello degli interessi. I protezionisti non contano scientificamente più che i liberoscambisti contino praticamente. *Auro suadente, nil potest oratio.*

Certo, non si può pretendere che il ragionamento scientifico resti assolutamente estraneo a questi fenomeni, che non abbia avuto la minima parte nel successo della lega di Cobden, che non eserciti almeno qualche leggera influenza indiretta; ma è lungi dall'essere la causa determinante di certi fenomeni.

Quando la maggior parte dei produttori si appropria beni altrui, grazie alla protezione dello Stato, colui che nulla reclama resta per ciò stesso sacrificato: egli paga tributi e non ne riceve. Così, dunque, anche al solo scopo di recuperare ciò che gli vien tolto, egli deve chiedere la sua parte di torta. P la favola del cane che portava la colazione del padrone: cominciò col difenderla contro altri cani e finì col contentarsi di azzannarne la sua parte.

Così, la protezione doganale eleva il prezzo di tutte le cose, e gli operai, se non si coalizzano per fare aumentare i loro salari, si trovano sacrificati, perché le loro spese aumentano, mentre le entrate restano costanti. t ciò ch'è avvenuto in Italia dal 1887 al 1900; uomini politici si sono fatti pagare per aumentare i dazi doganali; industriali e armatori hanno costituito grandi fortune; la massa di lavoratori agricoli ha pagato tutto. Questi poveri contadini continuavano a ricevere lo stesso salario, mentre tutto all'intorno rincarava, per cui le loro sofferenze erano divenute insopportabili. I liberali consigliavano loro di opporsi alla protezione, ma questo modo di agire non era pratico. Anzitutto, questi ragionamenti non giungevano sino ai contadini; poi, se anche vi fossero giunti, non sarebbero stati compresi; infine, se anche fossero stati compresi, i contadini non avevano i mezzi per combattere le innumerevoli forme che riveste la spogliazione. La linea della minore resistenza era altrove. Furono i socialisti a trovarla.

Essi organizzarono i lavoratori della terra in *leghe di resistenza* che, mediante scioperi, imposero ai proprietari un miglioramento dei contratti agrari. I contadini, dove questi sforzi sono stati coronati da successo, riprendono così una parte di ciò di cui erano stati spogliati. [78] Poco importano le ragioni che i socialisti danno ai contadini, per spingerli all'azione: esse possono non avere alcun valore logico e scientifico, ma hanno le qualità necessarie per persuadere gli individui ai quali si indirizzano, ed è tutto ciò che importa. Forse il movimento che ora comincia supererà il punto in cui i contadini riprenderebbero solo ciò che ad essi vien tolto, e dopo essere stati spogliati, diverranno a loro volta spogliatori. In tal caso, coloro che per tanto tempo si sono arricchiti con la rapina dei beni di questi infelici raccoglieranno ciò che han seminato.

V'è una circostanza curiosa, che merita di fermare l'attenzione: si osserva spesso che gli uomini agiscono con molto maggiore energia per appropriarsi i beni altrui, che per difendere i propri. «In un paese di una trentina di milioni di abitanti, supponiamo che, sotto un pretesto qualunque, si proponga di far pagare un franco per anno a ciascun cittadino e di distribuire la somma totale fra trenta persone. Ciascuno degli spogliati pagherà un franco per anno, ciascuno degli spogliatori riceverà un milione. L'azione sarà molto diversa dalle due parti. Le persone che sperano di guadagnare un milione all'anno non avranno requie, nè giorno nè notte. Esse daranno ai giornali delle sovvenzioni mensili e cercheranno di farsi dappertutto dei sostenitori... Dalla parte degli spogliati, l'attività è ben minore. Per fare una campagna elettorale occorre denaro; ora, vi sono difficoltà materiali insormontabili perchè si vadano a domandare pochi centesimi a ciascun cittadino... solo per filantropia un individuo sottoscriverà dieci franchi, nella speranza di impedire che si stabilisca una imposta che lo graverebbe di un franco. Economicamente egli fa una cattiva operazione».

Altro esempio. Si propone di fissare un «salario minimo» per gli agenti di un'amministrazione pubblica. Coloro che godranno di un aumento di salario, in conseguenza di tale provvedimento, si rendono perfettamente conto del vantaggio che ne trarranno; essi e i loro amici si agiteranno finchè possibile, per far riuscire i candidati che promettono di distribuir loro questa manna.

Quanto a coloro che pagano l'aumento dei salari, ciascuno di essi prova grandi difficoltà a rendersi conto di ciò che a lui si toglierà col gioco dell'imposta e, se giunge a conoscerlo, la somma gli sembra di poca importanza. Del resto, il più delle volte non vi pensa neppure. Segue con orecchio distratto la discussione che si fa in questo proposito, come se si trattasse di materia che non lo tocca affatto. Una delle cose più difficili da far comprendere ai contribuenti, è che dieci volte un franco fanno dieci franchi. Purchè gli aumenti di imposta abbiano luogo gradatamente, essi possono raggiungere un totale elevato, che avrebbe provocato esplosioni di collera se si fosse tentato di prelevare tutto d'un colpo.

La spogliazione non incontra dunque spesso una resistenza molto efficace dalla parte degli spogliati; ciò che finisce talvolta per arrestarla, è la distruzione di ricchezza che ne consegue e che può portare la rovina del paese. La storia ci apprende che più di una volta la spogliazione ha finito con l'uccidere la gallina dalle uova d'oro.

L'azione di questi diversi gruppi, ciascuno dei quali cerca di impossessarsi i beni prodotti dagli altri, sopravvivrebbe molto probabilmente a cambiamenti radicali dell'organizzazione sociale, come per esempio l'abolizione della proprietà privata. Non bisogna dimenticare, in effetti, che questa appare necessariamente di nuovo al momento del consumo. Qualunque sia la perfezione delle regole sapientemente studiate per la distribuzione dei beni che devono essere consumati, queste regole dovranno essere applicate da esseri umani, e le azioni che costoro faranno risentiranno delle loro qualità e dei loro difetti. Se vi sono arbitri i quali danno sempre torto a coloro che appartengono a una certa classe e sempre ragione a coloro che appartengono a una certa altra classe, si potranno ben avere «distributori», i quali divideranno la torta in modo da darne una parte molto piccola ad A ed una molto grande a *B*.

È degno di nota che la maggior parte dei riformatori non si cura affatto di queste considerazioni. Sembrano supporre che le regole ch'essi propongono di introdurre saranno sempre applicate, senza che ne risultino abusi. La minima osservazione basta tuttavia ad apprenderci che fra la teoria e l'applicazione pratica delle regole stabilite dalla legge e imposte dalla morale o dal costume, vi è sempre una grande differenza; e non si potrebbe ammettere che questa scompaia in avvenire, a meno che non si spieghi come e perchè ciò avverrà.

Dobbiamo dunque considerare i sistemi sociali specialmente sotto questo aspetto. Dobbiamo ben guardarci dal credere che, se certe disposizioni hanno un fine, questo sarà necessariamente raggiunto;

esso può sfuggire completamente, ed altri fini, niente affatto voluti, possono essere raggiunti.

Nel proposito di fare scomparire i ladri, le antiche leggi penali punivano di morte il furto; ma i ladri scomparvero allora realmente? L'organizzazione sociale della Cina si propone di mettere il governo del paese nelle mani dei cittadini migliori e più dotti; ha ciò luogo in realtà? Il problema da risolvere è dunque effettivamente questo: presi certi provvedimenti, non importa a qual fine, quali saranno in realtà i loro effetti?

Per risolvere questo problema, bisogna necessariamente che siano dati i caratteri degli uomini, cui quelle disposizioni si applicano. Se si ammette che questi caratteri possono mutare e divenire interamente diversi da quelli che conosciamo, non vi è sistema sociale, per assurdo che possa sembrare a prima vista, che non sia realizzabile. Si può anche porre il problema della sua realizzazione sotto questa forma: dato un sistema, quali sono i caratteri che gli uomini dovrebbero avere perchè esso possa funzionare? È, in fondo, lo stesso problema che si pone generalmente sotto questa altra forma: dato un sistema sociale, è esso conciliabile con i caratteri degli uomini, quali sono da noi conosciuti? [79]

41. I Caratteri

Questi caratteri cambiano molto lentamente, e un'infinità di fatti lo provano. [80]
La democrazia ateniese era, certo, molto diversa dai regimi moderni che anche si dicono democratici. Anzitutto, l'esistenza della schiavitù faceva che il regime ateniese non fosse che la democrazia di un'aristocrazia, se così ci si può esprimere. Inoltre, le condizioni della vita morale, intellettuale e materiale dell'Ateniese erano molto lontane da quelle dell'uomo moderno; e malgrado ciò, malgrado questa grande differenza dell'ambiente, la rassomiglianza dei caratteri e dei sentimenti è davvero sorprendente. Del resto, ciò che costituisce il fascino degli autori antichi, greci e latini, è precisamente ch'essi esprimono sentimenti che noi stessi proviamo. Noi li citiamo, non solo per reminiscenza classica, ma perchè essi hanno detto cose che, vere allora, lo sono anche adesso. Se un autore latino non avesse scritto: «summum jus summa iniuria», qualche autore posteriore l'avrebbe detto, e sarebbe citato. Questo adagio non ha potuto nascere che presso un popolo, in cui leggi imperfette erano applicate da uomini imperfetti: non avrebbe senso, se si ammettesse la perfezione

delle leggi e della loro applicazione.

Il fatto ch'è ancora citato indica che le condizioni che gli hanno dato origine persistono ancora ai giorni nostri. V'è in Esiodo un gran numero di osservazioni e di precetti, che un autore moderno potrebbe far propri. I demagoghi che mette sulla scena Aristofane non differiscono molto da quelli che vivono ora, e il Demos moderno somiglia, tanto da confonderlo, al Demos ateniese.

Ma, si osserva, i 2300 anni circa, che ci separano dalla bella epoca della democrazia ateniese, non sono nulla nella storia dell'umanità. Ciò è vero, e se se ne conclude, che noi non sappiamo nulla di ciò che sarà l'uomo fra 10.000 anni, per esempio, questa conclusione sarà perfettamente legittima. Non vi è altro da fare che tacere su ciò e confessare sinceramente la nostra perfetta ignoranza. La scienza, allo stato attuale delle nostre conoscenze, non può occuparsi che di epoche molto più vicine. Ma allora, se ci si viene a dire che, fra un secolo, l'uomo sarà essenzialmente diverso da quello che è stato in 2300 anni e di ciò che è oggi, si enuncia una proposizione che non ha in sè stessa alcun elemento di probabilità e che, per essere creduta, avrà bisogno di appoggiarsi a prove estremamente forti e convincenti, non a vaghe declamazioni sentimentali.

bene inteso che il fondo dei sentimenti persiste e che la forma sotto cui essi si esprimono può essere estremamente variabile. [81]

Una delle difficoltà della scienza sociale consiste precisamente nel riconoscere questo fondo comune, velato sotto forme diverse, come una sola e medesima proposizione, scritta in parecchie lingue. Nei due casi, bisogna fare una traduzione.

Istituzioni e dottrine apparentemente molto diverse e rivali possono avere in fondo una stessa origine. In altri tempi, lo stesso sentimento, che presso alcuni prendeva la forma stoica, presso altri prendeva la forma cristiana. Autori moderni, rettificando l'errore degli autori della fine del sec. XVIII, hanno mostrato che l'imperatore Giuliano era nientemeno che un libero pensatore; in fondo, la sua restaurazione del paganesimo era un tentativo per creare una setta rivale del cristianesimo. Inconsapevolmente, egli subiva le stesse influenze mistiche che sbocciavano nel culto di Mitra, nel cristianesimo e in altre dottrine. La religione di Giuliano è financo trinitaria, come la maggior parte delle religioni alessandrine. [82]

Ai nostri giorni, uno stesso sentimento mistico e ascetico si ritrova in certe manifestazioni socialiste, nella propaganda degli astinenti, dei vegetariani e dei rigidi censori che non vogliono permettere a un uomo di amare se non *liberorum quaerendorum* causa, nelle elucubrazioni della gente la cui immensa pietà si ferma esclusivamente sul capo dei delinquenti e trascura sistematicamente le loro vittime.

De Tocqueville ha rilevato molto bene che la rivoluzione non aveva fatto che impiegare i procedimenti dell'antico regime. Attualmente le nuove classi sociali che, in qualche paese, sono pervenute al potere, si attribuiscono esattamente gli stessi privilegi di cui godevano

203

le classi che dominavano prima. Sotto l'antico regime, i gentiluomini che scendevano a vie di fatto contro villani erano raramente puniti; sotto il nuovo regime, questo privilegio è passato agli operai scioperanti, che possono impunemente, o incorrendo in punizioni derisorie, maltrattare e talvolta uccidere gli operai che vogliono continuare a lavorare. [83]

Ciò ha potuto osservarsi specialmente in Francia, sotto il governo del ministro Waldeck-Rousseau. Si potrebbero citare molti fatti. Nel 1900, a Fougère, una fabbrica di calzature fu interamente distrutta e saccheggiata: gli autori di questo saccheggio rimasero impuniti. All'Havre il 5 agosto 1900, «un maresciallo degli alloggi della gendarmeria marittima fu ferito alla testa da proiettili; è accaduto lo stesso all'agente Riconard, che, gravemente ferito, ha dovuto essere trasportato al suo domicilio. Parecchi altri agenti sono stati più o meno seriamente feriti dal lancio di pietre...» (Le Temps, 6 agosto). A Marsiglia, grazie alla complicità di un sindaco socialista, gli scioperanti sono stati per alcuni giorni padroni della città. Per circolare, bisognava munirsi di un salvacondotto. Il fatto si è ripetuto a Monceau-les-Mines. [84]

In questa località un certo Martin, che non aveva la fortuna d4 godere la simpatia degli scioperanti, è stato inseguito da una banda di questi, per difendersi tirò un colpo di pistola, che del resto non fece male a nessuno. In seguito egli si rifugiò nell'appartamento del sig. Rayot: dietro di lui il commissario di polizia e l'aggiunto socialista penetravano in questo appartamento: «Martin supplicava il commissario di non farlo uscire prima che i forsennati, che emettevano grida di morte e tiravano colpi di revolver sotto le finestre, non fossero dispersi. Ma il commissario consegnò alla folla il disgraziato. In pochi minuti, egli non fu che una piaga dai piedi alla testa». [85]

Gli autori di simili violenze sono raramente perseguiti: quando non lo si può assolutamente evitare, li si condanna con l'applicazione della legge condizionale, in seguito viene un'amnistia che li libera completamente perchè possano ricominciare. In altri tempi, il clero e i nobili avevano fori speciali: oggi godono di questo privilegio gli operai. *I proud'hommes* non sembrano essere, verso gli operai, più severi di quel che gli antichi tribunali ecclesiastici non fossero verso i preti. [86]

Ciò ch'è colpa o delitto per la classe dominata, diviene semplice peccatuzzo per la classe dominante. In Italia, un operaio ottiene raramente giustizia contro un padrone, ma basta passare le Alpi e, in Francia, è il padrone che ottiene raramente giustizia contro il suo operaio. Una stessa causa produce gli stessi effetti, è diversa solo la forma sotto la quale questi effetti si manifestano. Lo stesso fenomeno si osserva anche per le imposte. Un tempo, v'erano paesi in cui i popolani erano *taillables et corvéables d. merci;* ora vi sono paesi in cui sono *taillables à merci* le persone agiate o ricche. [87] I popolani pagavano l'imposta, ma non la votavano; oggi, in più di un'assemblea, i rappresentanti di una maggioranza che non paga le imposte votano contributi che ricadono esclusivamente sulla minoranza. Sotto questo rapporto, si è peggiorato, rispetto alle garanzie che avevano i borghesi nei paesi in cui l'imposta era votata dai tre ordini. La condizione degli agiati o ricchi tende ad avvicinarsi piuttosto alla condizione dei popolani, che a quella dei borghesi di un tempo. I popolani *taillables et corvéables à merci* non erano sempre ridotti all'estrema miseria.

I padroni intelligenti comprendevano ch'era nel loro interesse beninteso lasciare qualche cosa a questi popolani, per incoraggiarli al lavoro. Ugualmente, ora, la sola garanzia delle persone agiate o ricche si trova nel timore di vedere scomparire la materia imponibile.

Si potrebbero moltiplicare questi esempi. Essi provano che, sotto le apparenze più diverse, si nasconde un fondo comune, e che si tratta di metamorfosi svariate di una sola e stessa cosa. [88]

42. I Sistemi reali

Si è voluto vedere nella leggenda *dell'età d'oro*, in cui la proprietà privata era sconosciuta, la reminiscenza di una organizzazione socialista, della comunione delle terre e dell'uguaglianza delle condizioni, come ancora se ne trovano le tracce in Grecia e in Italia. Sono queste delle cause occasionali, ma il sentimento che ha ispirato tutte queste leggende è evidentemente quello del *laudator temporis acti* di Orazio (Arte poetica, 173), e non abbiamo alcun mezzo per distinguere nelle favole gli elementi reali che hanno potuto far parte della leggenda, e neanche sapere se tali elementi sono esistiti.

La leggenda dell'età d'oro è anche invocata per provare l'esistenza di un tempo in cui regnava l'uguaglianza fra gli uomini. Sopravvivenze di tale stato di cose si ritroverebbero nelle feste di Kronos in Grecia, e nei saturnali, in Italia.

Passando in rassegna i diversi sistemi reali, affermo che in Grecia, e precisamente a Sparta e Atene, non si osservano forme di socialismo in cui ogni proprietà è attribuita alla collettività, ma bensì vi si osserva il socialismo di Stato; ma soprattutto la spoliazione diretta dei cittadini, degli uni ad opera degli altri: un'organizzazione comunista. Se si vuole un esempio moderno ancor più vicino all'organizzazione spartana, non si hanno che da considerare i possessori di terre coltivate da mezzadri: gli *iloti*, diversi dagli *eguali* spartani: gli ufficiali. Alla mensa comune partecipavano gli uni e gli altri. La produzione della ricchezza a Sparta risultava dalla coltura del suolo e dalla guerra. La coltura del suolo era individuale e simile a quella dei nostri mezzadri. La ricchezza prodotta dall'industria della guerra apparteneva allo Stato, però a carattere individuale, nel senso di arricchire i governatori, i generali, gli efori, i re, che smungevano i vinti e si lasciavano corrompere.

La leggenda di Licurgo riferisce che prima di questo legislatore «l'ineguaglianza era grande, molti Spartani, non avevano nulla, un piccolo numero erano ricchi». Licurgo passa per aver stabilito l'eguaglianza dei beni, ma essa non è durata, divenendo intollerabile fino alle riforme di Agide e di Cleomene.

Ai socialisti odierni resta dunque da dimostrare che l'eguaglianza che vogliono stabilire si manterrà meglio di quella che si pretende fosse stata istituita da Licurgo.

Riassumendo, non si osservano in Grecia le prime due forma di socialismo, cioè quella in cui ogni proprietà o solo la proprietà dei mezzi di produzione è attribuita alla collettività. Vi si osserva, come del resto anche nelle nostre società, la terza forma, ossia il socialismo di Stato; ma soprattutto vi si trova la *spogliazione diretta dei cittadini, degli uni per opera degli altri.*

Anche se ai giorni nostri sopravvivono solo fenomeni analoghi come la *camorra* a Napoli e la *mafia* in Sicilia, i furti diretti dei politicanti nelle banche, dobbiamo dire che tutto ciò rimane comunque al di sotto delle spoliazioni generali che avevano luogo in Grecia, i cui frutti portarono alla rovina delle città.

«Ai nostri giorni, la distruzione, che il socialismo di Stato fa, dei capitali privati, si è trovata compensata dall'aumento della produzione, risultante dai progressi tecnici e da quelli dell'organizzazione economica. Il socialismo di Stato si è sviluppato come un parassita, che, attaccandosi ad un essere forte e vigoroso, può prosperare qualche tempo senza troppo indebolire la sua vittima. L'aumento della produttività dell'industria e dell'agricoltura è stato più rapido della distruzione dei prodotti da parte dello Stato, e così il risparmio ha potuto ricostituire i capitali raccolti dallo Stato e anche aumentarli.

Ma niente prova che questo compenso debba avere luogo indefinitamente e la nostra società possa evitare del tutto la decadenza che, precisamente perché la compensazione di cui trattasi non ebbe più luogo, colpì un tempo Atene e l'impero romano.

Impero romano che grazie alla viltà degli imperatori acquistava la pace dai barbari, con le ultime risorse delle province. Così tutto crollò, e la rovina economica preparò la rovina politica e militare. Questi furono i risultati di una delle esperienze più grandiose, che siano state tentate dal socialismo di Stato». [89]

43. La coltura del suolo e la famiglia

La coltura del suolo è stata spesso, ed è ancora in parte, opera collettiva dei membri di una stessa famiglia. Il legame familiare è stato evidentemente una delle origini del legame sociale, come si può anche vedere negli animali che vivono in gregge. La città greca e la romana sembrano ben essere state, all'origine, una confederazione di famiglie. D'altra parte, in breve il vincolo familiare divenne fittizio, cioè degli estranei furono considerati appartenenti alla famiglia naturale.

Ritroviamo qui il processo abituale, già notato, che consiste nel dare *a posteriori* motivi logici ad azioni non logiche. Non come conseguenza di un sillogismo, ma sotto l'impero della necessità, molto spesso gli uomini sono portati a dovere tener conto di fatti nuovi. Allora, se questi uomini amano conservare le loro istituzioni, come avveniva generalmente nei popoli antichi, essi cercheranno una giustificazione a *posteriori* della loro condotta, non nella modificazione formale delle loro istituzioni, ma in raccostamenti forzati e fittizi, che permettono di far rientrare i fatti nuovi nei vecchi quadri.

Così. i giuristi sono stati indotti a creare delle *finzioni*; non erano queste finzioni a determinare, almeno all'origine, la loro condotta; questa era dettata da necessità pratiche; la *finzione* serviva, in seguito, a giustificarla. Jhering ha molto ben rilevato che, «come le forme rigide della procedura, gli atti apparenti e le finzioni non appartengono esclusivamente al diritto romano; li si

209

incontrano dappertutto, a una certa fase della civiltà. La storia del diritto inglese è là per provarlo. Appena superata questa fase, dappertutto, gli uni e le altre via via scemano e finiscono per scomparire». Ma se scompaiono, almeno in gran parte, dal diritto, essi restano nella politica e nelle regole dell'organizzazione sociale. La fase osservata da Jhering è quella in cui gli uomini ammettono di fatto nuove istituzioni, ma vogliono col ragionamento ricondurle al passato. Attualmente, presso i popoli più civili, essi vogliono collegarle ad istituzioni ideali dell'avvenire: essi collocano semplicemente il loro feticcio nel futuro, invece di cercarlo nel passato.

La famiglia s'è allargata del tutto naturalmente con l'aggiunta dei servitori, che erano in qualche modo membri inferiori della famiglia stessa. Non il mercenario libero rientrava in questa categoria, ma lo schiavo o il servo, precisamente perchè attaccati in modo più stabile alla collettività familiare. La legge di Gortina prescrive che, se un individuo muore senza lasciare eredi, i servi che si trovano sul lotto familiare ereditano. In Atene una cerimonia religiosa aggregava, in qualche modo, lo schiavo alla famiglia.

La famiglia, continuando a crescere, ha ammesso estranei, che legava a sè con un vincolo fittizio di parentela. Ma questo stesso procedere, estendendo l'associazione, ne preparava la dissoluzione. Ancora ai nostri giorni, presso gli slavi cristiani dell'Europa orientale, le comunità si accrescono con l'adozione di individui isolati e con l'aggregazione di intere famiglie. Nelle Indie, le comunità di famiglie e di villaggi sono molto diffuse, benché tendano a dissolversi, come del resto anche quelle degli slavi. Si trovano a Calcutta agglomerati di tre o quattrocento individui, compresi i servitori. «Ma questa estensione, osserva Sumner Maine, non ha mancato di importare vari cambiamenti. La terra, invece di essere coltivata del tutto in comune, si divide fra le famiglie del villaggio, i lotti passano successivamente dall'una all'altra, o sono loro attribuiti a titolo di proprietà personale, sottoposta solo, in caso di vendita, al *veto* collettivo dei componenti il villaggio. Anche il vincolo di fratellanza gradualmente si indebolisce, grazie a finzioni di ogni genere, e si accoglie tanto sangue estraneo, che il ricordo di un'origine comune si oscura o svanisce intera- mente». Così, queste piccole società comuniste non sono, il più delle volte, che una fase dell'evoluzione della proprietà familiare, verso la proprietà individuale.

L'agricoltura è uno dei generi di produzione che possono più facilmente esercitarsi in forma collettiva. Il grande scoglio di questa è infatti la mancanza di iniziativa, la *routine;* difetti, questi, che, almeno in certi casi, non hanno conseguenze molto dannose per l'agricoltura. Durante secoli e secoli la coltura del suolo è rimasta invariata; sulle rive del Mediterraneo, si coltiva ancora l'ulivo come al tempo dei Romani. Bisogna però aggiungere che attualmente l'agricoltura, grazie all'applicazione di metodi scientifici, tende ad avvicinarsi all'industria; ma questo è un fatto che non' si osserva pei tempi antichi. Si comprende dunque che allora la coltura del suolo abbia potuto essere, senza gravi inconvenienti, familiare e anche apertamente collettiva. Questa organizzazione, del resto, è in parte sopravvissuta e si incontra ancora qua e là in parecchi paesi.

Tuttavia, i tentativi fatti per estenderla artificialmente, a mezzo di colonie agricole collettive, non hanno portato che a degli insuccessi. Un'idea che seduce molti è questa: vi sono nelle città operai che mancano di lavoro, vi sono terre che non sono coltivate, perchè non si darebbero queste terre a quegli operai? Un'idea analoga è stata all'origine della teoria, che tutte le miserie sociali provengono dal fatto che tutte le terre sono state accaparrate, che non ve ne sono più libere. Questi concetti poggiano su gravi errori.

1° Il mestiere di agricoltore non è così facile da apprendere, come immagina chi fa dell'agricoltura in camera. Gli operai della città sono generalmente incapaci di coltivare la terra, si stancano subito di questo rude lavoro e non fanno niente di buono. Al contrario, i lavoratori della campagna disertano i campi per accorrere in città. 2° Non basta avere terre e lavoro, per produrre; occorrono anche capitali mobiliari, quanto più l'agricoltura è avanzata. Per evitare la miseria, non basterebbe avere terre libere, bisognerebbe inoltre avere capitali mobiliari disponibili per coltivare le terre, e soprattutto bisognerebbe che coloro cui questi capitali fossero affidati, non li sperperassero. Salvo il caso di crisi eccezionali, gli operai disoccupati sono generalmente uomini che non hanno molto desiderio di lavorare e sono assai imprevidenti; sono appunto i caratteri che determinano il loro insuccesso nei lavori agricoli: essi lavorano poco e sciupano, distruggono il capitale mobiliare loro affidato.

Queste deduzioni sono confermate da molti fatti. Uno dei più notevoli ha potuto essere osservato oggi nella Nuova Zelanda. La legge del dicembre 1893 vi istituì delle comunità agricole, sotto il nome di *village settlements*. Queste comunità devono comprendere almeno venti persone, a ciascuna delle quali il governo può affidare una estensione di terra di 64 ettari e fare un anticipo di 50 sterline, cioè quasi 1.250 franchi. L'associazione dovrebbe restituire questa somma. Essa è diretta da un *board* di almeno tre *trustees,* eletti dall'associazione,
dotati di poteri molto estesi per amministrarla. « Essi dirigono e sorvegliano il lavoro dei membri del villaggio, — dice Pietro LeroyBeaulieu, che li ha visti all'opera, - ne fissano la durata ; possono interdir loro di darsi a un lavoro qualunque, se lo giudicano nocivo agli interessi della associazione ; amministrano i loro magazzini e depositi ; fissano gli assegni da dare ai membri del villaggio e alle loro famiglie, sotto forma di cuponi, da scambiare con derrate nei magazzini; vegliano alla salute pubblica, al mantenimento del buon ordine
della disciplina; possono infliggere ammende sino a 250 franchi, aumentare il numero delle ore di lavoro di un membro del villaggio, diminuire gli assegni che riceve...».

Il risultato di questa esperienza socialista sono stati deplorevoli. «In una delle comunità, dopo avere dissodato un pezzo di terra, non ci si è potuti intendere su ciò che si doveva piantare ed è rimasto maggese; si sono provate simultaneamente un gran numero di colture diverse, la maggior parte delle quali non ha avuto successo; l'aspetto dei villaggi è per tutto il resto». Si lavora poco. «Si applica così la giornata, non di otto ore, ma di sette ore e mezza, di estate come d'inverno, a quell'attività così strettamente legata alle vicende atmosferiche, che è l'agricoltura!» (p. 164). La conseguenza è, che tutte le comunità sono indebitate. «Il massimo di 1.250 franchi per membro, anticipato dallo Stato, è largamente superato; uno solo dei villaggi non chiede nuovi anticipi, ma si dichiara nell'impossibilità di cominciare i rimborsi all'epoca prevista dalla legge; i debiti della più oberata fra le tredici comunità raggiungono 128 sterline (3.200 franchi) per testa. I supplementi di anticipo domandati variano da 1.250 a 2.500 per membro, senza di che, dicono i testimoni [dell'inchiesta parlamentare], saremo costretti ad abbandonare la nostra opera». Sembra dunque che la terra libera è lungi dal bastare agli uomini, per trarsi d'impaccio; occorrono anche dei capitali, e la voglia di lavorare. Supponete l'esperienza della Nuova Zelanda fatta in grande, e abbandonata a se stessa. Dopo un certo tempo vi sarebbero ricchi e poveri, persone previdenti e attive che avrebbero accumulato beni, e imprevidenti e pigre che troverebbero vantaggio nel mettersi a servizio delle prime, salvo a invidiarle e a cercare di spogliarle con provvedimenti politici. Tutto ciò, del resto, esiste già in germe. L'uguaglianza è lungi dal regnare, in queste comunità; solo, sono spesso i meno meritevoli a prevalere sugli altri. «A Holder, la

Commissione d'inchiesta, arrivando alle sei del mattino, non trova nessuno sui campi, sal-sin una donna intenta a tagliare foraggio per le vacche. " Trovate giusto che una donna sia fuori a lavorare, mentre gli uomini non fanno nulla? " si domanda al presidente dell'associazione. "Oh! essa era certo fuori per la sua salute ", risponde egli ironicamente». «Un membro del villaggio essendo stato assalito e avendo avuto un membro rotto, i *trustees* hanno deciso l'espulsione dell'aggressore, ma l'assemblea generale ha rifiutato di approvarla; numerosi sono stati gli altri casi di violenza in questo villaggio; dappertutto ve n'è, del resto; e dappertutto anche la giustizia è zoppicante». Ciò non è precisamente quanto ci promettono i socialisti, i quali pretendono che tutte le violenze e tutti i delitti sono dovuti alla cattiva organizzazione della società «borghese».

Fra i membri del villaggio, quelli che hanno un po' di buon senso hanno compreso quanto erano fallaci le promesse fatte loro: «Eravate comunista, quando siete giunto qui? - si domanda ad uno degli abitanti del villaggio di Pyap. - Ero un grande fautore della terra pel popolo *(the lande for the people)*. Credevo che andavamo a stare come fratelli e sorelle. - Ciò è avvenuto? - No, ho visto che non poteva avvenire. - Credete voi ora alla terra per il popolo? - No, credo alla terra per me. - E il testimone chiede che si ripartisca la terra in lotti individuali. Questi buoni socialisti della Nuova Zelanda avevano dimenticato che il parassita non può vivere, staccato da chi lo mantiene. Il socialismo di Stato è eccellente

215

finchè vi sono ricchi da spogliare; ma chiudere gli sfruttatori in comunità separate, è condannarle a morir di fame.

Parecchi autori annettono grande importanza al fatto di provare che in altri tempi la proprietà era collettiva, perchè vogliono dimostrare che il «popolo», essendone stato spogliato, ha diritto a un risarcimento; secondariamente, vogliono anche dimostrare che la produzione collettiva è possibile, perchè già esistita.

Vi sono in questi ragionamenti parecchi sofismi.

1° Se ammettiamo, per un momento, che il «popolo» antico è stato spogliato della sua proprietà collettiva, non ne segue affatto che i ricchi di oggi devono un risarcimento al «popolo» di oggi, perchè niente prova che le classi possidenti moderne discendano direttamente dalle classi possidenti antiche; anzi niente è meno probabile. Quando si pensa che solo un numero estremamente esiguo di famiglie inglesi possono far rimontare la loro nobiltà fino a Guglielmo il Conquistatore, che fra la nobiltà francese non vi è se non un piccolo numero di individui i quali possano in modo autentico provare di avere avuto antenati nelle Crociate, si vede che nella classe possidente attuale è molto probabile non vi siano affatto, o vi siano assai pochi, discendenti della classe che, a un'epoca preistorica, si rese colpevole di avere introdotto in Roma e nel bacino del Mediterraneo la proprietà individuale.

2° Resta da provare che gli uomini erano più felici sotto il regime della proprietà collettiva del suolo, che sotto quello della proprietà individuale. L'affermativa è un articolo di fede, per le persone che declamano contro il «capitalismo»; ma la scienza reclama delle prove e non potrebbe contentarsi di affermazioni dommatiche.

3° La questione dell'organizzazione collettiva della produzione è anzitutto questione di quantità di prodotti, che se ne possono ottenere. Gli esempi che si citano, dell'organizzazione collettiva della coltura del suolo, non risolverebbero tale questione, se non si riferissero a uno stato agricolo dei più avanzati. Ciò non è. Quegli esempi provano che si può bene o male coltivare collettivamente la terra, essi non provano affatto che se ne può così ottenere il massimo di prodotto. [90]

44. L'organizzazione sociale

Contrariamente a ciò che si potrebbe credere in base a un esame superficiale, si incontrano spesso fatti, i quali mostrano che un *regime di coltura collettiva è perfettamente compatibile con un'organizzazione sociale in cui vi sono poveri e ricchi, superiori tirannici e inferiori rassegnati.*

Questo è il caso di *Giava.* Autori come E. de Laveleye si inteneriscono senza fine e misura, per la felicità della *lessa* o villaggio comunista giavanese. Ma la realtà è diversa dall'idillio forgiato dalla loro fantasia. Secondo la stessa confessione di E. de Laveleye, «in certi villaggi o *dessas, i* semplici lavoratori, che non hanno bestie da tiro, sono esclusi dalla divisione [delle terre]». Ma ciò è nulla, rispetto alla gerarchia sociale che pesava un tempo su questo popolo e che continua a far sentire i suoi effetti.

«Della nascita, di questo evento fortuito, i giavanesi hanno fatto una virtù. Le hanno riconosciuto tutti i diritti, la tengano esente da molti doveri. Le affidano volentieri il potere, la adornano di onori e ricchezze». La nobiltà comporta dei gradini: dall'alto in basso della società, ciascuno sa il valore dei ranghi e la misura dell'omaggio dovuto».

«I nobili giavanesi, onnipotenti per la loro nascita e le loro funzioni ereditarie, ignorano fin il significato della parola "abuso". Poichè, da sempre, tutto era loro, terre e persone, ciò che ne lasciavano al popolo era semplice munificenza».

La Cina sembra abbia avuto un regime di proprietà fondiaria oscillante fra la proprietà collettiva, o meglio la proprietà dello Stato, e la proprietà individuale. Sotto la dinastia degli Hia (duemila anni circa a.C.) ogni famiglia riceveva un bene di 50 mou. [91] e pagava come imposta il prodotto di 5 di questi mou; era dunque una decima. Sotto la dinastia degli Yn (che comincia verso il 1400 a.C.) si assegnarono 900 mou a ciascun gruppo di otto famiglie, ciascuna di queste riceveva 100 mou e inoltre 2.5 *mou* per la casa e il giardino; ciò che restava, ossia 80 *mou,* doveva essere coltivato in comune e il prodotto apparteneva allo Stato. La quantità di terra assegnata era stata in principio di 630 mou per ciascun gruppo. Sotto i Tcheou (verso il 1100 av. C.) si assegnarono 1000 *mou* per ciascun gruppo di 10 famiglie; queste dovevano coltivare la terra in comune e pagare il decimo del prodotto allo Stato. Meng-tseu spiega questi tre sistemi: «Sotto i principi della dinastia Hia, cinquanta arpenti di terra pagavano tributi [ossia obbligano alla decima]; sotto i principi della dinastia in Yn, settanta arpenti erano soggetti alla *corvée* [92] di assistenza *(tsou)*; i principi della dinastia Tcheou riscossero l'imposta *tche* [che comprendeva i due primi tributi] per cento arpenti di terra [che ricevette ciascuna famiglia]. In realtà, ognuna di quelle dinastie prelevava la decima sulle terre. L'ultimo di quei tributi è una ripartizione uguale di tutti i carichi, il secondo è un'imposta di aiuto o di mutua assistenza. *Loung-tseu* diceva: facendo la divisione e ripartizione delle terre, non si può stabilire imposta migliore di quella *dell'assistenza (tsou)*, non se ne può stabilire peggiore della *decima (Koung)*. Per quest'ultimo tributo, il sovrano calcola il reddito medio di parecchi anni, per farne la base di un'imposta costante e maneggevole.

Nelle annate fertili, in cui il riso è molto abbondante e non sarebbe tirannico esigere un tributo più elevato, si esige relativamente poco. Nelle annate calamitose, quando il contadino non ha neanche di che concimare le sue terre, si esige assolutamente da lui l'intero tributo». In fondo, come si vede, l'interesse fiscale era uno dei principali motivi determinanti di queste organizzazioni. Nessuna di esse diede veramente buoni risultati, almeno a giudicare dai disordini che agitarono il paese e dalle lagnanze dei contemporanei. Uno di loro, discepolo di Mih-Teih, parla «del forte che spoglia il povero, di quelli che, più numerosi, opprimono i meno numerosi, dell'uomo furbo che inganna l'uomo di buona fede, del nobile che schernisce il plebeo».

Sembra che la dinastia dei Thsin (che comincò a regnare il 255 a.C.) avesse istituito la proprietà individuale. In seguito, parecchi imperatori cercarono, ma con poco successo, di limitare la superficie di terra che ciascuna famiglia poteva possedere. Sotto la dinastia dei Tangs, dal VII al IX secolo della nostra era, chi costituisse una famiglia separata riceveva una proprietà fondiaria della superficie di 800 mou (circa 5 ettari) e un giardino. Era vietato vendere o affittare la terra, ma presto si trovò il mezzo di aggirare la legge, e infine ciò che era un abuso divenne legale.

Un'enciclopedia cinese, scritta nell'XI secolo della nostra era, deplora vivamente l'abbandono degli antichi sistemi. «Dopo che i comuni agrari *(Tsing-t'ien),* del tempo dei *Chen,* furono aboliti, le terre divennero proprietà di chi non le coltivava, mentre l'agricoltore ne era privato... I saggi hanno molto discusso, se convenisse ristabilire gli antichi comuni agrari...». L'autore trova, che gli *Han,* saliti al trono nel 206 a.C., avrebbero potuto compiere quest'opera, ma egli non la crede più possibile al suo tempo (1009-1066 della nostra era).

Nell'XI secolo della nostra èra, un ministro, Wang-nang-chi, tentò di dare alla Cina istituzioni giudicate socialiste, ma che, in realtà, non si ispiravano a idee molto diverse da quelle correnti in Europa nel Medio Evo. Secondo l'uso cinese di cercare modelli nel passato, egli rimise in vigore dei tribunali di polizia sui mercati, come quelli esistenti sotto il Tcheou. Questi tribunali avevano l'ispezione delle vendite e delle compere e determinavano ogni giorno il prezzo delle derrate. Essi imponevano sui ricchi tasse, di cui i poveri erano esenti, e il cui prodotto serviva a soccorrere i vecchi senza sostegno, i poveri, i lavoratori disoccupati, o, in genere, tutti coloro che erano in bisogno.

Altri tribunali sembra abbiano dato luogo a disordini, come del resto le altre riforme, fra le quali anche una riforma monetaria. Un avversario del ministro diceva che il grano prestato per semenza finiva spesso con l'essere impiegato altrimenti. Una parte era consumata direttamente, un'altra venduta, e il coltivatore, invece di lavorare, restava ozioso. Quando il grano era realmente impiegato come semenza, il coltivatore lamentava di doverlo restituire e di vedersi così spogliato di una gran parte del raccolto, che gli era costato tanta fatica. Infine, i funzionari incaricati di assicurare questa restituzione erano in condizioni di commettere ogni sorta di furti e di rapine.

Le riforme di Wang-nang-chi non durarono molto, e i suoi decreti furono tutti revocati sotto il regno dell'imperatore succeduto a quello sotto il quale erano stati emessi. Furono in seguito richiamati in vigore, ma per poco tempo, al principio del sec. XII. In realtà, il movimento che diede ad essi origine sembra essere stato, ben più che un. movimento socialista, una lotta fra i letterati conservatori e certi novatori.

Al *Perù* troviamo un esempio molto caratteristico di organizzazione socialista, e questa organizzazione è collegata, come di solito, ad una completa soggezione del popolo. Sfortunatamente, non abbiamo molti dettagli autentici sulle condizioni sociali dell'antico Perù e dobbiamo contentarci di alcune nozioni trasmesse dagli autori spagnoli. Enrico Cunow crede che prima della dominazione degli Incas le comunità di villaggio possedessero in comune una *mark*. Ci sembra che l'autore si sia lasciato trasportare da idee preconcette sulla generalità del fenomeno della *mark* germanica. È molto, se noi sappiamo press'a poco come era l'organizzazione sociale del Perù sotto gli Incas; ciò che esisteva prima degli Incas ci resta ignoto. Secondo il nostro autore, gli Incas mutarono poco dall'antica organizzazione. La comunità di villaggio avrebbe compreso allora circa 1000 membri; una parte delle sue terre era stata confiscata dagli Incas, il resto le rimase.

Tutta, la popolazione era divisa in decurie, con un capo o decurione per ciascuna decuria; cinque decurie formavano una compagnia, e due di queste una centuria, che aveva un capo; cinque distaccamenti di 100 uomini avevano un capo, due di questi distaccamenti, cioè 1000 uomini, un altro, e così di seguito. I capi dovevano denunciare le colpe e i delitti dei loro subordinati; se non lo facevano, erano severamente puniti. Per i più piccoli delitti, si largheggiava nella pena di morte.

L'amministrazione era estremamente molesta e, in fondo, *gli* abitanti erano trattati come schiavi o animali domestici. L'ozio era punito con pene corporali, i fanciulli dovevano lavorare dall'età di cinque anni, i ciechi e gli zoppi non erano dispensati. Gli Indiani dovevano lasciare le loro porte aperte, nelle ore dei pasti, perché certi ufficiali di giustizia, detti *blactacamayn,* potessero visitare le case e vedere se tutto andava bene.

Le terre erano divise in tre parti; la prima era consacrata al sole, cioè a provvedere alle spese del culto, la seconda apparteneva all'Inca, cioè provvedeva alle spese del governo, la terza serviva ai bisogni del popolo. I regolamenti della *mark* non erano uniformi. Una parte del territorio di ciascuna comunità era divisa ogni anno fra le famiglie di questa, l'altra parte restava indivisa. I capi del villaggio dirigevano la coltura delle terre. Nel nord del paese, il lavoro era fatto da tutti i membri del villaggio, divisi per decine, ciascuna delle quali lavorava successivamente le terre dei suoi membri, compresi coloro che erano addetti alle *corvées* o al servizio militare. Il raccolto non era diviso in parti uguali, ma ciascuno riceveva ciò che la sua terra aveva prodotto. Nessuno poteva trasmettere il suo appezzamento di terra a un altro, donarlo o prestarlo. Non si poteva abbandonare la *mark,* senza il consenso del capo della centuria. Certi lavori, come quelli di irrigazione, erano fatti collettivamente da tutta la comunità. Bisognava inoltre coltivare le terre dei capi e quelle che servivano al nutrimento dei vecchi e delle vedove. I redditi di queste *terre dei poveri* erano distribuiti dal capo del villaggio.

Il luogo dove ciascuna famiglia aveva la sua casa e il suo orto era proprietà privata di questa famiglia. una disposizione che si trova quasi sempre associata alla proprietà collettiva.

Regnava nel Perù una grande disuguaglianza di

condizioni: «Vi si era completamente introdotta la distinzione in ranghi. Molti cittadini, sotto il nome di *yanaconas*, erano tenuti allo stato di servitù. Le loro vesti e le loro abitazioni avevano forma diversa delle vesti e delle abitazioni degli uomini liberi. Come i *tamemes* del Messico, essi erano addetti a portare dei pesi e a tutti i lavori penosi. Sopra di loro stavano gli, uomini liberi, non rivestiti di alcun ufficio o dignità ereditaria. In seguito venivano quelli che gli spagnoli hanno chiamato *orejones,* per gli ornamenti che portavano ai loro orecchi. Costoro formavano il corpo dei nobili ed esercitavano tutti gli uffici, in pace come in guerra.

A capo della nazione erano i figli del sole, che, per nascita e privilegi, erano tanto al di sopra degli *oreJones,* quanto questi erano al disopra degli altri cittadini».

Il regime collettivo non è nemico delle imposte, al contrario; e gli uomini, monarchi o politici, che si incaricano di assicurare la felicità dei loro simili non dimenticano mai che la carità bene ordinata comincia da sè stessi; il sistema delle imposte era dunque molto sviluppato al Perù. Non solo, gli Incas, si erano appropriata una parte delle terre; inoltre essi le facevano coltivare a mezzo di *corvées.* Quando veniva il tempo delle semine e dei raccolti, tutti i membri della comunità di villaggio atti al lavoro dovevano fare le opere necessarie sulle terre degli Incas. Nelle regioni montane si allevava il bestiame, principalmente lame, e gli Incas ne prelevavano una parte. Con la lana delle lame le donne dovevano fare tessuti, lavorando in comune. Questa industria era dunque organizzata in forma collettiva. Le stoffe più fine erano portate alla capitale e servivano all'abbigliamento degli Incas.

Gli abitanti dovevano anche fornire agli Incas dei minerali, legna per la tintura, piume, ecc.; dovevano fare *corvées* per sfruttare le miniere, costruire strade e canali e fare altri lavori pubblici. Con attrezzi rudimentali, a forza di lavoro e di pazienza, levigavano enormi pietre per costruire i palazzi degli Incas. Un certo numero di tribù dovevano fornire fanciulle, che erano destinate al servizio degli Incas e dei tempi. Inoltre, si dovevano fornire fanciulle dagli 8 ai 12 anni, scelte fra le più belle, per servire il sole ed essere le concubine degli Incas e dei capi indigeni.

Lo stato di servitù in cui vivevano i Peruviani, se non ne era la causa, era almeno in relazione con l'assoluta mancanza di energia e iniziativa individuale. I Messicani, che avevano istituzioni feudali e conoscevano la proprietà privata, opposero una resistenza eroica agli Spagnoli, e non furono vinti che grazie all'uso delle armi da fuoco; mentre i Peruviani non opposero che una resistenza insignificante e non diedero che prove di viltà. [93]

45. Il Cartismo

Il *cartismo*, in Inghilterra, non è che un episodio del grande movimento democratico che, dal 1830 al 1848, invase tutta l'Europa occidentale. Se lo si studia isolatamente, in ciascun paese in cui ha avuto luogo, si possono attribuire ad esso cause diverse nei vari paesi; ma quando lo si considera nel suo insieme, è impossibile ammettere che effetti così generali non abbiano avuto cause anch'esse generali. Ora, una di queste cause ci è nota; la troviamo nella trasformazione economica che si compiva nell'Europa occidentale, dove cominciava l'era della grande industria. A una nuova costituzione economica della società doveva corrispondere una nuova forma di governo; e così si spiega, nelle sue parti principali, il fenomeno dell'avvento del regime costituzionale nei grandi stati del continente europeo e la trasformazione di questo regime, che, da oligarchico, divenne sempre pipì democratico in Inghilterra, mentre cambiamenti analoghi si compivano anche in Svizzera. Si comprende che fra i contemporanei sia nata la teoria del «materialismo storico», perchè le trasformazioni politiche che ebbero luogo in Europa nel sec. XIX sono realmente, almeno in parte, effetti grandiosi di cause puramente economiche. Tuttavia, altre cause non sono da trascurare. È difficile attribuire a cause economiche i movimenti rivoluzionari del mezzogiorno e del centro dell'Italia nel 1548 o quelli dell'Ungheria verso la stessa epoca. L'idea di nazionalità vi ha un'importanza preponderante. Al centro dell'Europa, essa si combina con motivi economici, per menare alla costituzione del potente impero di Germania.

In Inghilterra, il movimento fu principalmente democratico. t degno di nota che l'industria tessile, ch'è quella in cui si manifestano per la prima volta i caratteri della grande industria moderna, sia anche quella in cui cominciano a

costituirsi potenti associazioni operaie. [94]
Gli operai filatori di cotone fondavano una Unione nazionale, e Doherty, segretario dei filatori di cotone di Manchester, carezzava il vasto progetto di fondare un'Unione di tutti i salariati inglesi. Anche Owen si proponeva «di formare organizzazioni nazionali, comprendenti tutte le classi operaie in una grande associazione; di mettere ciascun dipartimento in rapporto con ciò che si fa in un altro dipartimento; di far cessare la concorrenza individuale; di organizzare tutte le manifatture in compagnie nazionali». Dal 1830 al 1834, ebbero luogo movimenti rivoluzionari, e la lotta fu viva fra i padroni delle manifatture e i loro operai. I primi finirono per prevalere, ma per poco tempo. Le Unioni si ricostituirono, e questa volta con un fine esclusivamente economico; esse profittarono delle lezioni dell'esperienza e seppero guadagnare lentamente ma sicuramente terreno, sino ad arrivare al grado di potenza formidabile che hanno ora acquistato.

Quando, dal 1837 al 1842, ebbe luogo il movimento *cartista,* le Trade-Unions se ne tennero lontane, almeno ufficialmente. [95]

Questo movimento era principalmente radicale e democratico. I sei punti della petizione presentata al Parlamento nel 1838, detta *Carta del popolo,* erano: il suffragio universale, lo scrutinio segreto, l'indennità ai deputati, l'abolizione del censo di eleggibilità, il Parlamento annuale, la divisione del paese in circoscrizioni per ripartire ugualmente i mandati elettorali. Gli operai appoggiavano individualmente queste domande e prendevano parte all'agitazione cartista. Si vede a questa epoca spuntare l'idea di uno sciopero generale per risolvere la questione sociale, idea ripresa ai nostri giorni. Nel 1834 si era proposto lo sciopero generale per ottenere la giornata di otto ore; nel 1840, i cartisti lo raccomandarono agli operai, che avrebbero dovuto astenersi tutti dal lavoro fino a che la *carta* non fosse stata accolta. Si fece un tentativo di questo sciopero, ma senza alcun successo.

Il cartismo disparve poco a poco; i violenti, sempre meno ascoltati, videro i loro seguaci disperdersi, mentre i mezzi pacifici ottenevano sempre più credito.

Un movimento in parte simile all'agitazione cartista è quello che ebbe luogo in Germania dal 1836 al 1852. Esso vi si combinò con quello della *Lega dei comunisti,* donde provennero parecchi dei membri più attivi della *Internazionale,* [96] e che, per questa via, estese la sua influenza sino alla *Comune* di Parigi. Questo è l'ultimo movimento socialista-rivoluzionario un po' importante verificatosi in Europa. Il suo insuccesso sembra abbia avuto l'effetto di spingere verso le vie pacifiche i socialisti più intelligenti. Ora essi intendono marciare alla conquista del potere con la scheda elettorale, e se talvolta ancora agitano lo spauracchio della rivoluzione, è principalmente per non troppo scontentare gli impulsivi e i violenti fra i loro seguaci. [97]

46. I Sistemi religiosi

In ogni tempo presso i popoli più diversi si è visto il formarsi di piccole società, di sette, di confraternite, tenute insieme dal sentimento religioso che talora può deviare con l'esaltazione di certe virtù passive, come la rinuncia a sè stesso, il disprezzo dei piaceri mondani, ovvero il sacrificio completo dell'individuo alla comunità.

Così abbiamo esempi della possibilità di realizzare un ideale altruista, sul quale riposano parecchi sistemi socialisti. Non si potrebbe obiettare che i sentimenti egoisti non possono lasciar posto a sentimento altruisti, perché in tutti i tempi e in tutti i luoghi abbiamo esempi del contrario. Solo, bisogna aggiungere che non è mai se non un'eletta estremamente ristretta, a presentare questo carattere di esaltazione dei sentimenti altruisti. Quando la comunità deve comprendere, non più un'eletta, ma la massa, essa è costretta a mutare la sua organizzazione. La comunità cristiana primitiva scomparve, in quanto società comunista, quando il numero di fedeli aumentò smisuratamente. Solo una piccola eletta continuò più tardi lo stesso regime di vita, fondando i conventi. Al proposito si ha un fenomeno curioso; sentimenti altruisti molto sviluppati si trovano a coesistere con dissensi intestini nella comunità e con rivalità talvolta violentissime.

Come testimoniano le rivalità di una stessa religione nelle guerre civili dei Templari contro i cavalieri di S. Giovanni.

Una delle più antiche confraternite dell'antichità classica è quella dei *Pitagorici*. Essa aveva carattere religioso e politico, e sembra sollevasse vive antipatie. Del resto, non tardò a degenerare e ben presto fu sostituita dagli Orfici. Platone ne parla severamente. Sono note le orge dei pitagorici di rango superiore, che vivevano nella assoluta comunità dei beni, con una regola di vita minuziosa e costretti al celibato.

229

L'Asino di Luciano, le Metamorfosi di Apuleio, ci dipingono i costumi dei preti della dea Syria coi medesimi colori che più tardi impiegherà il poeta Nigello, e più tardi ancora Boccaccio, per descrivere i costumi dei monaci del loro tempo.

L'influenza dell'Oriente dotò la Grecia e il mondo romano di parecchie confraternite religiose, come quella dei preti di Cibele, che presenta rassomiglianze impressionanti con gli Ordini mendicanti e flagellanti del Medioevo.

Gli ordini monastici si moltiplicano in Asia e hanno molto spesso più di un punto di rassomiglianza con gli ordini cattolici di Europa. Il *Buddismo* appare come reazione democratica, socialista e ascetica, un rinnovamento morale e sociale contro la corruzione del bramanesimo. Questo era molto corrotto, quando il buddismo apparve; era come un rinnovamento morale e sociale, ma la sua durata fu breve. Càkya-mouni, il fondatore del buddismo non stabilì alcuna regola fra i suoi discepoli, al regime aristocratico delle caste opponeva un regime democratico di completa uguaglianza. Budda e una parte dei suoi primi proseliti percorrevano il paese predicando e vivendo di elemosine. Tuttavia, la maggior parte dei fedeli vivevano da eremiti nei boschi o in luoghi isolati. Ogni anno si riunivano in Vishâra per ascoltare la parola del maestro. Il convento era nato, e con esso le distinzioni e la gerarchia. I religiosi formarono in poco tempo un corpo regolarmente organizzato. Per farne parte, bisognava ottenere un'investitura speciale, e seguire un certo regime di vita. Le stesse regole si imponevano alle monache. Questi asceti acquistarono un grande ascendente sul popolo.

L'evoluzione è come quella del cattolicesimo, e le rassomiglianze sono curiose «la pastorale, la mitra, la dalmatica, la cappa o piviale, che i grandi lama portano in viaggio o fanno qualche cerimonia fuori tempio, l'offerta a due cori, la salmodia, gli esorcismi, il turibolo a cinque catene, le benedizioni, la corona, il celibato ecclesiastico, i riti spirituali, il culto dei santi, i digiuni, le processioni, le litanie, l'acqua benedetta, sono rapporti che i buddisti hanno con noi. Il costume del Gran Lama è esattamente quello dei vescovi cattolici. L'abito del papa lamaico somiglia quello del papa cattolico»

Niente è più istruttivo di questa evoluzione parallela del buddismo e del cattolicesimo, due religioni così diverse, professate da popolo abitanti regioni lontane, e che non avevano allora se non pochi o punti rapporti.

La corruzione del clero buddista è l'immagine fedele di quella che si constata, a certe epoche, nel clero cattolico. Nei primi tempi, i mendicanti buddisti, di bassa estrazione, cha vivevano una vita di sacrifici e di piena austerità, piacquero alle folle, che comparavano loro costumi alla vita profana, alla vita lussuosa e corrotta dei nobili preti bramani. Ma i costumi dei religiosi buddisti, che già avevano mostrato qualche segno di decadenza mentre il Budda viveva, degenerarono rapidamente dopo la sua morte, volgendo il popolo nuovamente verso i religiosi bramani; il buddismo fu vinto, e disparve dalle pianure dell'India. [98]

47. Gli Ordini monastici

«Quando si studiano gli *ordini monastici cristiani*, si presenta ai nostri occhi un singolare spettacolo. Per secoli e secoli si vede un seguito ininterrotto di piccole elette di asceti, che spesso, sotto l'influenza di individui straordinariamente dotati, cercano di raggiungere un elevato livello morale, e che, dopo esservi pervenuti, ricadono subito nella corruzione del tempo, in cui comincia la loro decadenza, per cui si parla subito di riformarle».

È un movimento incessante, che nulla arresta. Atanasio, patriarca di Alessandria e dottore della chiesa, introdusse a Roma, l'istituzione dei conventi, che si propagò ben presto in tutto il mondo romano, ma allo stesso tempo iniziò altresì la corruzione molto rapida degli ordini religiosi. Già nel V secolo, la professione di monaco era divenuta una delle più ricercate. Sant'Agostino non capiva se la gente si faceva monaco per servire Dio, o per sottrarsi alla schiavitù e quindi fuggire ad una vita di miserie e di fatiche, e per essere mantenuta e vestita, e, in più, onorata da coloro dai quali era abituata ad essere disprezzata.

«Nei nostri paesi il Medio Evo, questa epoca di cui attualmente si ammira la fede viva e sincera, fu anche un'epoca di corruzione per il clero. In mezzo alla profonda decadenza del clero cattolico, nel secolo XI sorge la famosa eresia dei Catari, che, avendo messo tutto in comune, dovevano vivere del lavoro delle loro mani. Digiunavano, non mangiavano la carne degli animali e condannavano ogni commercio sessuale. Dal momento che si opponevano al risorgere della scienza, delle arti, del commercio, se avessero vinto la lotta contro la Chiesa di Roma, avrebbero ritardato di molto il rinascimento classico».

Non bisogna dimenticare che le elette che volevano combattere, al pari di quelle che volevano riformare la Chiesa, sorgevano dalle classi popolari. A Milano, i Patarini cominciarono ad avere Roma per alleata e finirono per averla nemica. L'alto clero milanese era dissoluto, e aveva la velleità di rendersi indipendente da Roma; i Patarini trassero origine dall'unione del basso clero col popolo; essi volevano riformare i costumi dell'alto clero e diminuirne il potere e le ricchezze. Cacciarono a mano armata l'arcivescovo della cattedrale, e il papa Stefano IX prese sotto la sua protezione gli autori di questa aggressione. I papi continuarono a proteggere per qualche tempo i Patarini; ma ben presto si accorsero che questi volevano andare troppo lontano, e allora li condannarono. L'influenza dei Patarini ebbe l'effetto di far passare in parecchi luoghi il potere dal vescovo ai comuni e la loro eresia ispirò Arnaldo da Brescia, che il papa Adriano IV fece bruciare.

La decadenza dei religiosi è molto profonda, «ma non bisogna credere a tutto ciò che viene riferito, sulla bramosia di ricchezza e sulla dissoluzione degli ordini monastici vi è molto spesso grande esagerazione. I riformatori sono naturalmente portati a rappresentare coi più vivi colori i costumi che vogliono correggere. D'altra parte, i nemici del clero cercano di renderlo odioso. Così amici e nemici esagerano il male».

«Notiamo ancora che quando i costumi dei monaci e del clero, in genere, si corrompevano, essi si avvicinavano semplicemente ai costumi dei laici dell'epoca. Tali costumi erano dei più grossolani e ci si esporrebbe a gravi errori se, volendo giudicare la moralità di una parte della popolazione, non si tenesse conto del generale livello morale».

Tutti questi ordini religiosi, possono, *sotto l'aspetto economico*, essere considerati come parassiti della società, nella quale vivono, per cui se la società fosse distrutta questi organismi scomparirebbero.

Così è per gli Esseni, nazione solitaria, senza donne,

senza amore, senza denaro, vivente nella società dei palmizi, che si riproduce grazie all'affluenza di nuovi ospiti; come per i compagni di San Francesco, che non possedendo nulla dovevano pur mangiare, grazie a chi corrispondeva loro gli alimenti. Se questa gente fosse scomparsa, sarebbe scomparsa con loro la razza intera.

Vissero come i poveri, ai quali si mescolavano volentieri. Quando partivano, essi sapevano soltanto che si sarebbero ritrovati nei dintorni della povera cappella. La loro vita era quella, ch'è ancora oggi, dei mendicanti in Umbria, andando qua e là secondo la loro fantasia, coricandosi negli ospizi dei lebbrosi o sotto il portico delle chiese.

«Vi sono tuttavia degli ordini come i cenobiti, che si sono dedicati a lavori utili. A *priori* niente impedisce che queste piccole società possano sussistere indipendentemente dalla società nella quale vivono. Attraverso il Medioevo, le testimonianze dell'attività dei monaci sono innumerevoli. Con la splendida civiltà dei Comuni, nel Medio Evo, la ricchezza dei conventi cresce al pari della ricchezza generale, e il numero dei monaci dedicati a produzioni artistiche, spesso di alto valore, cresce enormemente. Aumenta anche il numero dei monaci occupati al lavoro dei campi, ai lavori del legno, della fabbricazione del formaggio e della birra, della pesca e della fecondazione artificiale dei pesci; altri sono tessitori, fabbricanti di tappezzerie, di drappi e di seterie, sono conciapelli, albergatori, maestri di scuola, ecc., senza peraltro, salvo eccezioni, e vista la concorrenza del lavoro dei laici, impegnarsi nel produrre beni economici». [99]

48. Il Socialismo cristiano

Per quanto riguarda «sistemi teorici religiosi», tenendo anche conto di quanto al proposito abbiamo già detto in precedenza, dobbiamo considerare le diverse specie di *socialismo cristiano* dopo la Rivoluzione francese.

Il movimento religioso ha sempre subito l'influenza delle grandi correnti sociali. Dai tempi più antichi, la Chiesa cattolica è stata favorevole all'intervento dello Stato nei fenomeni economici e sociali. Essa lo considerava parte della teologia. Da San Tommaso d'Aquino, primo a parlare della teoria dei prezzi, si è passati al cattolicesimo sociale, quando le istituzioni si volsero al socialismo, fino ad arrivare ai liberali cristiani e ai socialisti di Stato.

La grande corrente di idee che, in Francia, aveva trascinato quasi tutti in favore della libertà, trascinò anche una parte del clero: il basso clero. Negli Stati generali del 1788 i deputati liberali del clero disponevano di più di cento voti e svolgevano un programma avanzato, quasi quanto quello del terzo stato. Si sa che per l'appoggio efficace del clero al terzo stato, le rivendicazioni della borghesia poterono vincere, mentre più tardi, quando la rivoluzione si abbandonò ad eccessi tornò indietro.

Ma le idee liberali non erano morte, tanto che la Restaurazione si presentava come il ritorno alla libertà dell'inizio della Rivoluzione, dopo l'assolutismo della folla e quello di Napoleone.

Era il tempo in cui il popolo e una parte della borghesia lottavano per ottenere il diritto che solo i borghesi ricchi avevano ottenuto. Il tempo in cui si diffondevano idee di riforma e di rinnovamento. Questa campagna liberale ebbe il suo culmine fra il 1850 e il 1860, al tempo della lega di Cobden, al tempo in cui vari paesi avevano adottato un regime di larga libertà commerciale.

L'8 dicembre del 1849 il papa aveva pubblicato un'enciclica contro il socialismo e la rivoluzione. Cristiani liberali come Pressensè, Laboulaye, sostenevano le loro idee nella politica, nella filosofia e nella scienza, ma andavano assumendo sempre meno importanza. L'influenza delle idee «sociali» si faceva sempre più grande, la marea socialista saliva sempre più in alto, e gli sforzi fatti dai cristiani liberali non furono coronati da successo.

Già nel 1864 Pio IX aveva condannato il liberalismo religioso con l'enciclica *Quanta cura*; nel 1891, Leone XIII condannava anche il liberalismo politico ed economico con l'enciclica *Rerum Novarum*.

«Un rapido esame della storia del cristianesimo sociale ci mostrerà ancora che il *movimento religioso subisce l'influenza delle grandi correnti sociali*. Fra il 1830 e il 1840, fuori del partito cattolico, si delineava in Europa un movimento generale in favore delle idee socialiste. Queste idee trovarono seguaci fra i cattolici in Francia, fra i protestanti in Inghilterra e in Germania, a favore delle classi popolari e non solo».

Così in quel tempo si osserva anche l'importanza acquistata dai socialisti in Polonia, in Belgio, in Austria dove i cattolici sociali procurano di organizzare il popolo, e di trascinarlo con metodi che spesso non hanno nulla da invidiare a quelli dei socialisti.

In Italia, assistiamo al grande progresso dei socialisti e dei cattolici, che prendono parte attiva alle elezioni amministrative e politiche. «Una delle principali ragioni di questo mimetismo sociale, di questo adattamento del movimento religioso alle grandi correnti sociali è l'imitazione, più incosciente che cosciente, dell'ambiente nel quale viviamo».

La Chiesa riprende il suo posto in mezzo alla

236

popolazione, alle istituzioni sociali, alle masse popolari, riappropriandosi di un ruolo, che era stato ostacolato per secoli: rinnovare con nuovo ardore la missione di Gesù, degli Apostoli, dei vescovi e dei papi del Medio Evo, per ricondurre tutte le classi della società sotto la legge di giustizia e di carità cristiana.

«Tuttavia, in generale, anche quando i cattolici e i protestanti sociali più si avvicinano ai socialisti, il loro ideale è un ritorno al passato. In genere, essi domandano la ricostituzione delle corporazioni obbligatorie, come nel Medio Evo: il divieto del lavoro delle donne e dei fanciulli nelle fabbriche, la distruzione della grande impresa e la protezione ed estensione della piccola industria, del piccolo commercio e della piccola proprietà».

A questo punto mi pongo una domanda: «Quali, i risultati dell'attività sociale dei cattolici e dei protestanti sociali? Dal punto di vista legislativo, i cattolici sociali non hanno avuto un'influenza diretta che in Austria e in Belgio, dove i cattolici sono al potere da lungo tempo, e le cui riforme non hanno nulla di confessionale: la creazione del ministero del lavoro (1895), il voto della legge sui regolamenti di officina, della legge sul contratto di lavoro (1896 e 1899), della legge sugli infortuni del lavoro (1899) e sulle pensioni per la vecchiaia (1900), sono riforme non più cattoliche che socialiste.

Quanto a ciò che si chiama azione sociale, diretta, senza intervento statale, vediamo che i cristiano sociali non hanno innovato nulla. Talvolta hanno meglio organizzato le istituzioni, ma, nella maggior parte dei casi, essi hanno adottato i metodi socialisti. I socialisti fondano società operaie? I cristiani sociali creano istituzioni analoghe. I socialisti aprono cooperative? I cristiani sociali fondano a loro volta delle cooperative. In tutto, nei mezzi, nei metodi di propaganda e di organizzazione dei lavoratori, essi hanno copiato i socialisti, ma non hanno ottenuto lo stesso successo. Le società operaie fondate in Inghilterra dai protestanti sociali, non si sono diffuse. In Francia le società operaie fondate dai cattolici non hanno prosperato. In Germania, il movimento operaio cattolico, è andato ad ingrossare le file socialiste. In Belgio, il movimento di fondazione di società operaie, cominciato con grande successo, s'è arrestato d'un colpo, incapace di progredire da sé».

Le cause di questo insuccesso sono molteplici. Anzitutto, i socialisti fanno brillare agli occhi degli operai un avvenire più seducente di quello che promettono i cristiani sociali. Inoltre, mentre nelle società socialiste gli operai hanno la sensazione di essere uomini liberi, in quelle dei cristiani sociali, essi sentono continuamente la loro personalità diminuita, schiacciata dall'invadente attività dei capi. La separazione tra operai socialisti e operai cattolici facilita la vittoria degli imprenditori, in quanto la mancanza di unità e di organizzazione non consente di far valere gli interessi di classe.

I cristiani sociali hanno avuto presa solo su una classe sociale: quella dei piccoli proprietari fondiari, sulla quale le dottrine socialiste non fanno alcun effetto. Il loro successo nel Nord Italia, è completo, ed ha avuto per risultato un miglioramento sensibile delle sorti di quella classe. Pur imitando quanto facevano i socialisti, non è successo così fra gli operai dell'industria. In questo caso, dissimulando le loro opinioni ed aspirazioni, hanno intrapreso un cammino obliquo, agitando le masse nel campo politico, sotto la bandiera nazionalista o antisemita. «Così assistiamo a un movimento che trascina sempre più verso l'azione politica i partiti religiosi e sociali». [100]

49. I Sistemi teorici

Molti sistemi socialisti sono rimasti semplici concezioni dello spirito, non avendo avuto applicazioni pratiche: e se talvolta si sarebbe tentati di riconoscerne alcune fra i regimi esistenti, un esame più approfondito non tarda a mostrare che si tratta di organizzazioni sviluppatesi spontaneamente, che si cerca di giustificare a *posteriori* con considerazioni teoriche. LI dunque di fatti psichici, di prodotti della mente umana, che avremo principalmente a occuparci.

Nell'Introduzione abbiamo già messo in guardia il lettore, contro un'illusione che, in questo proposito, potrebbe facilmente verificarsi. Non bisogna credere, poichè noi ci fermeremo lungamente a esaminare il valore logico di certe concezioni, che questo valore abbia grande importanza pratica. In questo esame, noi procediamo come. il grammatico che studia la morfologia omerica: in fondo, questa morfologia non ha avuto che poco o punto rapporto con la bellezza dei poemi omerici, che son piaciuti a tante generazioni, per motivi del tutto diversi da quelli dell'uso di questa o quella forma verbale.

Abbiamo visto che le organizzazioni socialiste sono caratterizzate dal fatto ch'esse riducono a un minimo la proprietà privata. Si può, secondo la loro forma, raggrupparle in tre grandi categorie: i

sistemi religiosi; 2° i sistemi metafisici; 3° i sistemi

scientifici. È bene inteso che questa classificazione, come la maggior parte delle classificazioni scientifiche, non ha nulla di assoluto, e che vi è buon numero di sistemi, i quali appartengono in parte a una categoria, in parte a un'altra.

I sistemi religiosi hanno il fine di stabilire un genere di vita che si suppone gradito alla divinità o che, in modo più generale, è in armonia con certi sentimenti religiosi. Bisogna ben notare, infatti, che questi sentimenti possono esistere, senza avere per oggetto la forma concreta di una divinità personale. Il buddismo ne è un esempio; il *positivismo,* almeno come lo concepiva A. Comte nei suoi ultimi anni, ne è un altro. Questo *positivismo* ha più di un tratto comune col cattolicismo; esso ha, del resto, un culto assai complicato. D'altra parte, ha spesso fatto ricorso a concezioni metafisiche. P un sistema misto, che può essere classificato, secondo il punto di vista da cui ci si colloca, nella prima o nella seconda delle categorie dianzi stabilite.

I sistemi religiosi, come i sistemi metafisici, mettono al secondo piano la parte economica dell'organizzazione, la felicità terrestre degli uomini. Non si nega che questa felicità possa anche essere raggiunta, ma in modo accessorio, mentre si persegue tutt'altro fine.

Gli antichi metafisici hanno cercato di provare l'identità della felicità con la saggezza, come essi l'intendevano. Era impossibile, secondo loro, che il saggio fosse infelice (1). Aristotele afferma che la migliore amministrazione della città è quella che assicurerà a tutti la maggiore somma di felicità, e che la felicità consiste nel fare uso

della virtù, non di quella condizionata, ma di quella semplice, avente per fine il bello e il buono. [101]
Come tipi di sistemi socialisti religiosi, si possono citare parecchi dei sistemi che abbiamo già studiato: quelli dei monaci buddisti, dei monaci cattolici, degli Shakers, ecc. [102]

50. I sistemi metafisici

I sistemi metafisici si propongono di regolare la condotta degli uomini secondo principi che, come del resto quelli dei sistemi religiosi, sfuggono alla verifica dell'esperienza; ma la metafisica si rivolge alla ragione, mentre la religione parla al sentimento. La *Repubblica* di Platone è l'archetipo dei sistemi metafisici.

I sistemi scientifici cercano la felicità degli uomini su questa terra e fanno uso, o almeno cercano di fare uso, dell'osservazione, della esperienza e della logica. Naturalmente, seguendo questa via, si può anche sbagliare, sia perchè le osservazioni sono imperfette o erronee, zia perchè il ragionamento non è probante; ma si tratta di errori nell'applicazione del metodo, non che il metodo stesso sia errato. Tipo di tali sistemi è il socialismo detto *Marxista,* almeno nella sua parte teorica. In pratica, la ragione cede spesso il posto a sentimenti, che si possono comprendere fra i sentimenti religiosi.

Se lasciamo per un momento da parte il socialismo di Stato e portiamo la nostra attenzione solo sulle tre classi di cui abbiamo ora parlato, vedremo che, di tutti i sistemi in esse compresi, i sistemi religiosi sono quelli che hanno avuto maggiori applicazioni pratiche. Questo fatto è degno di nota; esso conferma l'osservazione che, per cambiare un'organizzazione sociale, bisogna anche cambiare il carattere degli uomini. Ora, la passione religiosa è fra le più grandi forze, che possano attuare questo mutamento. la sola i cui effetti siano così intensi, in senso contrario, come quelli dell'istinto egoista, che spinge gli uomini a procurarsi la maggiore quantità di piacere col minimo sforzo possibile. Sotto questo aspetto, soltanto l'amore sessuale è ad essa comparabile; ma ne è molto inferiore sotto altri aspetti, perchè molto meno esteso nel tempo e nello spazio. Infatti, esso non agisce che durante un periodo assai breve della vita e non impone sacrifici che ad una sola persona o ad un piccolo numero di persone. Di questo genere è anche l'amore materno, notevolmente sviluppato presso molti animali. Altre passioni, come l'amore di patria, che si confonde spesso coi sentimenti religiosi, la devozione ad una casta, l'orgoglio, la vanità, ecc., possono anche prevalere sul sentimento di egoismo. Ma se i loro effetti possono essere intensi per alcuni individui e per un lasso di tempo più o meno lungo, solo eccezionalmente si estendono a tutti gli uomini di un paese e a tutta un'epoca.

I sistemi metafisici non hanno applicazioni pratiche, o quasi. Essi servono tutt'al più, come nel caso del socialismo di Stato, a giustificare a *posteriori* applicazioni che hanno una causa del tutto diversa. La metafisica è una passione che non trascina se non un numero molto piccolo di filosofi e che non agisce assolutamente sul maggior numero degli uomini. [103]

51. I sistemi metafisico-comunisti

Platone ha espresso le sue idee sullo Stato principalmente nella Repubblica e ne *Le Leggi*. Queste due opere possono paragonarsi ai programmi dei socialisti dei giorni nostri: il programma dell'avvenire e quello che è detto *minimum,* per il presente. Bisogna aggiungeste due opere di Platone, *Il Politico* e parecchi passi degli altri loghi.

Le concezioni di Platone sulla società hanno avuto, in ogni tempo, ammiratori; le si trovano nella maggior parte delle utopie socialiste e non sarebbe difficile riportare ad esse buon numero delle declamazioni fatte ai nostri giorni sulla solidarietà. A che cosa è dovuto questo successo? Non certo alla logica, nè all'osservazione, bontà del procedimento con cui si collega il fatto all'idea. Sotto questo aspetto, niente di più pietoso dell'opera di Platone. Se ci si proponesse di ragionare, per partito preso, contro la logica le leggi meglio accertate dell'osservazione scientifica, non si saprebbe far di meglio.

Lo scopo del dialogo: *La Repubblica* non è lo studio della costituzione dello Stato; tale studio non appare che in modo accessorio. Si tratta di sapere che cosa sono il giusto e l'ingiusto, e se è meglio per l'uomo, essere giusto o ingiusto. È per risolvere questo problema che Platone si occupa della società, perchè «la città è più grande di un uomo». Bisogna dunque studiar questa, «la giustizia troverà probabilmente in maggiori proporzioni e potrà più facilmente essere osservata». Questa idea è già alquanto assurda, ma il modo onde è realizzata lo è ancora di più. Invece di studiare, almeno le società esistenti, per scoprirvi quella giustizia, Platone immagina una città perfetta.

In seguito egli osserva che, essendo tale, avere tutte le virtù, cioè la prudenza, la forza, la temperanza, la giustizia; procede per eliminazione, determina più o meno precisamente dove si trovano le prime tre di queste virtù e afferma, che ciò che rimane deve trovarsi l'ultima. Così, egli cerca la «giustizia» in un puro prodotto della sua immaginazione; fissa arbitrariamente un certo numero di virtù, che *devono* trovarsi in ciò che egli ha forgiato; e su questi dati fantastici, vaghi, nebulosi, pretende ragionare con un metodo e un rigore geometrici. Non migliore ragionamento ch'egli impiega per determinare ciò che è uno perfetto. Egli risolve la questione con la questione. Dopo avere immaginato ciò che gli piace, afferma che «la città vera e sana è quella che ha descritto».

Il successo delle concezioni di Platone è dovuto ai sentimenti che esse suscitano per associazione di idee. Le folle amano molto questa ostentazione di sentimenti virtuosi è ciò che le entusiasma per i drammi popolari. Il concetto principale della Repubblica è la creazione di uno stato virtuoso, dove regnano la giustizia e la concordia e dove gli interessi particolari sono subordinati all'interesse generale, cioè dove la solidarietà è perfetta.

La *Città del Sole* di Tommaso Campanella è stata scritta nel 1602 e deve certamente prender posto nello stesso gruppo de *La Repubblica* di Platone, quale, del resto, sembra che Campanella si fosse inspirato.

Le idee principali sono le stesse. Campanella suppone realizzata la sua repubblica ideale; ed è un viaggiatore, che, di ritorno nei paesi, la descrive. Sono naturalmente i filosofi, che governano e, d'abitudine, le difficoltà della scelta degli uomini sono eluse. A capo del governo si trova una persona chiamata *Hoh* o il *metafisico;* egli è assistito da tre altri, chiamati *Pon* o *potenza, Sin* o *sapere, Mor* o *amore.* La *Potenza* si occupa della difesa del paese; il *Sapere,* delle *arti* e dei *mestieri,* delle *scienze,* dell'*istruzione*; l'*Amore,* della *riproduzione.*

Nella *Città del Sole* esiste la comunità dei beni e delle donne. I suoi abitanti dicono che «ogni proprietà nasce dal fatto che sì ha una casa, dei figli e una donna per sè; da qui nasce l'amor proprio, e per avere ricchezze e onori per suo figlio, ciascuno diviene ladro pubblico, s'egli, essendo potente, non teme nulla, o, se impotente, diviene avaro, perfido o ipocrita. Ma quando si perde l'amor-proprio non resta che l'amore per il bene comune». Qui l'autore risponde all'obiezione di Aristotele: che cioè nessuno lavorerà, ciascuno attendendo che altri lavorino. La sua risposta è molto debole, e in fondo è quella data in ogni tempo e si ripete ai nostri giorni, cioè che l'amore che gli abitanti hanno del bene comune basta a farli agire, «l'amore per la cosa pubblica aumentando, a misura che diminuisce quello per la cosa propria». Sulla comunità delle donne, l'autore si estende con la compiacenza che hanno spesso i monaci per le materie erotiche, ma dice nulla di molto nuovo. [104]

52. I sistemi scientifici-Moro-Fourier– Proudhon

Comprendiamo nei sistemi scientifici l'Utopia di Tomaso Moro, perchè l'autore sembra aver preso come guida l'esame dei fatti, piuttosto che una concezione metafisica. In fondo, il suo sistema è assai semplice: consiste nel prendere la via opposta a quella delle pratiche, cui si attribuiscono i mali della società.

Ciò si vede bene a proposito dell'oro e dell'argento. Noi li apprezziamo, gli abitanti dì Utopia li disprezzano; noi li riserviamo agli usi più preziosi, gli abitanti di Utopia li riservano agli usi più vili: «essi bevono in bei vasi di terra o di vetro e fanno i loro vasi da notte in oro o in argento». I signori, al tempo di Moro, portavano ornamenti d'oro, i prigionieri erano legati con catene di ferro. In Utopia sono i prigionieri e gli schiavi, caricati di catene d'oro. Lo stesso contrasto si verifica a proposito delle pietre preziose, che, in Utopia, non sono che gingilli di bambini.

I nobili inglesi consideravano il diritto di caccia come uno dei loro più preziosi privilegi, gli abitanti di Utopia disprezzano la caccia, come un'arte che non conviene se non a macellai, e l'abbandonano ai loro schiavi. I religiosi non si curavano della bellezza del corpo e si mortificavano con digiuni e privazioni. Gli abitanti di Utopia pensane» ch'è follia disprezzare la bellezza, diminuire le proprie forze, mettere la pigrizia al posto dell'operosità, estenuare il corpo con digiuni, compromettere la propria salute e rifiutare le gioie che la natura ci offre. E pudore impedisce ai fidanzati di vedersi nudi; in Utopia un'onesta matrona mostra nuda la fidanzata al fidanzato, e un uomo grave e rispettabile mostra allo stesso modo il fidanzato alla fidanzata. Non sorprende, dopo tutti questi contrasti, che, esistendo presso i popoli in mezzo ai quali Moro viveva la proprietà individuale, in Utopia, al contrario, regni la comunità dei beni. Se Moro non è andato fino alla comunità delle donne, la ragione probabilmente è che, al suo tempo, la monogamia delle classi alte non era che nominale, il rilasciamento dei costumi era in realtà grande. L'uso opposto a quello esistente no» era dunque una maggiore facilità dei rapporti sessuali, ma, al contrario, una monogamia severa, e ciò precisamente si trova in Utopia. Forse è anche per contrasto col dispotismo di Enrico VIII, che in Utopia governo è libero, elettivo e popolare. Moro viveva in un'epoca di feroci persecuzioni religiose; egli attribuisce agli abitanti di Utopia la più larga tolleranza, e racconta che uno di essi, da lui convertito, si mise ad attaccare vivamente, benché egli cercasse di dissuaderlo dalle altre religioni. Questo individuo - egli dice - fu messo in prigione, non perchè avesse attaccato la religione del paese, ma perchè aveva sollevato il popolo, violando un'antica legge, secondo la quale ognuno può avere la religione che gli piace. Si sa che Moro morì vittima della fedeltà alla Chiesa romana; si è dunque sorpresi ch'egli affermi che gli abitanti più ragionevoli di Utopia praticavano una specie di teismo. Egli aggiunge, è vero, ch'essi riconobbero ch'era assai simile alla carità cristiana, quando fu loro rivelata.

Parecchie osservazioni di Moro sono molto sensate. Egli dice che non col rigore delle pene si può far diminuire il numero dei ladri; bisognerebbe, per questo, agire sulle cause che spingono gli uomini a rubare. I soldati mutilati in guerra non possono più lavorare e devono rubare per non morir di fame. Un numero eccessivo di nobili vivono nell'ozio e consumano la ricchezza del paese. Essi hanno numerosi domestici, che quando il loro padrone muore perdono spesso l'occupazione e, non conoscendo alcun mestiere, devono anche andare ad accrescere il numero dei ladri. Moro è severo pei soldati di mestiere; dice che gli assassini sono buoni soldati, e i soldati buoni assassini. Deplora con ragione il costume che aveva il fisco, di appropriarsi gli oggetti rubati; presso uno dei popoli che immagina di aver visitato, il ladro deve restituire l'oggetto rubato al suo proprietario e non al principe, come si fa altrove, perchè si pensa che il principe non abbia più del ladro diritto a quell'oggetto.

Bisogna distinguere con cura, nell'opera di Moro, ciò ch'è descrizione e critica dei fenomeni che si verificavano al suo tempo, e ciò ch'è invenzione di un nuovo stato sociale. La prima parte è molto buona e superiore alla seconda.

Moro scriveva in un'epoca, in cui si verificava una rivoluzione agricola, non solo in Inghilterra, ma anche in altri paesi dell'Europa occidentale, specie in Germania. La coltura in comune di particelle frammischiate scompariva, per dar posto a una coltura più perfezionata, più produttiva, di campi chiusi. In Inghilterra, «la transizione verso le condizioni moderne occupò quasi quattro secoli; ma non si effettuò con eguale rapidità durante questo lungo spazio di tempo, e neppure mai essa toccò uniformemente tutte le regioni dell'Inghilterra. Si ebbero due periodi di rapido cambiamento - così affrettato che si può assai bene chiamarlo una rivoluzione - cioè dal 1470 al 1530 e in seguito dal 1760 al 1830.

Siamo tutti inclini a ingrandire ed esagerare l'importanza degli avvenimenti che vediamo davvicino, e, in tutte le crisi, si nota che i contemporanei prendono per permanente ciò che non è se non accidentale. Le osservazioni di Moro, a proposito della crisi cominciata nel 1470 sono state ripetute a proposito della crisi dal 1760 al 1830, e non differiscono molto da quelle suggerite dalla grande crisi industriale, ch'ebbe luogo al principio del secolo XIX e che segnò l'avvento della grande industria moderna.

A proposito di queste trasformazioni, si pone un

problema importante. Esse finiscono per riuscire vantaggiose alla collettività; sembra dunque utile prelevare una certa somma sulle risorse della collettività, per indennizzare le vittime di tali trasformazioni. Lo scopo si dichiara facilmente, i mezzi per raggiungerlo sembrano molto difficili da trovare, perchè bisogna evitare, volendo guarire un male, di farne nascere un altro peggiore. In Inghilterra, la legislazione sui poveri, che mirava precisamente al fine qui indicato, ha fatto, in certi periodi, più male che bene.

Si esita a mettere fra i sistemi scientifici il sistema di Fourier, per le straordinarie fantasie che contiene, che non farebbero sfigurare un racconto di *Mille e una notte*. Tuttavia, l'organizzazione proposta da Fourier è presentata come dedotta dai fatti col ragionamento logico; ben più, Fourier accetta il criterio dell'esperienza, vi si sottomette, lo invoca, ed è persuaso che il suo sistema uscirà vittorioso da questa prova. I fatti possono essere stati male osservati, il ragionamento può essere cattivo, ma vi è almeno un tentativo di stabilire dei rapporti fra i fatti. Fourier non pontifica, come Augusto Comte; il contrasto fra i due autori è pieno. Quegli vuole tutto permettere; questi, tutto regolare; il primo ci appare un gaio novellatore che, in fondo, desidera anzitutto il bene del prossimo ; il secondo, uno spirito malinconico, che condanna severamente tutte le gioie che l'uomo potrebbe trovare nella vita, e davanti al quale non trovano grazia neppure le gioie meramente intellettuali che può procurare lo studio delle alte matematiche : triste pedante, non v'è sofferenza che non infliggerebbe agli uomini, per rendere la loro vita più « sistematica » o per sottoporli a qualche altra delle sue chimere metafisiche. Lo spirito di Fourier è volto da tutt'altro lato; egli cerca di moltiplicare e raffinare i piaceri degli uomini, e crede di poter far ritornare l'età di oro sulla terra.

Il difetto principale del ragionamento di Fourier sta nell'abuso incredibile dell'analogia. Egli intravede rassomiglianze insignificanti, puerili, anche assurde, fra le cose, e parte di qui, per costruire su questa fragile base un immenso edificio. In generale, trae da un» premessa, anche reale, conseguenze che superano di molto quelle che logicamente ne discendono.

Come tutti i grandi riformatori, Fourier ha la sua cosmologia. Questi riformatori non possono limitarsi a studiare una modesta riforma sociale, la vivace fantasia li trascina, ed hanno bisogno di dirigere l'Universo. La cosmologia di Fourier si fonda su concetti fantastici e analogie bizzarre, il suo ragionamento ne trae un puro romanzo. Alla base della teoria sociale sono fatti reali, il suo ragionamento ne trae conseguenze molto esagerate, ma in cui si trova un fondo di realtà.

Il sistema di Proudhon, *della gratuità del credito e della mutualità,* è un sistema puramente scientifico ed economico. Questo sistema si basa su un fatto che, male interpretato, ha indotto in errore molti autori, e probabilmente ne indurrà ancora molti altri.

La moneta metallica adempie due funzioni essenziali nel fenomeno economico: 1° permette gli arbitraggi fra le diverse merci; 2° serve per la trasformazione dei beni presenti in beni futuri.

La prima funzione è la più apparente; si è stati perciò indotti a considerarla esclusivamente; da ciò sono nate le infinite teorie della *moneta segno* e i suoi infiniti rampolli.

E certo che, per il semplice arbitraggio, qualunque

moneta di carta serve altrettanto bene che la moneta metallica. D'altro canto, si è già da tempo osservato che le fluttuazioni della massa monetaria di un paese non raggiungono questa intera massa, una parte vi è sottratta, certamente o quasi, e questa parte può essere senza inconvenienti sostituita dalla moneta di carta o altra analoga moneta fiduciaria; cosa, die ha effettivamente luogo nella maggior parta dei paesi.

La moneta metallica così risparmiata rappresenta, una, certa somma, di beni economici, e se ne possono fare infiniti usi. Assai comunemente, lo Stato se la fa prestare, senza, interesse, dalle banche, cui concede il privilegio dell'emissione. Questa somma potrebbe ben anche esser prestala senza interessi, o con un Interesse minimo, al privali. È quanto vi è di accettabile nel sistema di Prudhon: il sofisma comincia quando, dal fatto che una certa somma può essere prestata senza interessi, si deduce che una somma qualunque sia, può essere prestata alla stessa maniera, e che l'interesse scomparirà per tutti i capitali.

Ciò che vi è di non buono in questo ragionamento, sono i mali che derivano dall'abuso dell'emissione di una nuova moneta, qualora si emetta della carta moneta che scaccia interamente l'oro dalla circolazione. [105]

PARTE QUARTA

I SISTEMI SOCIALISTI 2

53. L'Economia marxista

Fra le dottrine socialiste, la critica al marxismo, assume più precisa fisionomia, negli ultimi due capitoli. Grande è l'influenza che le idee di Marx hanno esercitato nel trascinare gli uomini verso una determinata direzione.

I concetti di plus-valore e di plus-lavoro, anche se privi di valore scientifico, diventano strumenti potenti di eccitazione sentimentale nell'operaio persuaso di essere "sfruttato" dal padrone e tutti i sofismi tendenti a sostenere tali tesi rafforzano la dialettica marxistica per il fatto che essa illumina con chiarezza sentimenti fino allora latenti nell'animo dei seguaci.

«Il capitale di Marx è il libro santo del socialismo e possiede in grado eminente i caratteri che si notano in tutti i libri santi, ossia l'indeterminatezza e l'oscurità. I marxisti parlano con disdegno della gente che non comprende Marx; ma, siccome non si accordano affatto tra loro, bisogna ammettere che chi ha la disgrazia di non comprendere esattamente ciò che Marx ha voluto dire non è del tutto inescusabile».

Paul Lafargue, rispondendo alle mie obiezioni, scriveva: «Marx *prova* che la quantità di lavoro incorporato in una merce costituisce il suo valore, e che i prezzi oscillano intorno a questo valore"; nessuno oserebbe oggi enunciare una proposizione simile, che un tempo passava come certa fra i socialisti. Nel 1894, F. Engels ha pubblicato il terzo volume del *Capitale*, e successivamente ha scritto un articolo importante, destinato a chiarire le difficoltà sollevate: vi si trova che la legge del valore ha regnato durante un periodo da cinque "a sette migliaia di anni, che si estende dal principio dello scambio, trasformatore dei prodotti in merci, fino al XV secolo della nostra era. Ma che cosa vale oggi? Se si ammette l'interpretazione di Frederic Engels, come ci si può servire, per ragionare sull'economia capitalistica, di una legge che ha perduto il suo valore dopo la fine del secolo XV? Che significa la teoria di Marx?».

Marx lo si interpreta nei sensi più opposti. «Infatti vi sono nel marxismo tre dottrine. Una dottrina *ermetica*, una dottrina *esoterica*, e una *essoterica*, per la propaganda e le riunioni pubbliche. Ma in realtà può darsi che la dottrina *ermetica* non esista se non nella mente degli esegeti di Marx. L'esegesi degli ignoranti è sempre molto più logica e chiara di quella degli studiosi.

L'esame dell'opera di Marx sarà dunque fatto qui, dando ai termini che vi si trovano unicamente il senso che hanno nel linguaggio, senza cercare di penetrare i sublimi misteri che possono nascondere.

Le previsioni di Marx e di Engels, a proposito dell'evoluzione economica, alla nostra epoca, non si sono verificate. È questo un fatto, che tutte le più sottili logomachie del mondo non potrebbero distruggere. Le crisi economiche dovevano divenire sempre più intense e portare alla rovina della società "capitalista". Al contrario, esse si sono attenuate. La povertà è diminuita, o in ogni caso non è aumentata; la classe media non è scomparsa; le piccole imprese sussistono e si sviluppano, la concentrazione crescente della ricchezza non si verifica».

Dal punto di vista dell'originalità dei concetti, la parte economica non costituisce il punto centrale delle opere di Marx. In realtà, sebbene il *Capitale* sia l'opera più estesa di Marx, è nel *Manifesto del Partito Comunista*, che si trova questo punto centrale, e il *Capitale* non è che un'appendice, destinata a sbarazzare il terreno delle obiezioni che si potrebbero fare alla dottrina, fondandosi sull'economia politica.

L'opinione che si ricava dopo aver letto tutto il *Capitale* è la mancanza di unità. Secondo me «l'autore vede chiaramente lo scopo che vuole raggiungere, ma non vede così chiaramente la via da seguire per raggiungerlo; ne tenta parecchie, quando vede che una di queste lo porta fuori strada, ne prende un'altra opposta alla prima, senza curarsi delle contraddizioni che possono risultarne (...).

Beninteso, noi non pensiamo affatto di accusare Marx di avere consapevolmente alterato la verità; ma, come tutti gli autori che difendono appassionatamente una tesi, egli è trascinato, a scegliere gli argomenti, non a causa della dose di verità intrinseca che essi potessero contenere, ma piuttosto a causa dei vantaggi che potesse trarne la sua tesi».

Ora, bisogna notare che, per la tesi di Marx contro il capitalismo, sarebbe utile che in effetto il «capitale» fosse esclusivamente del denaro, che, come si è tanto spesso ripetuto, è una «materia sterile». Ohi condivide questo modo di vedere trova la sua opinione espressa in molte frasi del *Capitale,* riconosce nel «possessore di denaro, l'uomo dagli scudi», l'eterno nemico del proletario ed è pienamente soddisfatto. E il terreno, sul quale si è posto francamente Proudhon, ma egli è stato troppo apertamente affermativo; e ciò può contentare le persone poco istruite, ma si presta facilmente alle critiche delle persone che hanno qualche nozione di economia politica. Marx, al contrario, grazie a proposizioni che hanno significati diversi, riesce a contentare tutte queste persone; successivamente, in verità, e senza troppo curarsi delle contraddizioni in cui cade.

Ciò che v'è di vero nella sua «formula generale del capitale», si ottiene considerando ciò ch'egli chiama *A*, non come moneta, ma come numerario, come una semplice valutazione. La divisione del lavoro ha per effetto che l'uomo non lavori e non impieghi i suoi capitali per produrre direttamente le cose che desidera, ma per procurarsele indirettamente, a mezzo del salario o altri guadagni. Lo scopo dell'imprenditore è di procurarsi un utile valutato in numerario.

Ora, è certo che i tre fenomeni economici seguenti non possono essere identici: 1° Gli uomini lavorano e impiegano i loro capitali unicamente per procurarsi i beni di cui hanno direttamente bisogno. Si ha così una moltitudine di economie isolate. 2° La divisione del lavoro fa sì che gli uomini lavorino e impieghino i loro capitali, per procurarsi beni di cui non hanno alcun bisogno, ma che servono loro per procurarsene altri, di cui hanno bisogno. Appare l'imprenditore; è costituita l'«economia sociale». 3° La divisione del lavoro e le sue conseguenze sussistono, ma lo Stato è divenuto il solo imprenditore, i capitali sono collettivi.

La questione è di sapere quali sono i punti, nei quali queste diverse «economie» coincidono, e quali i punti in cui differiscono. L'economia politica risolve questo problema. Non possiamo trattarlo qui. Ci basterà osservare che Marx esagera al di là di ogni misura alcune di queste differenze. [106]

54. La teoria del valore

La *teoria del valore* ci darà un altro esempio molto

notevole del metodo di Marx.

Bisogna anzitutto osservare che si stabiliscono le leggi del valore prima di aver definito questo *valore*. Nel primo volume del *Capitale* si dice ciò ch'esso non è. Una nota ci avverte che certe cifre «non hanno valore che a titolo esplicativo. In effetti, si sono supposti i prezzi = ai valori. Ora, si vedrà nel libro III che questa eguaglianza, anche per i prezzi medi, non si fa in modo così semplice». Questa mancanza di definizione del termine valore non colpisce immediatamente, perché, Marx, sin dalle prime righe del Capitale, sembra trattare del valore di scambio degli economisti. «Il valore di scambio appare prima come il rapporto quantitativo_, come la proporzione nella quale dei valori di uso di specie diversa si scambiano l'uno con l'altro» Qui non v'è nulla di oscuro, ma questo valore è il prezzo di una merce in un'altra, e se quest'altra merce è la moneta, questo valore è il prezzo. È, del resto, il senso che ad esso sempre dà Marx; egli avverte che non è il prezzo, ma ne parla come se lo fosse. Quando egli dice «20 metri di tela = 1 abito = ...= 2 once d'oro» è impossibile non riconoscere il prezzo.

La teoria del *valore* non si stabilisce sull'entità misteriosa che sarà definita al libro III, ma sui rapporti di scambio, i valori di scambio, i prezzi. «Prendiamo ancora due merci, siano del frumento e del ferro. Qualunque sia il loro rapporto di scambio, esso può essere sempre rappresentato da un'equazione, nella quale una quantità di frumento è ritenuta eguale a una quantità qualsiasi di ferro, per esempio un quarto di frumento = *a* chilogrammi di ferro. Che cosa significa questa equazione? Significa che in due oggetti diversi, in un quarto di frumento e in a chilogrammi di ferro, esiste qualcosa di comune. Questo qualcosa di comune, che appare nel rapporto di scambio o nel valore di scambio delle merci è, per conseguenza, il loro valore; e un valore d'uso, o un oggetto qualunque. non ha un valore, che in quanto del lavoro umano è in esso materia- lizzato. Come misurare ora la grandezza del suo valore? Dal *quantum* della sostanza "creatrice di valore" contenuta in esso, del lavoro».

È dunque perfettamente chiaro che la proposizione fondamentale dell'opera di Marx, proposizione che stabilisce l'eguaglianza fra la misura del *valore* e la quantità di lavoro, è dimostrata precisamente per un rapporto di scambio (un quarto di frumento = *a* chilogrammi di ferro), ossia per un prezzo, se in questo esempio il ferro è preso per moneta. Se ora vi è un altro valore, che non coincide col prezzo, niente prova che la dimostrazione precedente possa applicarvisi, e perciò non possiamo sapere se esso è, o non, del *lavoro cristallizzato*. Marx dimostra una proposizione per una certa entità, e l'applica a un'altra.

Ma vediamo che cosa si dice nel libro III. « Le seguenti condizioni devono essere adempiute, perché i prezzi cui le merci sì scambiano corrispondano approssimativamente ai loro valori : 1° Lo scambio deve cessare di essere un avvenimento eccezionale o occasionale ; 2° Le merci, in quanto scambiate per baratto, devono essere prodotte in quantità approssimativamente corrispondenti ai bisogni delle parti in presenza (questa condizione risulterà dallo scambio stesso, perchè è l'esperienza, che farà conoscere quali sono le quantità necessarie) : 3° Nessun monopolio, naturale o artificiale, deve permettere ad una delle parti di vendere al di sopra del valore, o costringerla a cedere al disotto»...Molto

257

bene; ma nessuno ci ha avvertiti di queste condizioni essenziali, quando si è posta l'equazione: 1 quarto di frumento = a chilogrammi di ferro; ed è ragionando *esclusivamente* su tale equazione, senza altre condizioni, che Marx ha dimostrato (o crede di aver dimostrato) che il *valore* è del lavoro cristallizzato. Ora che la dimostrazione è fatta, noi non possiamo introdurre nuove condizioni che non figurano nell'enunciato. Dopo aver dimostrato il teorema del quadrato dell'ipotenusa, ragionando su un triangolo rettangolo, non possiamo introdurre la condizione che i tre angoli del triangolo sono uguali.

La seconda delle condizioni poste da Marx merita di fermare la nostra attenzione. Che cosa vuol dire la proposizione: «perchè il prezzo cui le merci si scambiano corrispondano approssimativamente al loro valore... le merci devono essere prodotte in quantità corrispondenti ai bisogni delle parti in presenza»? Vi sono due interpretazioni possibili. 1° Si potrebbe supporre che i bisogni sono qualche cosa di fisso. Gli uomini, per esempio, hanno bisogno di tanti chilogrammi di carne per testa ogni anno. Alla teoria che mette la misura del valore nel lavoro, obiettate che da un secolo la quantità di lavoro contenuta in un chilogrammo di carne di bue non è molto mutata, mentre il valore di questa merce è molto aumentato; si può rispondere che ciò avviene perchè la carne è prodotta in quantità inferiore ai bisogni. Se ammettiamo questa interpretazione, Marx farebbe qui uso dello stesso procedimento, che più oltre gli vedremo adottare per i coefficienti di fabbricazione. La loro variabilità economica lo mette in imbarazzo; egli li suppone determinati unicamente dalle condizioni tecniche. La variabilità economica dei consumi (dei bisogni che vi corrispondono) lo mette in imbarazzo; egli suppone questi consumi o bisogni determinati indipendentemente dal fenomeno economico. Bisogna notare che, agendo in tal modo, si perviene necessariamente a una teoria esatta. Il valore dipende da una quantità di circostanze. Sceglietene una a caso; se supponete che le altre restino costanti, voi potrete affermare che il valore varia unicamente quando varia la circostanza che avete scelta, ch'esso è misurato dall'unica quantità dipendente da questa circostanza. Il sofisma consiste nel sopprimere la condizione che le altre circostanze, per *ipotesi*, non varino. Il valore dipende dal lavoro e da molte altre quantità; è perfettamente vero che, supponendo che queste altre qualità non varino, il valore non dipende più che dal lavoro.

Ma questa supposizione non è che una semplice ipotesi. In realtà, tutte queste quantità variano. I bisogni non sono fissi, ma variabili; i consumi che li soddisfano possono essere dei più vari. Possiamo sostituire, nell'alimentazione, la carne di bue con la carne di maiale, o di montone, con la selvaggina, i pesci ecc. Le case possono essere costruite in legno, in ferro, in pietra, in mattoni ecc. Di una data merce, non esiste una quantità che corrisponda ai nostri bisogni. Questa quantità dipende essa stessa dal valore della merce. Facciamo delle casseruole in rame, una certa quantità di rame si suppone corrispondere a questo bisogno; ma se domani l'argento divenisse meno caro del rame, potremmo fare le nostre casseruole in argento.

2° Per eliminare questa difficoltà, possiamo adottare un'altra interpretazione, che si appoggerà su ciò che Marx aggiunge, cioè sulla proposizione, che la condizione di cui si è ora trattato «risulterà dallo scambio stesso, perchè è l'esperienza, che farà conoscere quali sono le quantità necessarie». Solo, sotto questi termini si nasconde semplicemente l'antica legge dell'offerta e della domanda. Senza dubbio, lo scambio «farà conoscere quali sono le quantità che sono necessarie»: l'aumento della domanda farà aumentare il prezzo di certe merci, l'aumento dell'offerta farà diminuire il prezzo di certe altre, e così arriveremo a una posizione di equilibrio; allora, se notiamo le quantità scambiate, «l'esperienza» ci fa conoscere le quantità necessarie.

Così, abbandonando le leggi dell'offerta e della domanda, avevamo cominciato con l'affermare che il valore non è altro che lavoro cristallizzato, ed eccoci, dopo molti zigzag, ritornare a quella legge, poiché la nostra teoria si riduce a dire che il valore è misurato dal lavoro, purché siano soddisfatte le condizioni poste dalla legge dell'offerta e della domanda.

Si vede sempre lo stesso modo di ragionare. Quando alcune circostanze ci disturbano, le sopprimiamo *per ipotesi,* cercando di far passare questa ipotesi per la realtà.

La terza condizione posta da Marx concerne l'obiezione che si potrebbe fare contro la sua teoria dell'esistenza della *rendita.* Per evitarla, egli esclude i casi nei quali si nota la rendita.

Marx si sbarazza ancora di un'altra obiezione. Egli aggiunge: «L'ipotesi che, in ciascun ramo della produzione, la merce è venduta al suo valore, significa che questo valore è il punto intorno al quale i prezzi di quella merce oscillano, e al quale si stabilisce l'equilibrio dei loro aumenti e delle loro diminuzioni continui».

Marx ha ragione di eliminare - come del resto fanno tutti gli economisti - le variazioni accidentali, secondarie, dei prezzi. Egli ha pure ragione di trattare - come anche fanno gli economisti - la teoria dei prezzi, distinta dalla teoria della *rendita*. Ma ha torto di non spiegarsi, e di lasciar credere che tratta di una cosa, mentre tratta di un'altra. È questo torto è tanto maggiore, in quanto tale ambiguità si trova ad essere favorevole alla tesi ch'egli sostiene.

La terza condizione posta da Marx è chiara; essa è data per quella che è, cioè per un'ipotesi o condizione arbitraria, e, a parte che essa è enunciata un po' tardivamente, non v'è nulla da obiettare al suo impiego. Pel rimanente della teoria del valore, il sofisma non consiste affatto nel porre certe condizioni, ciò che ogni autore è sempre libero di fare, ma nel non indicarle chiaramente e nel cercare di ingannare sulla loro natura.

Il procedimento che consiste nello stabilire una proposizione sotto certe condizioni è, non solo legittimo, ma necessario. Ogni fenomeno concreto, l'abbiamo detto e ripetuto, non può essere conosciuto in tutti i suoi dettagli; la scienza non può studiarlo, che isolando i diversi caratteri che presenta e considerandoli l'uno dopo l'altro.

Solo, bisogna avere gran cura di indicare quale è precisamente il carattere che si studia. Questa indicazione fa parte integrante della dimostrazioni e non può esserne separata. Non si può enunciare una proposizione, lasciando al lettore la cura di completarla e di scoprire a quali condizioni essa è vera. Se queste condizioni sono lasciate nel vago, ogni proposizione può esser vera. Qualunque teoria del valore, enunciata a caso, sotto certe condizioni che rimane da scoprire, sarà sempre vera.

Ora possiamo vedere l'origine e lo scopo di tutti questi ragionamenti. Per la tesi di Marx, sarebbe utile che i prezzi delle merci fossero effettivamente misurati dalla quantità di lavoro; ch'è l'interpretazione dell'esegesi popolare, e la sola che renda logico il ragionamento di Marx. Ma espressa in questa forma, essa è esposta a un'obiezione, che si presenta immediatamente allo spirito: il prezzo del grano varia da un giorno all'altro, e tuttavia la quantità di «lavoro cristallizzato» che contiene è la stessa. Rispondiamo a questa obiezione, eliminando precisamente quelle variazioni accidentali dei prezzi; non è che un certo prezzo medio, che rappresenta del lavoro cristallizzato.

In seguito si presentano molte altre obiezioni. Voi affermate che il valore non dipende, che dalla quantità di lavoro; ecco un gran numero di altre quantità, che si presentano nel fenomeno economico; per mostrare che il valore ne dipende, noi ricorreremo al metodo generalmente impiegato, detto delle variazioni concomitanti; cioè faremo variare quelle quantità, e mostreremo che allora anche il valore cambia. Marx spezza quest'arma nelle mani dei suoi avversari, impedendo in tutti i modi possibili che quelle quantità si facciano variare. Per questo, talvolta prende la media dei diversi valori di una di quelle quantità, ciò che fa scomparire le differenze di questi valori, e, perciò, le variazioni della quantità; altra volta rende per ipotesi costante uno o parecchi di questi valori, che è un mezzo radicale di sopprimerne le variazioni, e omette di enunciare la sua ipotesi, o la enuncia in termini oscuri e si sforza di darle i caratteri di un fatto sperimentale; altra volta, come nell'esempio ora citato della legge dell'offerta e della domanda, rende indirettamente costanti una o parecchie di quelle quantità, supponendo soddisfatte certe condizioni che le determinano, e qui ancora il carattere ipotetico del ragionamento è finché possibile dissimulato.

E chiaro che questo genere di sofismi può servire in ogni sorta di ragionamenti. Io voglio, per esempio, provare che il salario di un operaio non dipende che dalla sua età. Mi si obietta che vi sono operai della stessa età che guadagnano salari diversi.

Prendo la media di questi salari, le differenze che presentavano scompaiono, e la mia proposizione è dimostrata. Oppure, in altro modo, dico che la mia proposizione è vara, purchè le diverse quantità di lavoro che si presentano sul mercato corrispondano al bisogno che se ne ha. L'esperienza dello scambio determinerà queste quantità. Ecco spiegate le differenze dei salari, che mi si opponevano. Avendole eliminate, la mia proposizione si trova avverata.

Lasciamo a Marx completare la sua enumerazione. «...Le merci sono scambiate, non semplicemente come merci, ma come prodotti dei capitali, che rivendicano nel plusvalore totale una parte, in rapporto con la loro importanza».

Notate la contraddizione. Si comincia col dirci che, messo da parte il valore d'uso, non resta più alle merci, che di essere il prodotto del lavoro; e poi, ecco, si scopre che resta loro anche un altro carattere: quello di essere il prodotto dei capitali!

La causa di queste contraddizioni è sempre la stessa. Per difendere la sua tesi, Marx si lascia trasportare ad asserzioni azzardate. Poi torna sui suoi passi e cerca di rettificarle, ma poiché mantiene la proposizione primitiva e quella modificata, la contradizione balza necessariamente. Quanto all'esegesi, questa contradizione non la turba minimamente. In mancanza di altre ragioni, essa può sempre rispondere che ogni proposizione è vera in un certo campo, o sotto certe condizioni, che l'autore non si è degnato di indicare e che ci restano ignote. Così, è impossibile

263

prendere un autore in difetto. Se uno vi dice che le grandi strade sono seminate di oro, di rubini, di smeraldi, non andate a gridare: ciò è vero... nel romanzo di Candido. [107]

55. Il Capitale

Il primo volume del *Capitale* presenta, rispetto agli altri, differenze che non sembrano dovute esclusivamente al fatto, che il primo volume è il solo che Marx abbia interamente compiuto, mentre gli altri sono stati pubblicati su note staccate, ch'egli non ha avuto il tempo di fondere in un tutto omogeno. Le teorie del primo volume sono molto più chiare e logiche di quelle degli altri volumi; così, servono esclusivamente di base all'interpretazione volgare. Nel primo volume si vede un autore che va diritto al suo scopo e vibra colpi decisivi; in seguito, mostra di aver visto alcuni punti deboli delle sue teorie, e si sente ch'egli si dedica a un'opera di rattoppo, ma non lo fa che a malincuore, e non vuole in alcun modo aver l'aria di tornare indietro.

Abbiamo visto come la teoria del valore, che si annunzia così fieramente dalle prime pagine del primo volume, che ha un'andatura così bella, precisamente ciò che occorre per battere in breccia il sistema «capitalista», si modifica e dissecca negli altri volumi; e abbiamo anche visto come la formula generale del capitale, semplice e chiara nel primo volume, si complica e diviene esitante negli altri. Il fatto è generale. Nel primo volume, il capitalista e l'imprenditore sono confusi, che è, del resto, l'errore dell'antica scuola inglese; negli altri volumi v'è almeno il tentativo di separarli. Nel primo volume ci dice: «dati il valore della forza di lavoro e il saggio del plus-valore» in altri termini, - i limiti della giornata e la sua divisione in lavoro necessario e sopra-lavoro, - la massa totale del valore, incluso il plus-valore, che un capitalista *realizza,* è esclusivamente determinai dal numero degli operai che sfrutta, e questo numero stesso dipende dalla grandezza del capitale variabile ch'egli anticipa». Ecco ch'è chiaro, ed è ciò che noi possiamo desiderare di meglio, per mostrare come il «capitalista» si arricchisce *esclusivamente* sfruttando gli operai. Più ne sfrutta, più guadagna. Ma nel terzo volume la scena cambia : « Benché la vendita delle merci restituisca i valori dei capitali che sono stati spesi per produrle, ciascun capitalista non riceve esattamente la quantità di plus-valore e di profitto prodotta dal ramo di industria al quale appartiene ; la quantità che gli spetta in divisione è proporzionale alla sua partecipazione al capitale totale della società e all'insieme del plus-valore e del profitto creati da questo capitale... I capitalisti sono dunque nella situazione degli azionisti di una società, che distribuisce tanto utile per cento, e la loro situazione, quanto al profitto, non differisce dall'uno all'altro, che secondo l'importanza della loro partecipazione all'insieme delle imprese della società, secondo il capitale che vi hanno impiegato, secondo le azioni che vi hanno preso».

Ciò è detto, per spiegare la «formazione di un saggio generale del profitto».

Si tratta ora di togliere la contraddizione che sembra esistere fra questi due passi. Per vedere come Marx vi riesce, bisogna prima ricordare alcune definizioni, che hanno una funzione capitale nelle sue teorie. «Nel corso della produzione, la parte del capitale che si trasforma in mezzi di produzione, cioè in materie prime, materie ausiliario e strumenti di lavoro, non modifica dunque la grandezza del suo valore. È per questo che noi la chiamavamo parte costante del capitale o, più brevemente, *capitale costante.* Al contrario, la parte del capitale trasformata in forza di lavoro cambia di valore nel corso della produzione. Essa riproduce il suo proprio equivalente, e di più un'eccedenza, un plus-valore, che può esso stesso variare ed essere più o meno grande. Questa parte del capitale si trasforma continua- mente da grandezza costante in grandezza vari a bi le. E per questo, che noi la chiamiamo parte variabile del capitale o, più brevemente: *capitale variabile*».

Tutta la teoria di Marx si basa su questa distinzione. «Il valore del capitale variabile eguaglia il valore della forza di lavoro ch'esso acquista». Ma l'operaio produce un valore più grande, la differenza è il plus-valore; il rapporto di questo plus-valore al valore della forza di lavoro o, che fa lo stesso, al capitale variabile, misura il saggio del plus-valore è «l'espressione del grado di sfruttamento della forza di lavoro da parte del capitale, o del lavoratore da parte del capitalista». Tutti i fenomeni economici sono studiati da Marx in rapporto a questo saggio di sfruttamento e, perciò, al capitale variabile.

Sarebbe molto utile alla tesi di Marx che effettivamente il capitalista realizzasse un plus-valore proporzionale al capitale variabile che impiega, e perciò della forza lavoro che acquista. Ciò semplifi- cherebbe enormemente la teoria e la renderebbe chiara e logica. Disgraziatamente, quell'asserzione urta contro i fatti, che in gran numero la contraddicono, e si può dire che Marx è soprattutto occupato a ristabilire l'accordo; ma mentre ottura una falla della sua nave, se ne forma un'altra vicino.

Ecco come Marx fa scomparire la contraddizione fra i

due passi sopracitati. Egli ricorre al suo solito procedimento delle medie. A forza di medie, noi riusciremo bene a sbarazzarci di tutte le differenze che ci disturbano! «Sotto la pressione della concorrenza, tutti i capitali tendono a prendere la composizione media, e come questa è uguale, o quasi, a quella del capitale sociale medio, tutti i capitali, qualunque sia il plus-valore che danno, tendono a realizzare, nei prezzi delle merci che producono, non questo plus-valore, ma il profitto medio».

Se tutti i capitali hanno quasi la stessa composizione, il rapporto del capitale variabile al capitale costante è circa lo stesso in ogni ramo della produzione, lo stesso che pel complessivo capitale sociale; si esprime dunque esattamente la stessa cosa, dicendo che il plus-valore che il capitalista si appropria è proporzionale al capitale variabile che impiega, oppure che è proporzionale alla frazione di capitale sociale che mette in opera.

La falla è otturata. Ma ecco che un'altra se ne apre. È assoluta- mente contrario ai fatti che «tutti i capitali tendono a prendere la composizione media». A chi si farà credere che questa proporzione tende a divenire la stessa, per le modiste e per i possessori di alti forni che producono la ghisa? Che la proporzione dei salari al resto del capitale (proporzione del capitale variabile al capitale costante) è la stessa, per il canale di Suez e per un'impresa di imbianchini? È farsi beffe della gente, a voler fare ammettere simili assurdità. Tutti sanno che, quando sono state costruite le ferrovie, il trasporto su strade ordinarie si è sviluppato parallelamente. V'è alcuno, il quale creda che la proporzione del capitale sia la stessa, nelle imprese ferroviarie e in quelle di trasporti su strada? La composizione media del capitale è la stessa, per la

267

coltura forestale e per la coltura dell'olivo, per i pascoli che servono a molte bestie sotto la sorveglianza di un solo uomo e per la coltura degli ortaggi? Ma è inutile insistere su cose evidenti, e l'errore è manifesto.

È vero che l'esegesi scientifica avrà sempre la risorsa di dire che Marx, affermando che «tutti i capitali tendono a prendere la composizione media», ha voluto dire ch'essi non tendono affatto a prenderla. Chi sa, forse egli non ha voluto fare, in quei passi, una teoria della composizione del capitale, più che non abbia voluto fare una teoria del valore. Niente è impossibile. Si è scoperto che *l'Iliade* era, secondo Eraclide, una profezia sulla venuta del Messia, e che la *Commedia* di Dante era una specie di criptografia ad uso dei ghibellini. È chiaro che, se si ammette che le parole possono cambiare interamente significato, l'interpretazione non ha più alcun limite. [108]

56. Il collettivismo

La confutazione logica e sperimentale delle teorie di Marx, non implica affatto la condanna del collettivismo. Dal punto di vista logico, abbiamo il diritto di osservare che, quando si parla di plus-valore e di sopra-lavoro, si sostituiscono semplici associazioni di idee ad una dimostrazione rigorosa, ma non abbiamo il diritto di concludere che il collettivismo non sarebbe favorevole al benessere sociale. Se taluno afferma che gli uomini sarebbero più felici ove i mezzi di produzione appartenessero alla collettività, enuncia una proposizione che deve essere esaminata, secondo i caratteri intrinseci di verità che può avere. Essa non è risolta affermativamente, per ciò solo che si dà il nome di plus-valore alla parte prelevata dal «capitalista», ma non è neppure risolta negativamente, pel solo fatto che questa dimostrazione non è buona. Si può dare una cattiva dimostrazione, di una proposizione peraltro vera.

Se il «valore» non fosse che del «lavoro cristallizzato», ne seguirebbe che il «capitalista» usurpa la parte che preleva sul prodotto, è se, per un momento, trascurassimo la complessità dei fenomeni sociali, potremmo concludere ch'è utile istituire il collettivismo, per dare questa parte ai lavoratori. Ma non possiamo dire che, il valore non essendo del lavoro cristallizzato, segue che sarebbe un male istituire il collettivismo.

Bisogna inoltre rettificare l'errore degli antichi economisti inglesi e di Marx, e non confondere il capitalista con l'imprenditore. La collettivizzazione dei capitali, quella delle imprese, quella dei capitali e delle imprese, sono tre specie di collettività teoricamente possibili, e che rimangono distinte. Dal punto di vista pratico, esistono enormi e forse insormontabili difficoltà, a molto estendere una qualsiasi di queste specie di collettività. Ma uno stato di cose, nel quale la maggior parte delle grandi imprese fossero collettive, e il risparmio continuasse ad appartenere ai privati, che ne locassero l'uso, non sembra irrealizzabile: almeno ne abbiamo un esempio, sia pure di modeste proporzioni, nel socialismo comunale. Sapere se tale stato di cose procurerà, o non, il massimo di benessere alla società, è un'altra questione; non è questo il luogo in cui trattarla; dobbiamo limitarci, a esporre solo alcuni degli elementi, che possono servire a risolvere il problema.

Le osservazioni che abitiamo fatte non riguardano che il valore logico o subiettivo delle teorie di Marx; non toccano affatto il loro valore obiettivo, cioè l'influenza ch'esse possono avere esercitato nel trascinare gli uomini in una certa direzione. La storia delle religioni prova ad abbondanza che, come abbiamo spesso ripetuto, si tratta di due cose ben distinte.

Il valore obiettivo delle opere di Marx è stato grande, e lo è ancora oggi. Non è difficile chiarire la ragione di questo fatto.

La religione socialista si rivolge agli operai ed ai piccoli borghesi, soprattutto al proletariato intellettuale, cioè insomma a persone che non mancano di istruzione. Essa dunque difficilmente poteva fare a meno di rivestire una forma scientifica. Ora, le opere di Marx ed Engels presentano un felice miscuglio di passione e di ragione, capace di dare soddisfazione all'esegesi volgare e a quella scientifica. Dal punto di vista letterario, non si può che ammirare la chiara visione del fine, l'energia, la perseveranza, onde Marx ed Engels battono in breccia il regime capitalista. L'attenzione del lettore è sempre, per le vie più diverse, riportata a contemplare i misfatti di questo regime, che sono dipinti coi colori più vivi; senza tuttavia cadere nella declamazione.

Si è a poco a poco portati a condividere l'avversione - forse si potrebbe dire, l'odio - degli autori contro quel regime; e tutto, fino alla scelta dei termini, è calcolato, perché chi ceda, sia pure per un momento, a questo sentimento non possa più riaversi. L'uomo inasprito dalla miseria e dagli sforzi infruttuosi della lotta per la vita, che è o si crede vittima di ingiustizie sociali, trova le sue sofferenze spiegate nelle opere di Marx, che gliene rivelano le cause: il sopra-lavoro, il plus-valore usurpato dal capitalista, il grado di sfruttamento del lavoro; egli prova il vivo godimento che tutti noi proviamo, quando sentiamo spiegare chiaramente sentimenti che, in noi, non esistevano ancora che allo stato confuso. Noi chiamiamo eloquente l'uomo capace di farci provare questa gioia. L'operaio è persuaso che il padrone lo "sfrutta". Marx viene a dare una forma chiara e precisa a questo sentimento istintivo.

Sullo sfondo in cui domina il sentimento, si profilano ragionamenti rigorosi e sottili sofismi. Si può sorridere ai sogni degli utopisti, dei metafisici, degli etici, ma la potenza dialettica di Marx impone il rispetto che merita ogni avversario dotato di una forza non comune, e tale rispetto contribuisce ad accrescere la fede che i discepoli hanno nel loro maestro. L'oscurità, in certi punti, dell'opera di Marx concorre a produrre lo stesso effetto. L'uomo è attratto dal mistero e, quando incominciamo ad ammirare un'opera, anche le oscurità che vi notiamo fanno crescere tale ammirazione.

Inoltre, noi finiamo col credere di averle comprese, di aver sollevato il velo che avvolge il pensiero dell'autore. Da una parte, questa interpretazione, essendo frutto della nostra immaginazione, è necessariamente d'accordo coi nostri sentimenti; noi vediamo nell'opera dell'autore interpretato, ciò che vi mettiamo e, naturalmente, troviamo che sono concetti eccellenti. D'altra parte, l'idea che, mentre il vero significato sfugge alla maggior parte degli uomini, noi soli siamo riusciti a scoprirlo, ci procura vivi godimenti d'amor proprio, che sempre più ci attaccano all'opera interpretata e al suo autore.

Questo autore sa parlare agli operai il linguaggio del loro interesse; mette davanti ai loro occhi un miglioramento materiale delle loro condizioni, è un amico che li tratta da uomini, non un pedagogo che li tratta da fanciulli.

Del resto, quali che siano i motivi che hanno operato

271

all'origine, per fare delle opere di Marx e di Engels le sante Scritture del socialismo, questa scelta, una volta fatta, si mantiene per forza d'inerzia e perché, in genere, le religioni non possono mutare esplicitamente le basi su cui poggiano. Si può cambiarle indirettamente, con l'esegesi e la casistica, ma bisogna sempre rispettarle, almeno in apparenza. È utile avere un segno di riconoscimento, una bandiera; si può scegliere quella che si vuole, ma dopo averla scelta, non la si può più cambiare.

I congressi socialisti che hanno seguito finora questa via; hanno dato prova di saggezza e di sagacia, la quale mostra che sono realmente composti di una eletta.

I congressi socialisti non sono delle Accademie, fondate allo scopo di scoprire teoremi di scienza pura. Sono, anzitutto delle Assemblee aventi uno scopo pratico, dei parlamenti del partito operaio, che marcia alla conquista del potere, della nuova eletta, che vuole spossessare l'antica.

Sotto l'aspetto scientifico, la migliore teoria del valore è quella che meglio si accorda coi fatti; dal punto di vista pratico, dell'evoluzione sociale, è quella che è atta a suscitare sentimenti favorevoli al fine che si vuole raggiungere, o in generale, favorevoli alla migliore forma possibile di evoluzione. Ora, la teoria del valore di Marx non adempie la prima condizione, ma finora sembra aver adempiuto molto bene l'ultima. Essa è stata dunque utile, sotto l'aspetto pratico. Quando avrà cessato di esserlo, si sarà sempre in tempo a mutarne il senso con l'esegesi, o ben anche abbandonarla; in questo caso essa avrà compiuto l'opera che se ne attendeva. [109]

57. La Sociologia di Marx

Ma vi è in Marx una parte sociologica, che è superiore alle altre, e che si trova spesso d'accordo con la realtà. Marx ha un'idea molto netta: quella della lotta delle classi; questa idea ispira tutta la sua azione pratica, ed egli vi subordina tutte le sue ricerche teoriche.

Marx è inoltre dominato da idee che, sebbene un pò vaghe, non mancano di verità, e che sono note sotto il nome di *concezione, teoria, o interpretazione materialistica della storia.*

La parte sociologica dell'opera di Marx è, sotto l'aspetto scientifico, molto superiore alla parte economica.

A proposito della concezione materialistica della storia, ritroviamo le due interpretazioni: l'interpretazione *popolare* e l'interpretazione *scientifica.*

Secondo la prima, scrive Pareto «la concezione materialistica della storia consiste nello spiegare tutto con le condizioni economiche di un popolo, per cui la storia di questo è interamente determinata da quelle condizioni. Dire che una cosa è determinata da un'altra, senza dare, nello stesso tempo, un'idea precisa del modo di collegamento, è dire una bestialità tanto da farci considerare questa dottrina errata. In realtà fra le condizioni economiche e gli altri fenomeni sociali vi è semplicemente uno stato di mutua dipendenza e non già un rapporto di causa a effetto. Anche negli animali, le funzioni nutritive sono in stato di mutua dipendenza con gli altri loro caratteri. Dire che il leone vive di preda perché feroce e ben armato per la lotta, è vero in parte, ma non è più vero del dire ch'è feroce e ben armato per la lotta, perché vive di preda. Dire che un popolo è bellicoso, perché ha una certa specie di produzione economica, non è più vero del dire, che ha questa specie di produzione perchè bellicoso. Cosa vogliamo dire con ciò in ultima analisi? A che epoca dobbiamo risalire per essere sicuri di aver raggiunto l'ultima analisi? Se, per trovare «l'ultima analisi» dobbiamo risalire sempre più in alto arriveremo alla formazione dell'ipotetica nebulosa solare, e potremo allora affermare, che tutto ciò che è accaduto sulla terra, era in germe in questa nebulosa. Proposizioni così generali non hanno alcuna utilità e certo non contribuiscono ad aumentare le nostre conoscenze.

L'interpretazione popolare ha lo scopo di ridurre tutti i fenomeni sociali alle condizioni economiche.

Spesso si aggiunge, come fa Engels, che in ultima analisi tutti i fatti storici si spiegano per *mezzo della struttura economica sottostante*. E tuttavia, è questa in fondo, l'essenza dell'interpretazione popolare che ha portato i volgarizzatori di una nuova dottrina a credere che, per scrivere la storia, bastasse mettere in evidenza unicamente il *momento economico*.

«L'interpretazione scientifica della concezione materialistica della storia si avvicina alla realtà ed ha tutti i caratteri di una teoria scientifica. Essa si confonde, infatti, col determinismo storico, e vede nella storia fatti, di cui si tratta di scoprire i rapporti, per comprendere nelle loro cause e nel loro meccanismo le condizioni di un popolo in un dato periodo.

Siffatto modo di considerare la storia non è né così nuovo, né così «rivoluzionario», come credono i suoi attuali seguaci. Da Tucidide fino a Henry Buckle, Hippolyte Taine ed altri autori del nostro tempo, molti storici hanno almeno cercato di porsi su questa via, e di mettere in rapporto i fatti, astraendo da ogni ideologia.

Se talvolta quest'astrazione non è completa, ciò dipende non dal metodo, ma dal fatto che l'autore si lascia trascinare dalle idee correnti nella società in cui vive, dalle passioni e dai pregiudizi che condivide, talora anche inconsapevolmente.

Ciò è tanto vero, che attualmente i fautori più decisi della concezione materialistica della storia, mentre vedono e descrivono benissimo le ideologie dei loro avversari, non si accorgono delle proprie; non si rendono conto che nel loro maestro, Marx, i termini *valore, plus-valore, sopra-lavoro, grado di sfruttamento del lavoro, l'ultima istanza* delle condizioni economiche, e altre simili, sono puro verbalismo, che, come dice il prof. Labriola, «tende sempre a rinchiudersi in definizioni puramente formali.

Con quanto detto non vogliamo affatto diminuire il merito di Karl Marx, di Frederic Engels e dei seguaci attuali di quella dottrina; essi hanno avuto il merito di affermare esplicitamente principi, di cui non si aveva ancora che una idea spesso confusa, e soprattutto di rendere popolare un modo di considerare la storia, ch'era proprio solo di alcuni dotti.

Del resto, la difesa di questi principi è lungi dall'essere inutile, perché alcuni autori tuttora li contestano e molti altri, senza prendere posizione dal punto di vista teorico, nelle loro opere li trascurano. Per esempio, nulla è più comune che vedere, ancora ai nostri giorni, degli storici voler spiegare i fatti con le idee che gli uomini hanno.

Come se le azioni degli uomini non fossero, che la conseguenza di deduzioni rigorosamente logiche, da certe premesse preesistenti nello spirito degli uomini! Come se le circostanze in cui gli uomini si trovano non influissero sulle loro idee! Le concezioni metafisiche, scacciate dal campo delle scienze naturali, si sono rifugiate in quello della sociologia, ed è necessario inseguirle ed eliminarle.

Il nome di concezione *materialistica* della storia si adatta discretamente all'interpretazione volgare, che a tutti i fenomeni sociali vuole assegnare come causa le condizioni economiche, ma non ha più attinenza con l'esegesi scientifica, cui il materialismo rimane estraneo.

La teoria che quest'ultima esegesi dà, non è, in fondo, più favorevole al socialismo che ad ogni altra dottrina; essa è perfino contraria al socialismo sentimentale ed etico, che Marx ha giustamente combattuto». [110]

58. La lotta delle classi

La concezione della *lotta delle classi* fa entrare il marxismo, come molti hanno osservato, nella grande corrente del darwinismo. Quella concezione è profondamente vera, e si devono ammirare l'energia e la forza di carattere spiegate da Marx, per difenderla verso e contro tutti.

Il Manifesto del Partito Comunista ha torto di personificare nel «Socialismo tedesco» una varietà del socialismo sentimentale; questa non appartiene esclusivamente ad alcun paese, e si trova un po' dappertutto. In ogni modo, se quella denominazione poteva esser vera nel 1848, è oggi invecchiata, e se vi è attualmente un genere di socialismo, che merita il nome di tedesco, è piuttosto il marxismo.

Con questa riserva, v'è molto di vero in quanto dice Marx. Egli osserva che i seguaci di questo «socialismo tedesco o *vero* socialismo» pervertirono la letteratura *a* socialista e comunista francese» (bisogna intendere, quella che poggia sulla concezione della lotta delle classi). E poiché cessò, nelle mani dei tedeschi, di essere l'espressione della lotta di una classe contro un'altra, questi si compiacquero di essere levati al di sopra della ristrettezza *francese*, e di aver difeso, non dei veri bisogni, ma «il bisogno del vero»; di aver difeso, non gli interessi del proletario, ma gli interessi dell'essere umano, dell'uomo in genere; dell'uomo che non appartiene ad alcuna classe nè ad alcuna realtà, e che esiste solo nel cielo nebbioso della fantasia filosofica).

È ancora letteralmente vero di molti contemporanei, che del tutto edulcorati di sentimentalità, parlano ogni istante «di giustizia, di verità, di solidarietà», e dimenticano che il mantenimento dell'ordine e la repressione dei delitti e dei crimini è il primo dovere di ogni autorità sociale; che, sdegnando ogni osservazione e ogni logica, per giustificare un provvedimento che urta contro insormontabili difficoltà pratiche, credono basti levare gli occhi al cielo e dire ch'esso «ci darà un po' più di giustizia sociale»: ciò che del resto serve loro da pretesto per trascurare la semplice giustizia. Questa gente non ha importanza, che in quanto possa servire da strumento a partiti, i quali sanno quello che vogliono: ai conservatori, per addormentare l'ardore dei proletari nel formulare le loro rivendicazioni; ai proletari, per disgregare la resistenza delle classi governanti.

Marx ha veduto una parte di questa verità: «Per i governi assoluti... questo socialismo servì da spauracchio, per far paura alla borghesia che si elevava minacciosa». Bisogna completarla. Attualmente quest'uso è quasi scomparso, ma altri simili hanno acquistato importanza.

Un fenomeno curioso merita d'esser posto in rilievo.

La classe al potere ha generalmente interesse a negare la lotta delle classi, ma a condizione che così possa distrarre da questo argomento l'attenzione della classe soggetta, senza indebolire la forza di resistenza dei propri membri. In fatto, la classe ch'è al potere ha già ottenuto tutto ciò che la lotta delle classi poteva darle, non le resta che conservare ciò che ha conquistato, e impedire che altri la spoglino di ciò, com'essa probabilmente ha spogliato un tempo la classe di cui ha preso il posto. Così, si vede gente arrivata al potere con una rivoluzione, indignarsi in buona fede se altri vogliono seguire l'esempio che ha dato. In queste condizioni, l'azione della gente che dà nella sentimentalità e nelle affettazioni umanitarie si esercita a profitto della classe dominante. Ciò aveva effettivamente luogo, quando Marx scriveva il *Manifesto dei comunisti.* Ma, dopo, la scena è cambiata. Le declamazioni umanitarie hanno finito col non avere alcun effetto sulle classi popolari, in considerazione delle quali erano fatte, ed hanno avuto un risultato niente affatto atteso: quello di indebolire la resistenza che la borghesia poteva ancora opporre ai suoi avversari. I lavoratori sono conquistati ogni giorno più al principio della lotta delle classi, disprezzano profondamente i discorsi melliflui che si tengono loro per distrarli da questa lotta; i soli a lasciarsi prendere da quest'esca sono numerosi membri dell'eletta in decadenza, che diviene sempre meno capace di difendere le sue posizioni, mentre l'uragano tuona sulla sua testa. [111]

59. La lotta di classe: interpretazioni

Il socialismo resta tuttavia una delle forme per mezzo delle quali minoranze organizzate mirano a conquistare il potere politico, facendo appello ai sentimenti. Comunque, sia il liberalismo, che si richiama alla ragione, che il socialismo, che si richiama al sentimento, tendono ad ottenere gli stessi risultati: permettere a delle minoranze, le «élites», di conquistare e conservare il potere.

Spingendo oltre questa analisi, scopro che una economia pianificata, collettivista o socialista, può produrre gli stessi risultati d'una economia di mercato, e che sul piano dell'efficacia un sistema socialista può equipararsi ad un sistema liberista perfetto.

La classe al potere ha interesse a negare la lotta di classe, a mascherarla per distrarre l'attenzione e dissipare le energie innovatrici. Ciò nondimeno questa lotta costituisce la trama della vita sociale, perché grazie ad essa gli uomini si impadroniscono del potere. Non lotta d'una aristocrazia o d'una oligarchia contro il popolo, bensì lotta tra individui per il potere.

Gli uomini sono manovrati da leaders che vogliono il potere, per cui per ottenerlo lottano contro quelli che lo detengono già o che vogliono conservarlo. La lotta è un elemento costante e positivo della vita sociale, perché ne assicura la vitalità, il blocco o la chiusura. I conflitti non spariranno mai, neppure nelle società socialiste, sussistendo «tra le diverse specie di lavoratori, tra intellettuali e non intellettuali, tra gli uomini politici e quelli da essi amministrati, tra innovatori e conservatori».

La lotta delle classi, come altre tesi marxiste, di cui abbiamo parlato, è materia di un'interpretazione volgare e di un'interpretazione scientifica. La prima, come per sua natura, semplifica tutto. Non esistono che due classi: quella dei capitalisti e quella dei proletari. «Gli operai salariati che non hanno se non la forza di lavoro, e il cui reddito è il salario, i capitalisti che possiedono il capitale e riscuotono il profitto, i proprietari fondiari che detengono la terra e prelevano la rendita, costituiscono le tre grandi classi della società moderna, basata sulla produzione capitalista. La lotta delle classi significa che la seconda deve distruggere la prima. In attesa della rivoluzione violenta che compirà radicalmente questa distruzione, i proletari devono cogliere ogni occasione per nuocere ai capitalisti. Nessuna transazione è consentita; un socialista non deve far parte di un ministero «borghese», benché gli sia lecito, per motivi la cui logica non è molto chiara, far parte di un'amministrazione comunale borghese. Si dimentica che la lotta delle classi è un termine generale. che può significare, così la lotta dei proletari contro i «capitalisti», come quella dei «capitalisti» contro i proletari.

Si è fatta all'interpretazione volgare un'obiezione, che non ha alcun valore. Essa consiste nell'osservare, che non si sa dove finisce la classe dei proletari e dove comincia quella dei borghesi e dei capitalisti. Il linguaggio comune è costretto a sostituire differenze qualitative alle differenze quantitative. Poiché non si può dire quale è il punto preciso, in cui una merce finisce d'essere a buon mercato per divenir cara, non ne segue che non vi sono merci a buon mercato e merci care. Poiché si passa per gradi insensibili da una classe di oggetti a un'altra, l'esistenza delle classi non è meno reale. Non potremo parlare di giovani e di vecchi, perchè non possiamo esattamente fissare quale è il preciso minuto in cui l'uomo entra nell'età matura?

Un'altra obiezione, che del resto si applica ugualmente al darwinismo in generale e all'interpretazione volgare della lotta delle classi, ha altrettanto poco valore, che l'obiezione precedente. Essa consiste nell'opporre un *fin de non-recevoir* ad ogni teoria che urta certi nostri sentimenti. Questi, in luogo dell'esperienza e della logica, divengono in tal modo il criterio della verità. È evidente che trattasi di un criterio molto cattivo. La questione dell'esistenza o inesistenza di una cosa è assolutamente indipendente dall'impressione che questa cosa fa sui nostri sentimenti. Un individuo è, o non è, tubercoloso? È una questione che l'esame batteriologico può risolvere, e tale esame non ha assolutamente alcun rapporto coi sentimenti che possono far desiderare molto vivamente che quell'individuo sia sano. Solo nell'infanzia delle società, si suppone che i desideri degli uomini agiscano sui fatti. Quando il medico verrà a dirvi che ha trovato negli sputi di un individuo il microbo della tubercolosi, potete ragionevolmente rispondergli che ciò non è, perchè desiderate che non sia, e che la sua osservazione è crudele? Possiamo deplorare finché vogliamo la necessità della lotta per la vita, possiamo desiderare quanto più vivamente è possibile che questa lotta scompaia; ciò non ha la più lontana influenza sulla questione di sapere se essa esiste, o non, nè sulla questione di sapere se essa è necessaria, o non, al miglioramento della specie e alla selezione delle imprese e di altri organismi sociali.

L'interpretazione scientifica ha riconosciuto che non vi erano solo due, ma un gran numero di classi; che non vi era una sola forma di lotta: quella della distruzione diretta, ma ve ne era un'infinità (Già Esiodo sapeva che esistono due generi, almeno, di concorrenza, di lotta: una lodevole, l'altra biasimevole. Egli parla della prima, quando ricorda che Il vasaio invidia il vasaio, l'artigiano invidia l'artigiano, ecc.; Op. et dì., 25-26) e che queste diverse forme avevano anche un diverso valore, quanto alla prosperità della specie.

Queste diverse forme di lotta sono modi di concorrenza, e non bisogna dimenticare che questa è il più potente strumento di selezione che si conosca, per gli individui, come per gli organismi sociali. Anticamente la concorrenza bellicosa ha distrutto buon numero di organismi politici più o meno imperfetti; attualmente questa concorrenza ha perduto molto della sua forza fra i popoli civili, tuttavia si esercita ancora, fra questi e i popoli non civili. Gli effetti della concorrenza economica sono ben noti. Se si riesce a sopprimerla, bisognerà sostituirla con qualche altro strumento di selezione, sotto pena di una rapida decadenza di tutta l'organizzazione economica. [112]

60. Il socialismo di Stato

Nelle discussioni che hanno luogo a proposito del socialismo di Stato o del socialismo municipale, molto si insiste, da una parte sul fatto che lo Stato o il comune possono amministrare un'impresa industriale ugualmente bene che una società privata; dall'altra, sul fatto che lo Stato o il comune amministrano peggio di una società privata. Vi è un'altra questione ancora, da considerare. Ammettiamo che le imprese pubbliche siano così bene amministrate come le imprese private; esse finiranno tuttavia per divenire inferiori a queste, per il solo fatto di essere sottratte alla selezione, che opera sulle imprese soggette alla concorrenza. Il punto di partenza può essere lo stesso, e il punto di arrivo diverso. Perciò, è ancora troppo presto per ben giudicare gli effetti del socialismo municipale; bisognerà vederlo all'opera, per un tempo assai lungo.

Supponiamo che l'amministrazione collettiva abbia la stessa proporzione che l'amministrazione privata, di imprese lavoranti in buone condizioni. Al termine di un certo tempo, poiché la selezione non opera, o opera debolmente, sulle imprese collettive, la proporzione delle buone imprese non sarà molto cambiata. Al contrario, per le imprese soggette a concorrenza, la selezione conserverà le buone e farà perire una parte delle cattive.

Nulla prova che, per le organizzazioni economiche, la concorrenza sia l'unico modo di selezione; può darsi che si riesca a trovarne altri. In ogni caso, non si potrebbe farne a meno, e da tale scoperta dipende, in parte, il successo delle organizzazioni collettive della produzione. Ciò che più le danneggia attualmente, è di essere abbandonate alla mercè dei politici. Costoro sono naturalmente portati a non vedere, nelle imprese collettive, che un campo di impiego pei loro gregari, dei quali compensano in tal modo lo zelo, alle spese del pubblico; e talvolta servizi poco confessabili, come quello di organizzare uno sciopero, sono stati così pagati. Si ha pure una selezione, ma in un senso direttamente contrario a quello che assicurerebbe nel miglior modo possibile il buon andamento delle imprese collettive.

La «lotta per la vita» non esiste solo fra gli individui; esiste anche fra diversi gruppi di questi individui; e ciascun gruppo non può contare che sulle proprie forze, per la difesa dei suoi interessi. E quel che c'è di vero, nell'affermazione che «l'emancipazione» dei lavoratori non può essere che l'opera di questi stessi lavoratori. Ma v'è un altro aspetto della questione, che interamente si trascura, e che tuttavia è una conseguenza altrettanto logica dei principi posti: si è che anche la difesa degli interessi della borghesia non può essere che l'opera di questa stessa borghesia. E ciò può ripetersi di ciascuno dei gruppi in lotta.

Il problema da risolvere non consiste solo nel sapere, se la lotta di classe esista o non. Così posto, esso è molto semplice, e basta gettare un colpo d'occhio sulla storia, per constatare l'esistenza di tale lotta. Ma si presenta un'altra questione, ben più complicata e difficile; essa concerne i mezzi impiegati in quella lotta e il rapporto in cui si trovano con la prosperità sociale. Certo, un'evoluzione si è compiuta, che ha considerevolmente modificato le condizioni della lotta per la vita, fra gli individui, fra le classi sociali, fra le nazioni. La violenza diretta ha perduto sempre più terreno ed è stata sostituita da altri mezzi. Se consideriamo le attuali nazioni vivili, vediamo che per gli individui tale sostituzione è completa, lo è meno per le classi, ancor meno per le nazioni. In altri termini, l'impiego diretto della violenza diviene sempre meno eccezionale, a misura che il gruppo diviene più numeroso. [113]

61. La violenza e gli scioperi

In tutti i popoli civili, si impedisce o si cerca di impedire all'individuo isolato di ricorrere alla violenza, mentre non è lontano ih tempo in cui ciò era ammesso, e anche per realizzare il suo diritto l'individuo non poteva contare che sulla propria forza. La violenza è vista attualmente con maggiore indulgenza quando viene da gruppi assai numerosi, che quando si tratta di individui isolati. Certi governi ammettono che gli scioperanti possano fare uso della forza, quando ciò loro conviene. Non sono tradotti davanti ai tribunali; se per caso lo sono, essi non vengono condannati che con l'applicazione della legge del condono; infine, se taluno di essi non ne beneficia, è almeno graziato il più presto possibile. Se degli agenti sono feriti o uccisi da scioperanti, è a quelli che si fa un processo, com'è accaduto nel 1900 a Montceau-les-Mines. È vero che in Germania questa dottrina non è ancora ammessa, ciò che eccita al più alto grado l'indignazione dei socialisti. Anche in Inghilterra sì applicano ancora le leggi contro la violenza e le infrazioni al diritto, da qualunque parte vengano.

I principi che i socialisti, i giacobini moderni, gli etici, ecc. si sforzano di far prevalere, e che sono stati applicati, almeno in certi casi, dal ministero della «difesa repubblicana» in Francia, sembrano essere questi: gli operai hanno diritti, non doveri. Quando loro conviene, possono violare ogni contratto concluso coi padroni, mentre costoro devono rispettare scrupolosamente tali contratti. In particolare, l'operaio può da un giorno all'altro abbandonare il lavoro, rompere il contratto di lavoro; ma non è permesso al padrone di imitarlo e licenziarlo, senza osservare i termini fissati dall'uso o contratto in vigore. Gli operai possono fare tutto ciò che vogliono, senza incorrere nella minima responsabilità; dopo uno sciopero, i poteri pubblici devono attivamente adoperarsi che i padroni non licenzino alcun operaio per fatti relativi allo sciopero. Non si deve fare mai uso della forza contro gli scioperanti, che possono abbandonarsi a qualunque atto di violenza. Non bisogna neppure che la forza pubblica si lasci vedere dagli scioperanti, per paura di «eccitare». Ogni atto di violenza degli scioperanti è sempre almeno scusabile, sia perchè essi sono stati eccitati sia perchè una giusta indignazione li colpisce al vedere altri operai che vogliono lavorare, ciò che costituisce atto, di tradimento, sia perchè questa giusta indignazione è la conseguenza della «testardaggine» dei padroni a non accogliere senza il minimo ritardo, immediatamente, le «giuste rivendicazioni» degli operai.

Gli scioperanti si trovano nella situazione di un sovrano, la cui persona è sacra e inviolabile; si può cercare di persuaderli con le buone parole, ma l'uso della forza contro di loro è assolutamente interdetto, come cosa sacrilega ed empia. Ora, poiché in genere la violenza non può essere impedita che dalla forza, rinunciare a far uso di questa, è lasciare il campo interamente libero alla violenza. Inoltre, è dare un premio agli impulsivi e ai degenerati; è porre ostacolo all'opera della selezione, cui dobbiamo tutta la nostra civiltà. Ciò che distingue l'uomo civile dal selvaggio, è precisamente il dominio di sè stesso; secoli e secoli di selezione hanno eliminato dalle nostre società gli individui troppo impulsivi. Gli eroi di Omero lo erano ancora a un grado, che dopo di allora si è molto attenuato, e tuttavia il poeta ce li rappresenta come se lo fossero meno dei Troiani; e più tardi, il dominio di sè stesso sarà considerato il carattere più elevato del cittadino greco. Per vivere in un paese civile, bisogna, anche quando si ha l'onore di essere scioperante, abituarsi a vedere un agente, senza essere agitato dai sentimenti scomposti che assalgono un toro alla vista di un drappo rosso. Non si rende affatto servizio alle classi popolari, spingendole, con l'impunità, ad abbandonarsi a simili passioni antisociali: al contrario, in tal modo si fa loro il maggior male, perché l'esistenza di quelle passioni ha reso necessaria la tutela cui quelle classi sono state sottoposte in passato, e da cui i loro amici desiderano vederle emanciparsi.

Malgrado questo movimento all'indietro, l'evoluzione è tuttavia anche sensibile per la lotta delle classi. Lotte violente, come quelle della Comune di Parigi, sono molto eccezionali ai giorni nostri; erano frequenti in Grecia ai tempi antichi, non erano rare nelle nostre contrade, alcuni secoli or sono. Infine, è inutile ricordare che le guerre fra i popoli civili sono divenute meno frequenti.

Guardiamoci qui dal cedere alla tentazione di fare uno di quei ragionamenti, che da una tendenza più o meno grossolanamente constatata nell'evoluzione del passato, pretende dedurre il senso di questa evoluzione per l'avvenire. Si potrebbe dire: la violenza diretta ha avuto sempre minor posto nelle società civili, essa finirà col non averne alcuno. Oppure: la violenza diretta è quasi scomparsa nei rapporti fra gli individui, dunque finirà con lo scomparire anche dai rapporti fra le classi sociali e da quelli fra i popoli.

Sappiamo già che simili induzioni non hanno che poco o punto valore. Il fenomeno che ci occupa, come altri analoghi, presenta un andamento a onde; movimenti in un senso sono seguiti da movimenti in senso contrario. Quando, nel 1897, scrivevamo: «La caratteristica dei popoli moderni più civili è l'indipendenza intellettuale, morale e religiosa dell'individuo (Cours, § 687), noi non prevedevamo che nel 1902, in un paese che sembra all'avanguardia della civiltà, sarebbe proibito ad ogni individuo che abbia fatto parte di una congregazione religiosa di insegnare qualunque materia. Escludere dall'insegnamento, come un tempo, chi non era abbastanza cattolico, o escluderne, come ora, chi lo è troppo, è esattamente la stessa cosa, quanto alla tolleranza religiosa. È vero che ora si dice trattarsi di un'opera di difesa sociale; ma è precisamente quel che si diceva un tempo, quel che hanno sempre ripetuto, e ripeteranno ancora, i settari di ogni partito. La tolleranza è assente, così quando si vogliono obbligare i cittadini, o almeno gli impiegati del governo, a mandare i loro figli alle scuole atee e socialiste, come quando si voleva obbligarli a mandare i loro figli alle scuole tenute da preti o monaci.

Si è vista ai nostri giorni la molto Santa Inquisizione socialista occupata a reprimere severamente ogni attentato alla fede ortodossa. In Italia, l'anno 1900, una sezione del partito socialista espulse, scomunicò due fratelli, colpevoli, il primo di essere stato testimone a un duello, il secondo di averlo approvato. In un altro paese, uno dei capi del partito socialista fu sospettato di un grave delitto. Una sua figlia aveva fatto la prima comunione, senza che egli lo impedisse, e forse anche consentendo. L'Inquisizione aprì una procedura per giudicare questo caso: documenti autentici e numerose testimonianze furono esibiti, e si scoprì che questo atto di eresia socialista non era che troppo vero. L'Inquisizione socialista, non avendo ancora a sua disposizione il braccio secolare, dovette contentarsi di infliggere al colpevole un biasimo severo, che d'altra parte gli fu condonato, grazie a una casistica sapiente, per mezzo di amici compiacenti. I funzionari dello Stato, che si permettono di mandare i loro figli alle scuole delle congregazioni, non se la cavano in genere a così buon mercato.

Anche l'Inquisizione cattolica, quando non aveva l'appoggio dei poteri costituiti, era ben costretta a contentarsi di un semplice biasimo; anch'essa vide più di un colpevole sfuggirle, grazie agli intrighi di buoni amici presso la Corte di Roma. Giovanni Reuchlin fu condannato dall'Inquisizione, ma si appellò a Roma e fu assolto. Il suo delitto, secondo il modo di vedere cattolico, era maggiore o minore di quello di lasciar fare a una fanciulla la sua prima comunione, secondo il modo di vedere socialista? Non ci tormenteremo a giudicare. Ma sarebbe interessante sapere se, quando un giorno l'Inquisizione socialista disporrà del braccio secolare, essa ne farà un uso meno intollerante di quel che ne abbia fatto l'Inquisizione cattolica.

Quando si paragona, in queste materie, il passato al presente, non bisogna perdere di vista che la scala delle penalità è mutata. Il paragone va fatto, fra ciò che era e ciò che è considerato delitto, e non fra la pena di cui un dato delitto era e quella dì cui è colpito. Quando si sa che, in genere, una legislazione punisce di pene molto severe i minimi delitti, è ben evidente che, in un caso particolare, non si può dalla gravità della pena dedurre quella che al tempo di quella legislazione si attribuiva al delitto.

La scuola ottimista non vuole ammettere la necessità della lotta delle classi. Essa crede che la classe dominante, ispirata dal puro amore pel prossimo, dicono gli uni, dalla cura dei suoi interessi *benintesi,* dicono gli altri, si sacrificherà interamente per fare il bene della classe soggetta.

La dottrina liberale, con la quale alcuni ancora confondono la scuola ottimista, è tutt'altra. Essa riconosce la necessità della lotta delle classi e si propone soltanto di attenuarne la violenza, di farne scomparire, finché possibile, la barbarie. Essa vorrebbe fare, per la lotta delle classi, ciò che, fino a un certo punto, è stato fatto per le guerre fra i popoli. Non è singolare, che la lotta con gli stranieri sia sottoposta a certe regole di umanità, e la lotta fra cittadini non ne abbia? Esiste un diritto internazionale fra popoli stranieri, non esiste ancora alcun diritto che regoli i conflitti fra le classi di uno stesso popolo.

Tuttavia, un germe di questo diritto si trova agli Stati Uniti. La costituzione garantisce ai cittadini certi diritti, e un potere indipendente: il tribunale federale tutela questi diritti contro le usurpazioni dei legislatori. In alcuni paesi monarchici si vuole, ma senza poterne dare molte prove, che il sovrano abbia questa funzione, di garantire ai cittadini certi diritti. In Inghilterra non si sono ancora adottate le svenevoli dottrine di certi Stati del Continente e le leggi sono applicate assai imparzialmente. Si osa anche condannare degli scioperanti a pene pecuniarie, quando hanno illegalmente causato danni ad altri. La *Common Law*, pel fatto stesso che si basa sulla tradizione, è una garanzia preziosa contro il dispotismo di una maggioranza politica.

Ma la scuola liberale va oltre, toccando forse allora l'utopia. Essa vorrebbe, ed è questo il suo principio fondamentale, che il governo rimanesse estraneo alle lotte delle classi, che fosse semplicemente il potere incaricato di contenere queste lotte in certi limiti. Sotto questo aspetto, essa giudica un regime, molto più in considerazione delle garanzie che offre ai cittadini, di non essere perseguitati spogliati oppressi, che in considerazione della sua forma. Il dispotismo di un'assemblea giacobina non le sembra migliore di quello di un autocrate, e non vede che cosa i popoli possano guadagnare, estendendo il potere dei politici e moltiplicando le occasioni che permettono loro di pescare nel torbido. Essa approva molto le antiche *Trade-Unions* inglesi. [114]

62. Le Trade-Unions

Queste rappresentavano la lotta delle classi, organizzandosi sotto la protezione e la sorveglianza del governo, che vegliava perchè gli indi vicini non ricorressero alla violenza e non turbassero l'ordine pubblico. Anche l'attitudine della scuola liberale rispetto agli scioperi è degna di nota: essa chiede che non sia permesso ad alcuna classe sociale di imporre a un'altra la sua volontà con la forza. Si può impedire agli operai di fare sciopero; si può, all'opposto, impedire ai padroni di resistere agli scioperanti. Il principio è lo stesso: è una classe, che a mezzo della forza pubblica impone la sua volontà a un'altra. La differenza consiste unicamente in ciò: poiché gli operai sono più numerosi dei padroni, la forza pubblica deve intervenire attivamente per imporre la volontà dei padroni agli operai, mentre basta ch'essa conservi un'attitudine passiva, per permettere agli operai di imporre la loro volontà ai padroni. Inutile aggiungere che la forza pubblica interverrebbe attivamente, se i padroni pensassero di respingere la violenza con la forza.

Allo stesso modo che i popoli civili hanno rinunciato, nelle loro guerre, a fare uso delle pallottole esplosive e ad armare corsari, gli operai e i padroni potrebbero rinunciare all'uso della forza e circoscrivere la loro lotta al campo economico. E quanto chiedeva la scuola liberale, e, *a priori,* non sembra un'utopia. Nondimeno, bisogna riconoscere che in pratica questo ideale non ha potuto, almeno pel momento, essere realizzato. Ben più, invece di avvicinarcisi, attualmente ci se ne allontana. Le nuove *Trade-Unions,* in Inghilterra, invocano l'intervento dello Stato; una legislazione sociale estremamente complicata si sviluppa nella maggior parte dei paesi civili, e fa intervenire sempre più lo Stato per imporre a una classe la volontà di un'altra, per spogliare certi cittadini a vantaggio di certi altri. Senza dubbio, il movimento è lungi dall'essere uniforme, differisce considerevolmente secondo i paesi, ed alcuni di questi non proseguiranno forse su questa via, ma altri sembrano dovervisi inoltrare sempre più.

Affermare che un certo provvedimento aumenterà il benessere sociale e affermare che tale provvedimento è applicabile o sarà applicato, sono due cose essenzialmente diverse. Tuttavia, ogni scuola che vuole prendere una parte attiva alla politica sociale è portata quasi necessariamente a confonderle. Non si trascinano gli uomini all'azione, che con la fede, ed è ben difficile indurre gli altri a professare una fede che non si condivide. Era dunque naturale che il partito liberale avesse fede nella imminente realizzazione dei principi che proclamava, ma bisogna ben confessare che, quanto a questo, non ha avuto gran successo. I suoi principi possono essere intrinsecamente utili alla società, ma è chiaro ch'essi devono comprendere qualche cosa che ripugna alla natura degli uomini quali oggi sono, poiché costoro se ne allontanano sempre più.

Per giudicare equamente la lotta delle classi, bisogna tener conto di un ostacolo, che si oppone, così alla pace fra i popoli, come a quella fra le classi sociali; ed è che nessuno dei gruppi concorrenti può dare l'esempio di disarmare completamente, senza esporsi a divenire preda degli altri. Non ci si può dunque attendere di vedere un sollecito mutamento, e tutt'al più si può sperare di vedere la lotta lentamente atte-nuarsi, per una serie di graduali concessioni da una parte e dall'altra.

Si è ingiusti verso l'azione di un partito, quando la si considera indipendentemente da quella degli altri. La difensiva ha generalmente molto poca probabilità di successo, e spesso non v'è altra alternativa, che lasciarsi spogliare o reclamare la propria parte di bottino. Quando tutti vogliono impadronirsi dello Stato, per servirsene a proteggere i propri interessi, a imporre le proprie opinioni, i propri pregiudizi, i propri gusti, chi vuole restar neutro fa la parte di zimbello, diviene volontariamente l'agnello, che i lupi si mungeranno. La scelta spesso non è fra l'oppressione di A e l'assenza di ogni oppressione; è fra l'oppressione di A e l'oppressione di B. Potrebbe darsi, per esempio, che in certi paesi i *nazionalisti,* gli *imperialisti*, gli *agrari* fossero i soli partiti capaci di opporsi al socialismo, e viceversa; la scelta allora sarebbe limitata a questi partiti. Checché sia di ciò, una cosa è certa, ed è che i partiti detti moderati hanno attualmente una tendenza ben netta a scomparire, e che i soli partiti estremi restano alle prese.

La lotta delle classi si complica e si ramifica. Siamo lontani da una semplice lotta fra due classi; le divisioni si accentuano, così fra i «borghesi», come fra i «proletari».

Dalla parte dei primi, si vede la piccola borghesia chiedere di esser protetta contro i grandi magazzini, le società cooperative e, in genere, contro la concorrenza della gente attiva, battezzata col nome di «concorrenza sleale». Un'infinità di sette si urtano e si combattono, per difendere i loro interessi, coperti di una bandiera politica, morale, igienica o altra. Il protezionismo ha vinto quasi dappertutto, salvo in Inghilterra, ed ecco che ora il protezionismo industriale è alle prese col protezionismo agrario. In Germania, l'antagonismo fra il partito dei grandi industriali e quello degli *agrari* non è attualmente meno profondo, di quanto fosse un tempo quello fra questi due partiti e i liberali.

Dalla parte dei «proletari», oltre la lotta, passata allo stato cronico, fra i socialisti e gli anarchici, vediamo i socialisti intransigenti scomunicare i socialisti transigenti, che indugiano al canto delle sirene ministeriali, e, in questi stessi due partiti, nuove divisioni formarsi. Gli operai sindacati disprezzano gli operai non sindacati e intendono imporre loro la propria egemonia. Si vorrebbe che la legge obbligasse tutti gli operai non sindacati a scioperare, se così piaccia alla maggioranza degli operai sindacati.

Tutto ciò ha un lato comico. Gente che quando si trova di fronte a «borghesi» non ammette discussione sul suffragio universale, solo ritenuto capace di dare un buon governo al paese, scopre d'un colpo, quando si trova in presenza di operai non sindacati, che il suffragio universale è cieco e ignorante, e che solo il governo di una minoranza di operai sindacati può essere buono. Talvolta si fanno anche altre distinzioni. Alla Borsa del lavoro di Parigi, i sindacati ortodossi, grazie a un decreto un po' autocratico di un ministro socialista, escludono i sindacati eretici. Questi sindacati, che contano quasi 85.000 membri, sono colpevoli di aver sollecitato le sovvenzioni della città di Parigi, che sembra essere un fatto sommamente eretico, almeno finché la città non sia governata da socialisti. A Montceau-les-Mines, i membri del sindacato parlavano nientemeno che di uccidere quelli di un altro, e queste minacce ebbero almeno un principio di esecuzione.

Gli operai sindacati, quando sono socialisti, beninteso, formano il «proletariato cosciente»; gli operai non sindacati e quelli che pur essendo sindacati sono non socialisti formano il «proletariato incosciente». Bisogna vedere con quale disdegno i membri del primo parlano dei membri del secondo, come si sentono superiori, come li disprezzano. D'altra parte, essere o non essere cosciente, è ciò che distingue l'uomo dall'animale; la differenza fra i membri dei due proletariati non è forse così grande; in ogni caso, essa non è certo minore di quella che esisteva un tempo fra il gentiluomo e il villano. Gli operai sindacati e socialisti formano la classe privilegiata della nuova società. I principi di uguaglianza, di fratellanza, di solidarietà sono eccellenti quando si trovano di fronte operai e borghesi; non hanno assolutamente alcun valore quando il «proletariato cosciente» si trova in presenza del «proletariato incosciente». Del resto, nel proletariato cosciente si fa ancora una selezione e gli impiegati delle *Trade-Unions* hanno una tendenza a divenire «borghesi». [115]

63. I sindacati

Finora ci siamo espressi ponendoci dal lato subiettivo, cioè accettando i principi che questi uomini quotidianamente invocano, e allora la contraddizione è flagrante fra i principi e le azioni. Ma ponendoci dal lato obiettivo, vedremo che sono falsi i principi e che le azioni sono perfettamente ragionevoli; del resto, le stesse declamazioni umanitarie non sono cosa vana, finché v'è gente abbastanza ingenua per prenderle sul serio. Non si potrebbe far colpa agli operai di ricorrere ad armi, il cui uso è stato loro insegnato precisamente dagli avversari.

Gli operai sindacati e socialisti sono realmente superiori agli operai non sindacati e non socialisti; essi costituiscono un'eletta, nel loro ambiente si forma la classe che probabilmente governerà una parte dell'Europa; e i futuri sudditi di essa hanno un saggio del modo onde saranno trattati, vedendo come lo sono attualmente i non sindacati. Nel seno stesso dei sindacati, la disciplina è severa. I membri delle *Trade-Unions* che non pagano regolarmente le loro quote sono espulsi dall'Unione, ciò che spesso li getta nella miseria, perchè molte Unioni sono abbastanza forti per impedire ai padroni di assumere operai non sindacati. D'altra parte, si procura attivamente di toglier loro anche la risorsa dell'emigrazione, con leggi che pongono il maggior possibile ostacolo alla loro entrata nei paesi in cui, come in Australia, dominano gli operai sindacati. Quest'obbligo di pagare regolarmente le quote è un buon mezzo di selezione, perchè in tal modo si allontanano gli impulsivi, gli imprevidenti, insomma tutti coloro che non hanno sufficiente padronanza di sè stessi per risparmiare il denaro necessario al pagamento delle loro quote. Notate le diverse maniere, onde gli impulsivi sono trattati dall'eletta nascente e dell'eletta decadente, oggi al potere. Quella non si sente affatto «solidale» con loro e li espelle senza pietà dal suo seno; questa permette loro tutto, come a fanciulli viziati. È meglio, per un impulsivo, ferire un agente, battere un operaio che vuol lavorare, o mettere a sacco un'officina, piuttosto che non pagare le quote del suo sindacato. Nel primo caso, vi sono molte probabilità di cavarsela senza la minima pena; nel secondo, egli può essere facilmente ridotto alla più spaventosa miseria.

Gli operai sindacati, quando sono in sciopero fanno largo uso della violenza, dove sono sicuri dell'impunità, grazie alla debolezza o alla complicità del governo; ma se ne astengono completamente o quasi, quando essa potrebbe loro nuocere. Ora, per questo, occorre una grande padronanza di sè stessi, ed è precisamente questo, uno dei caratteri principali delle elette.

In Inghilterra la Camera dei Lords, giudicando in ultima istanza, pronunciava due sentenze, con le quali dichiarava responsabili le Unioni che avevano provocato uno sciopero, dei danni illegalmente causati a terzi. [116]

Un'Unione di impiegati ferroviari si è vista così condannare a 500.000 fr. di indennità. Ora, cosa degna di nota, il presidente di questa Unione, Richard Bell, affermava che tale giurisprudenza sarebbe **in** definitiva favorevole alle Unioni. Poichè la responsabilità dei membri in caso di sciopero è aumentata, si eserciterà una selezione più severa, e solo gli operai riflessivi e seri resteranno nelle Unioni; inoltre, gli imprenditori preferiranno trattare con le unioni responsabili dei loro atti e capaci di risarcire i danni causati, piuttosto che con operai non sindacati, che in fatto si trovano ad essere irresponsabili, poichè non si può prendere loro nulla. Tutti i migliori operai affluiranno dunque alle Unioni.

D'altra parte, vi sono alcune disposizioni delle *Trade-Uniovs,* che non sono favorevoli alla selezione. Tale la regola, che si sforzano di far prevalere, secondo la quale il salario di un operaio dev'essere indipendente dalla sua capacità di lavoro. Tuttavia, qui si tratta di una selezione un po' diversa da quella che si fa secondo il carattere e l'energia morale.

Le antiche *Trade-Unions* sembrano aver superato il punto, in cui la nuova eletta che si eleva recluta aderenti da ogni parte, senza troppo badare alla loro qualità. Sempre così comincia la lotta della nuova eletta contro l'antica; è anche la condizione in cui si trovava in Inghilterra la lotta delle classi il 1848, al tempo del movimento cartista. Vi sono dei paesi in cui l'evoluzione supera di poco questo punto, prima del giorno in cui una rivoluzione porta bruscamente la nuova eletta al potere. In tali paesi, si nota che la lotta delle classi prende un carattere quasi esclusivamente politico. Si comprende infatti che in tal caso la nuova eletta non può separarsi dagli elementi impulsivi e turbolenti, che costituiscono eccellenti truppe rivoluzionarie; e anche quando essa si limita a muovere alla conquista del potere con l'uso della scheda elettorale, ha interesse ad avere come aderenti il maggior numero possibile di elettori, non importa se di qualità inferiore. I voti si contano, non si pesano.

Inoltre, in questi paesi, generalmente la libertà manca, per cui, anche se la nuova eletta volesse seguire un'altra via, non lo potrebbe. Non c'è via di mezzo fra oppressi o oppressori. Anche nelle cose indifferenti, chi è col governo ha tutti i privilegi, chi è contro il governo non ha alcun diritto. In Italia, si sono visti dei professori radiati dalle liste elettorali con la qualifica di analfabeti. In Francia, il governo non ha permesso di fare un discorso a una distribuzione di premi, cosa del resto molto insignificante, a un accademico, Emilio Faguet, perchè le sue opinioni non erano abbastanza radico-socialiste. Quando, in Francia, si fa una legge sulle associazioni, non si ha che uno scopo: fare in modo ch'essa favorisca la formazione di associazioni gradite al governo, e impedisca la formazione di quelle che non gli sono gradite. Non è molto, che le associazioni religiose erano permesse, e le società operaie occupantisi di politica, vietate. Oggi le parti sono state semplicemente invertite. Le società religiose sono vietate; le società socialiste e anche anarchiche, permesse.

Qualche cosa di analogo aveva luogo un tempo in Inghilterra, e dava effetti simili a quelli che si notano ancora adesso, in parecchi paesi che hanno contribuito a seguire queste orme. P naturale che gli uomini cerchino di migliorare la loro situazione. Se, per questo, voi non lasciate loro che una via, li costringete a prenderla. Se tutto dipende dalla politica, tutti devono fare della politica.

Ma in Inghilterra l'evoluzione continuò in un altro senso. La libertà di associazione fu istituita per tutti i cittadini, amici o nemici del governo. D'altra parte, anche la situazione anteriore era diversa, in certi pinti., da quella esistente sul Continente. La libertà è antica, in Inghilterra; i cittadini hanno saputo conseguire da tempo una legislazione che tutela la loro indipendenza dì fronte al governo. Anche alla nostra epoca, molti paesi che credono di essere avanti sulla via del «progresso», non godono ancora del diritto d'habeas *corpus,* che gli Inglesi possiedono dal tempo della grande Carta, [117] e Hallam fa osservare che di poche leggi contro l'esercizio arbitrario del potere non si può trovare con certezza l'origine, almeno dal tempo dei Plantageniti. In Italia, ancora alla fine del secolo XIX i cittadini potevano essere imprigionati e mandati al domicilio coatto con un semplice giudizio amministrativo. Se in Italia o in Francia un cittadino è leso da un funzionario, non può in molti casi adire i tribunali. Vi sono i cosiddetti conflitti di competenza. Per consolare i cittadini, si dice loro che spetta al Parlamento rovesciare i ministri, che direttamente, o indirettamente coprendo i loro funzionari, hanno recato danno. t un bello scherzo. Anzitutto, ciò torna a dire che solo la maggioranza del Parlamento può giudicare i suoi propri atti, ciò che precisamente caratterizza il dispotismo; [118] e poi, v'è una quantità di danni, che si possono fare ai cittadini e non meritano che un ministero sia rovesciato. Niente di tutto ciò, in Inghilterra. La massima fondamentale è che: cc *Where there is a wrong, there is a remedy* : ad ogni torto un rimedio giuridico ». Ogni controversia, di qualunque natura, è sottoposta all'autorità giudiziaria. Infine, il *self government* è una scuola permanente per apprendere a godere della libertà. P vero che, fino al principio del secolo XIX, era quasi l'eletta al potere a profittarne esclusivamente, ma non per questo le lezioni erano perdute per le classi inferiori: queste hanno dappertutto una tendenza molto spiccata a modellarsi sulle classi superiori; innovano poco e si contentano di volgere a proprio vantaggio i procedimenti usati contro di loro. In Francia, la Convenzione non fece, in fondo, che applicare, al governo, i procedimenti che rimontavano a Luigi XIV in Inghilterra, gli operai hanno combattuto, per ottenere le libertà di cui godeva la classe dominante.

Grazie a queste ed altre circostanze, sulle quali non possiamo qui fermarci, il Governo, che in Inghilterra aveva un tempo aiutato i padroni ad opprimere gli operai, invece di passare bruscamente all'estremo opposto, si è fermato, almeno per qualche tempo, al giusto mezzo: ha lasciato alle prese datori di lavoro e lavoratori, limitandosi a sorvegliare che l'ordine pubblico non fosse turbato. Ciò non e stato effetto dell'applicazione di considerazioni teoriche, o di qualche c< immortale principio»; è stato conseguenza obiettiva di un gran numero di fatti e, fra l'altro; di ciò: che l'eletta al potere ha ceduto, quando era ancora abbastanza forte per conservare una parte delle sue posizioni. Da lungo tempo si è notato essere questa una delle cause più potenti, che hanno permesso alla classe governante, un tempo a Roma e attualmente in Inghilterra, di mantenersi a lungo al potere. La circolazione delle elette non è stata interrotta, e l'antica eletta ha saputo far posto alla nuova.

Qualunque siano, del resto, i motivi per cui una libertà almeno parziale si è affermata in Inghilterra, il fatto non sussiste meno; e da allora una via diversa da quella della conquista dei pubblici poteri si apriva alla nuova eletta, per migliorare la sua situazione. Le antiche *Trade-Unions si* posero largamente su questa via, non senza alcune incertezze inevitabili.

Anche qui bisogna ben comprendere che le *Trade-Unions,* come il governo, non furono mosse da deduzioni logiche di certi principi teorici. Esse seguirono la corrente quando era loro favorevole, 'vi resistettero quando era loro contraria, e si ebbe così un seguito di azioni e reazioni, che portarono ad accentuare il movimento nel senso della minore resistenza. L'antica eletta in Inghilterra è ancora abbastanza potente, spossessarla violentemente non

301

sarebbe facile; essa non è stata ancora colpita da follia, come certe elette del Continente, che si suicidano, distruggendo tutte le istituzioni conservatrici esistenti nel paese. La Camera dei Lords vive ancora; non si sono distrutte, per amore di uniformità teorica, tutte le diverse legislazioni locali; non sì è spezzata sistematicamente ogni resistenza all'onnipotenza dei politici. Ciò forse un giorno verrà, ma per il momento non si è ancora a questo punto. In queste condizioni, gli operai che si limitano a declamazioni politico-sociali non ottengono proprio nulla, mentre quelli che si sono proposto lo scopo pratico e diretto del miglioramento delle loro condizioni a mezzo delle Unioni hanno veduto la loro azione coronata da successo. Del tutto naturalmente si è fatta una selezione, la nuova eletta è andata verso le Unioni, solo il rifiuto della popolazione è rimasto ai politicanti. Se il movimento può continuare in tal modo, ciò che ignoriamo, l'Inghilterra eviterà la rivoluzione violenta che si prepara in altri Stati di Europa: vi sarebbe un fenomeno simile a quello verificatosi al tempo della prima rivoluzione francese. [119]

64. I socialisti in Germania

Anche la Germania potrà, per altre ragioni, sottrarsi a questa crisi. Non bisogna lasciarsi troppo impressionare dal numero dei voti che ottengono i socialisti alle elezioni. Anzitutto, fra i voti messi sotto questa etichetta, ve ne sono molti che appartengono semplicemente a borghesi frondisti, o che si credono «liberali». Poi, ed è il fatto principale, la vecchia eletta, in Germania, e soprattutto in Prussia è piena di linfa e di vigore. Essa dà, principalmente in Prussia, buoni ufficiali all'esercito e buoni funzionari allo Stato; adempie una funzione sociale delle più importanti. Il dubbio sta nella conoscenza d ciò che potrà divenire l'esercito, in un avvenire più o meno lontano. [120]

Attualmente esso è eccellente; sarà sempre così?

Precisamente perché non guidate da alcuna considerazione teorica a *priori,* le Unioni non provano il minimo scrupolo a ricorrere all'intervento dello Stato, quando pensano che ciò possa riuscire loro utile. Così, esse chiedono che ad ogni cittadino sia‾ assicurata una pensione. Ciò facendo, non cadono in alcuna contraddizione coi loro principi, poiché non ne hanno, o almeno ne hanno uno solo: cercare praticamente di migliorare finché possibile la condizione dei loro membri; e questo principio, checchè possano pensarne certi sognatori, è ben più utile, non solo agli operai, ma all'intera società, del «diritto al prodotto integrale del lavoro» e altre simili vacuità.

I teorici che vogliono piegare la società a principi astratti e gene cali non riescono a comprendere ciò. La complessità del fenomeno sociale sfugge loro completamente; non riescono a concepire la società, altrimenti che come una specie di astrazione geometrica, derivata logicamente e rigorosamente da certi principi. Supponete due principi contrari *A* e *B;* i nostri teorici osservano in una data società certe deviazioni dal principio A, e ne concludono che

303

tale società segue il principio *B*. In fatto, poichè una società deve *necessariamente* seguire un principio, è chiaro che, se questo principio non è *A*, non può essere che *B*. Notate che, se altri teorici avessero portato la loro attenzione sul principio *B*, avrebbero ugualmente trovato deviazioni da questo principio, e ne avrebbero concluso, altrettanto ragionevolmente, che il paese seguiva il principio A.

Recentemente, in Inghilterra, si è introdotto un dazio di esportazione sul carbone. Dopo ciò i nostri teorici si sono dati al bel ragionamento che segue: Un dazio di esportazione sul carbone segna un intervento dello Stato nel campo economico; ora, il libero scambio ha per principio il non intervento dello Stato in questo campo, dunque l'introduzione di quel dazio di esportazione mostra che l'Inghilterra abbandona il libero scambio e diverrà protezionista.

Non ci fermiamo sul fatto che un dazio di esportazione, ben lungi dall'essere un dazio protettivo, ne è precisamente il contrario. Supponiamo anche, per rendere più probante il ragionamento ora riferito, che si tratti di un dazio all'importazione di una merce. La conclusione non sarebbe per questo meno erronea. La questione è quantitativa, non qualitativa. Se un paese ha un dazio protettivo su una merce e lascia entrare liberamente tutte le altre, esso è un po' protezionista e molto libero-scambista. Se ha dazi protettivi su quasi tutte le merci, esso è molto protezionista e molto poco libero-scambista.

Le Unioni non sacrificherebbero un soldo al più

bel principio di intervento o non intervento dello Stato. Esse ricorrono, o non ricorrono, a tale intervento, secondo che giudicano essere del loro interesse; e il fatto da notare è semplicemente, che in buon numero di casi, esse stimano del loro interesse il non ricorrervi; ma questo fatto non implica alcuna adesione ad un qualunque principio. I teorici possono esserne desolati, ma le Unioni esistono per il bene dei loro membri e non per procurare soddisfazioni ai teorici. [121]

La nuova eletta inglese fa da sè i suoi affari, non si lascia guidare dai politicanti, che spesso non sono che il rifiuto dell'eletta precedente. Nel settembre 1901, al Congresso delle *Trade-Unions,* a Swansea, il presidente Bowerman, dei tipografi di Londra, rompe con la concezione volgare della lotta delle classi, dice che gli operai impiegano la loro forza per il bene della loro classe, senza voler nuocere, nè alla nazione, né agli imprenditori. In realtà, distruggere per distruggere, è atto da folle; il cacciatore intelligente uccide la selvaggina di cui ha bisogno, non si diverte a distruggerla. Le Unioni cercano di ottenere dagli imprenditori tutto quello che possono, ma non desiderano affatto la loro rovina; al' contrario, desiderano ch'essi molto guadagnino, per avere la propria parte di utile. È la lotta di classe intelligente.

A proposito del senso, secondo il quale si effettua l'evoluzione in Inghilterra, si possono porre parecchie questioni.

Se la resistenza dell'eletta attualmente al potere piegasse, se la linea della minore resistenza si spostasse, gli operai inglesi non abbandonerebbero la via ora seguita, e non imiterebbero i confratelli del Continente, cercando semplicemente di impadronirsi del potere politico? Questo problema è difficile da risolvere, perchè un gran numero di fatti influisce certamente sul fenomeno. La corrente umanitaria ed etica ha avuto in Inghilterra effetti che non differiscono enormemente da quelli che si osservano sul Continente. Essa è stata interrotta da una corrente *imperialista* [122] che ha arrestato l'opera di dissoluzione sociale. Ma questa potrebbe riprendere, e se arrivasse a un certo punto, la nuova eletta troverebbe forse vantaggio a sbarazzarsi bruscamente dei residui dell'antica. Una classe non è rispettata, che in ragione della forza che possiede; e se non ha cura dei propri interessi, come può pensare che se ne occupino altre classi, sue rivali? La storia ci insegna che solo le persone capaci di difendere la propria libertà hanno potuto conservarla; alle altre essa è stata ghermita; e del resto, anche se fosse stata loro conservata per la pietà e il disdegno dei forti, esse non saprebbero farne alcun uso. Se la borghesia inglese conserverà la sua libertà, è perchè essa avrà avuto la forza dì difenderla, altrimenti essa la perderà.

Ciò che accade in Australia è significativo. Poichè gli operai sono i padroni, coi loro alleati politici, fanno un largo esperimento di socialismo di Stato. Sono tuttavia, in gran parte, degli Anglosassoni, e ciò mostra che la pretesa razza ha poca influenza su questo fenomeno. Ma anche in Australia, gli operai non vogliono fare del socialismo teorico; si preoccupano molto poco dell'oc evoluzione futura»; vogliono semplicemente avere più denaro possibile da spendere. Forse essi stanno uccidendo la gallina dalle uova d'oro; in ogni caso, questa sembra

306

assai malata. La legge sull'arbitrato obbligatorio, nella Nuova Zelanda, sembra non aver prodotto alcun buon risultato, almeno secondo il rapporto ufficiale di W. Dillingham, console degli Stati Uniti d'America ad Auckland. Segni di decadenza economica cominciano ad apparire. Ma la pratica potrà insegnare a quei popoli di non perseverare su una cattiva strada. [123]

Se i Paesi del continente avessero adottato una legislazione sociale simile a quella esistente in Inghilterra, gli effetti sarebbero stati gli stessi? Gli economisti liberali rispondono di sì; essi pensano che la libertà avrebbe avuto dappertutto gli stessi effetti benefici. Questa è stata, con alcune restrizioni, anche la nostra opinione, un tempo, ma ora ci sembra poco fondata scientificamente.

Anzitutto, quando si tratta di giudicare per analogia gli effetti di istituzioni di un paese trapiantate in un altro, non bisogna dimenticare un fatto dei più importanti. Il sistema parlamentare si è sviluppato in Inghilterra, parecchi popoli hanno voluto copiarlo, e non ne hanno avuto che una caricatura.

Inoltre, si deve osservare che un solo fatto non può bastare a mutare il senso di tutta l'evoluzione di un popolo. Non esiste alcun mezzo legislativo di supplire alla mancanza di energia e di resistenza dell'eletta al potere. La libertà è una condizione per permettere agli uomini di sviluppare la loro attività, ma se essi mancano di questa, è evidente che la libertà è loro inutile. A che cosa possono servire le regole della più sapiente strategia, se non si possono condurre i soldati al fuoco e se essi fuggono da ogni parte?

Come abbiamo già rilevato, i fatti che si potrebbero supporre essere conseguenza dell'attuale legislazione sociale, in Inghilterra, non sono in realtà dovuti esclusivamente a questa legislazione; essi derivano anche, in gran parte, da altre circostanze, e fra queste, da una pratica secolare della libertà. Non bisogna dimenticare che, quando un'eletta affida esclusivamente al governo di difendere i suoi interessi finisce per perdere proprio le qualità virili che assicurano l'efficacia di questa difesa.

Cosi in Italia, dopo la costituzione del nuovo regno, la borghesia era abituata a rimettersi al governo per la cura dei propri interessi. Essa non aveva che una preoccupazione: impedire che il governo cadesse nelle mani dei suoi avversari; nel suo stesso seno, parecchi partiti borghesi si contendevano i favori del governo, con l'intrigo, la corruzione, talvolta il delitto. [124]

Poi, in seguito a circostanze sulle quali è inutile qui fermarsi, fu costituito un ministero, quello Zanardelli-Giolitti, che volle fare alcuni timidi tentativi di libertà. Per la prima volta, dopo molti anni, i poteri pubblici osservarono la neutralità negli scioperi. Essi si limitarono a mantenere l'ordine, senza temere di ricorrere alla forza, quando fosse necessario. [125]

Nulla fu più comico a vedere, dell'impazzire dei proprietari di terre e degli industriali, lasciati soli alle prese coi lavoratori, die reclamavano un miglioramento delle loro condizioni. Essi non vi comprendevano nulla. In sostanza, la loro condotta era stata sempre che, quando una difficoltà di questo genere sorgesse, se ne parlava al deputato, che ne parlava al ministro; questi dava ordini al prefetto, e lo sciopero veniva soffocato. Se, malgrado queste disposizioni severe, vi erano contadini assai ostinati, da non voler fare il raccolto, al prezzo che ai proprietari piacesse pagare, il governo si affrettava a mandare i soldati a fare questo lavoro. Ed ecco, tutto a un tratto, un governo il quale, a richieste debitamente appoggiate da «grandi elettori», da deputati, da politici influenti, risponde che, se un individuo vuol fare lavorare un altro, non v'è che da intendersi con lui quanto al prezzo del lavoro; che non è assolutamente competenza del governo obbligare un individuo a lavorare per un prezzo che non crede conveniente, e neanche procurare lavoratori ai proprietari e agli imprenditori che ne mancano; e ch'esso non ha, se non da sorvegliare che la legge sia rispettata e ogni violenza sia repressa.

A memoria d'uomo, non si era mai udito un simile linguaggio. Ma allora a che serve, buon Dio, una vita tutt'intera consacrata al servizio dei politicanti, a che serve tutto lo zelo spiegato al tempo delle elezioni, a che serve essersi umiliati innanzi a ogni intrigante un po' influente, se l'aiuto del governo vien meno, proprio al momento in cui se ne ha più bisogno?

Tuttavia, riavutesi un po' del loro stupore, queste brave persone finirono per scoprire che esiste una certa cosa, molto conosciuta nei paesi dove regna la libertà, e che gli inglesi chiamano *self help*.

Esse pensarono dunque di opporre associazioni di proprietari e di industriali alle associazioni di contadini e di operai; ma, dalla maniera maldestra con cui si comportavano, poteva subito capirsi che si trovavano come un pesce fuor d'acqua.

La lezione gioverà loro? Non ne sappiamo nulla, e non crediamo che la scienza sociale sia abbastanza avanzata, per risolvere problemi di tal genere. Se essa gioverà, loro più grande benefattore sarà il ministero, ch'esse giudicano attualmente favorevole ai loro avversari. [126]

In Inghilterra e negli Stati Uniti d'America, gli industriali hanno approfittato della lezione che loro davano i sindacati operai, per fondare un'Unione, per resistere alle pretese delle Unioni operaie. [127]

65. I Trusts

Gli spiriti semplicisti non vedono via di mezzo; una cosa è eccellente o abominevole. Gli uni esaltano i meriti delle *Trade Unions*, altri le condannano senza remissione; gli uni trovano che i *Trusts* devono dominare il mondo, altri hanno per essi un odio feroce. In realtà queste sono istituzioni che, come tutte le istituzioni umane, hanno lati buoni e cattivi. Il Trade-Unionismo è certamente una delle forme migliori di lotta delle classi, ma è lungi dall'essere perfetto; e quale cosa è perfetta a questo mondo?

I membri delle *Trade-Unions* non sono dei santi, sono uomini che si associano per la difesa dei loro interessi, e come tutti gli uomini che hanno vissuto, che vivono e che vivranno, essi in questa difesa vanno talvolta troppo lontano; sia che pecchino per ignoranza: non sono esseri onniscienti; sia che si trovino trascinati dalle loro passioni: non ne sono esenti più degli altri mortali. È così ch'essi hanno fatto del male a parecchie industrie, e che in certi casi hanno inaridito la fonte stessa dei loro guadagni. Talvolta si sono opposti all'introduzione di macchine perfezionate; e ciò potrebbe portare alla rovina della nazione, se questa seguisse una via così assurda. Essi sono, verso gli operai non unionisti, forse più duri di quel che non richiederebbe l'opera di selezione; tiranneggiano spesso i deboli: operai o padroni. Ma d'altra parte, essi sanno approfittare delle lezioni dell'esperienza; quando si accorgono di andar troppo oltre, tornano indietro. Hanno appreso molte cose; finiranno forse per apprendere che le macchine, ben lungi dall'essere

310

loro nemiche, sono le loro migliori alleate. Se tiranneggiano i deboli, quando possono farlo impunemente, hanno già appreso a rispettare i forti. Ciò ha l'aria di nulla, ed è molto: gli impulsivi, gli imprevidenti, i degenerati non riescono mai ad apprenderlo. I membri delle *Trade- Unions* vorrebbero ora che la legge venisse in loro aiuto per impedire ai padroni di sindacarsi, ma se i padroni sanno resistere, le Unioni operaie finiranno per accordarsi con le Unioni padronali. Esse hanno già cominciato a mutuamente rispettarsi; continueranno a rispettarsi sempre più, se le loro forze si equilibrano.

Lo stesso è dei *Trusts*; essi presentano un misto di bene e di male. Fanno del bene, in varie occasioni, perchè permettono una riduzione considerevole del costo di produzione; possono compiere opere che supererebbero le forze di associazioni più ristrette; sono una delle forme migliori della lotta delle classi; vale molto meglio, dal punto di vista dell'utilità generale, che gli industriali, invece di ricorrere ai poteri pubblici per opprimere gli operai, si associno fra loro, per resistere a quelli in una giusta misura. Ben lungi dal porre un ostacolo alla selezione, come i *Cartelli* tedeschi, i *Trusts* la favoriscono, perchè sono costituiti solo delle imprese che hanno le migliori probabilità di successo, e cercano di distruggere quelle che non sono nate vitali.

Essi fanno del male, perchè talvolta elevano i prezzi delle merci, e così prelevano un tributo su tutti i cittadini; ma è precisamente il protezionismo doganale, che permette loro di raggiungere tale scopo. [128]

Il male è dunque, in gran parte, conseguenza di questo protezionismo. Del resto, l'aumento del prezzo dei prodotti è anche il più evidente risultato degli scioperi coronati da successo. La gente che ha pietà dei consumatori in un caso, dovrebbe bene non dimenticarli nell'altro. Nel 1902, in Svizzera, i contadini si agitavano per ottenere un aumento dei dazi doganali sui prodotti agricoli; e siccome si obiettava loro che ciò avrebbe fatto aumentare il costo della vita, essi manifestarono la loro sorpresa che ci se ne accorgesse solo quando erano loro a reclamare qualche cosa, e che lo si fosse dimenticato del tutto, quando si erano fatte votare le «leggi sociali» in favore degli operai delle città.

in realtà non è facile comprendere come possa essere un bene il rincaro della vita per favorire gli operai delle città, mentre al contrario sarebbe un male, se la vita rincarasse per favorire gli operai delle campagne.

Le Unioni hanno permesso agli operai di trattare su un piede di uguaglianza coi padroni. Bisogna che costoro si persuadano, ch'è passato il tempo in cui potevano trattare gli operai come appartenenti a una classe inferiore, o anche solo esercitare su loro una tutela paterna. Un'organizzazione nella quale il padrone tratti i suoi operai come un padre i suoi figli, è ancora, alla nostra epoca, l'ideale di molta gente. Ma gli operai non accettano più questa situazione subordinata, [129] e hanno ragione. Essi sanno fare perfettamente i propri affari da sé e non hanno alcun bisogno di essere tenuti sotto tutela, che offende la loro dignità di uomini e impedisce loro di acquistare le qualità virili, che sono indispensabili nella lotta per la vita.

Certo, gli operai, finché restano allo stato di massa amorfa, non potranno gestire delle imprese, come del resto non potrebbero farlo «capitalisti» privi di queste condizioni. Può essere un bel soggetto di declamazione pei politicanti, ma è una follia, credere che tutti gli uomini siano uguali; essi, al contrario, sono profondamente disuguali ed hanno attitudini essenzialmente diverse. Ma l'esempio delle *Trade-Unions* mostra che gli operai cominciano a rendersi conto di questa verità. Perchè non potrebbero proseguire su tale via?

Un ostacolo che li arresta proviene dalle lusinghe dei politici e degli etici, i quali si sforzano di persuadere gli operai che la loro situazione può essere molto migliorata, se, per amore o per forza, si impongono certe regole etiche e giuridiche alle classi superiori della società. V'è chi crede che basterebbe che un'assemblea legislativa decretasse qualche bel principio, per esempio quello del diritto al prodotto integrale del lavoro, perchè l'abbondanza e la felicità regnassero per tutti sulla terra. Tale credenza non è, sotto l'aspetto della ragione e dell'esperienza, molto superiore a quella del giocatore, il quale crede che un amuleto gli porti fortuna. Può essere accolta dalla massa ignorante dei lavoratori, ma l'eletta ora comincia a respingerla. Le *Trade-Unions* hanno mediocre stima di tutti questi bei discorsi e non si attaccano che a guadagni positivi, in denaro sonante. Può darsi che in Inghilterra si abbia attualmente un ritorno, ma d'altra parte, nel Continente, si nota un movimento in questo senso.

Lo stato presente dell'organizzazione industriale è questo.

Gli imprenditori sono in genere dei capitalisti, ma non provengono tutti da questa classe, al contrario, molti, quasi tutti dagli Stati Uniti, provengono dalla classe dei lavoratori, sono degli operai arricchitisi. Questi imprenditori non operano con loro capitali esclusivamente, lungi da ciò, prendono in locazione

313

sul mercato, così i capitali, come i servizi dei lavoratori: sono degli accomandatari. Le società anonime emettono delle azioni, scontano tratte presso i loro banchieri, che sono altri imprenditori, i quali si occupano di raccogliere e distribuire il risparmio. Ma insomma, è vero che la massa degli imprenditori è più vicina alla classe dei capitalisti, che a quella degli operai.

In avvenire potrebbe aver luogo l'inverso, e il maggior numero dei possessori di risparmio potrebbe avere una posizione analoga a quella di chi attualmente impiega i suoi fondi in obbligazioni di società anonime e in titoli di Stato. In altri termini, potrebbe essere l'eletta degli operai a prendere in locazione i servizi del risparmio.

Una trasformazione simile potrebbe forse compiersi dopo un esperimento di collettivismo, dopo la socializzazione dei mezzi di produzione. Non bisogna confondere la forma con la sostanza. Il cristianesimo ha cominciato con l'essere una religione di poveri ed ha finito per essere una religione di ricchi. Così, il collettivismo potrebbe sussistere quanto alla forma, e divenire, in sostanza, un'organizzazione in cui gli imprenditori prendessero in locazione i servizi del risparmio e quelli dei lavoratori. Sono cose, che attualmente non possiamo prevedere con sicurezza.

La resistenza dell'eletta al potere, quando questa sa difendere con giustizia ed equità i suoi diritti, non è un male per la classe operaia; al contrario, tale resistenza favorisce la selezione della nuova eletta, e costringe gli operai ad acquistare quel dominio di sè stessi, che solo può rendere inutile la tutela. Inoltre, quella resistenza indigna la corrente e le impedisce di portarsi dove non può condurre che a delle catastrofi. Così, si può dire che, in un paese, l'evoluzione si

314

compirà in un senso tanto più favorevole al benessere generale, quanto maggiore energia tutte le diverse classi sociali spiegheranno, nel difendere i loro diritti e salvaguardare i loro interessi. Se una di queste classi diserta il suo posto di combattimento, non solo essa va verso la sua rovina, ma fa il male di tutta la nazione. E ciò che si nota attualmente in alcuni paesi, dove la decadenza, che si rivela con le declamazioni umanitarie delle classi alte, è tale, che queste classi non osano più difendere apertamente i loro diritti. Esse ricorrono ad ogni specie di sotterfugi, e pretendono ipocrita- mente che tutto ciò che chiedono sia esclusivamente nell'interesse comune, persino nel solo interesse della classe operaia, e non sanno che gemere e lamentarsi, perchè non si tiene conto della buona volontà che mostrano. Per farsi tollerare dai loro avversari, esse prendono volentieri un travestimento socialista. Gente che si dice cristiana, per procurarsi i favori di Demos, non si vergogna di schernire il Cristo ed avvilirlo, fino a farne un modesto precursore dei capi socialisti che incensa. Si vedono queste classi perdere poco a poco ciò che loro rimane di dignità. Come in tutti i deboli, l'astuzia è la loro arma, e si fermano colpite da stupore ed orrore quando sentono, in favore dei loro diritti, alcune parole virili, come quelle che dei ministri tedeschi pronunciano qualche volta al Reichstag. Esse non sanno più che piegare la testa sotto i colpi e leccare la mano che le colpisce. È dunque con ragione, che buon numero di socialisti le disprezzano.

Questi, sì, hanno il coraggio di affermare altamente e chiaramente ciò che vogliono; essi non sì vergognano di difendere gli interessi della loro classe, sono forti e disdegnano, con ragione, di ricorrere all'astuzia e alla dissimulazione.

Citiamo un esempio fra mille. Nel 1901, un Congresso socialista approvò un ordine del giorno così concepito: «Lo sciopero generale non può essere solo il mezzo di miglioramento di una categoria di cittadini, qualunque sia. Esso può avere anche lo scopo dell'emancipazione integrale del proletariato, con l'espropriazione violenta della classe capitalista». Giammai un congresso di «borghesi» oserebbe rispondere a quest'ordine del giorno con un altro in senso contrario e sullo stesso tono. Sarebbe un bello scandalo, se i «borghesi» osassero associarsi per resistere a quelli che vogliono «l'espropriazione violenta della classe capitalista»! Tuttavia, uno sciopero di «capitalisti» sarebbe un'arma ben più temibile che uno sciopero di operai; ma per fare uso di un'arma, non basta esserne muniti, bisogna anche avere del coraggio; gli operai hanno questo coraggio, i borghesi non l'hanno. Si riconoscono nettamente due elette diverse: l'una, piena di vigore ed energia, che sorge; l'altra, degenerata, che decade.

Bisogna notare che tutto l'apparato lacrimoso di sentimentalità. e di ascetismo della borghesia non l'ha minimamente migliorata, dall'aspetto morale. Vediamo ripetersi il fenomeno osservato in Francia, alla vigilia della rivoluzione del 1789.

La borghesia attuale, in alcuni paesi, non sa difendere i suoi diritti, ma sa perfettamente usurpare quelli degli altri, purché ciò possa farsi con la frode e non con la forza. Essa si fa pagare dai contribuenti premi svariati per certe produzioni, ottiene dazi doganali protettivi, organizza vaste scroccherie parlamentari, come quella della Banca Romana, in Italia, o del Panama, in Francia, ricorre all'aggiotaggio, sotto tutte le forme, per appropriarsi i beni altrui. Così i Giudei e gli usurai al Medio Evo, umili e sottomessi, accettando il disprezzo che ispiravano, non si vendicavano dell'oppressione che subivano, se non cercando di derubare i loro oppressori. Le scissioni che scoppiano di tanto in tanto nel campo socialista riempiono di gioia molti membri dell'eletta in decadenza; non avendo più, nè la forza nè l'energia, necessarie per difendersi da sè, essi sono ridotti a non sperare la salvezza che dai loro nemici.

Esclamavano: il marxismo si decompone, si sfascia, è la fine di questa dottrina! Erano pronti a salire sul Campidoglio, per ringraziare gli dei di avere smentito il proverbio: aiutati, che Dio ti aiuta. Il cielo li aveva aiutati, senza che loro costasse il minimo sforzo. [130]

66. La lotta delle classi

Se si studia la storia, si vede che, proprio quando una religione raggiunge la sua massima forza di espansione, appaiono gli scismi e le eresie. Sono malattie di gioventù, che scompaiono con l'età senile.

Bisogna non aver mai letto una storia del Cristianesimo, per dubitarne. Il cristianesimo si decomponeva, si disgregava, era finito forse, quando, al II e al III secolo della nostra era, apparivano i gnostici, i marcioniti, i manichei, i montanisti e tante altre sette, la cui sola enumerazione è fastidiosa?

Se l'eletta attualmente al potere giudicasse rettamente le cose, saprebbe che ha molto più a temere dai socialisti del genere di Bernstein, che dai Marxisti intransigenti; è la ripetizione della favola del sorcetto, del gatto, e del gallo. Del resto, se a quell'eletta basta pensare che sarà spossessata, non dai Marxisti intransigenti, ma dai Marxisti transigenti, si tratta di una modesta felicità, che poteva procurarsi facilmente, con un po' di riflessione, anche prima che

317

avesse luogo l'eresia di Bernstein. Ogni dottrina che guadagna in estensione ha una parte almeno dei suoi adepti, che divengono transigenti. La ragione di ciò è, che la grande maggioranza degli uomini è acquisita alle opinioni moderate; le opinioni estreme non hanno mai, che un piccolo numero di aderenti; questi possono essere eccellenti propagandisti di una dottrina appena nata, ma compiuta la loro opera, passano necessariamente al secondo piano, e devono lasciare il posto ai moderati.

Molti credono che, se si potesse trovare una ricetta, per fare scomparire «il conflitto fra il lavoro e il capitale», anche la lotta delle classi scomparirebbe. È questa un'illusione, della specie numerosa di quelle, che confondono la forma con la sostanza. La lotta delle classi non è che una forma della lotta per la vita, e ciò che si chiama «conflitto fra il lavoro e il capitale» non è che una forma della lotta delle classi. Al Medio Evo si sarebbe potuto credere che, se i conflitti religiosi fossero scomparsi, la società sarebbe stata pacificata. Quei conflitti religiosi non erano che una forma della lotta delle classi; sono scomparsi, almeno in parte, e sono stati sostituiti dai conflitti socialisti. Supponete che il collettivismo sia istituito, supponete che il «capitale» non esista più, è chiaro che allora non sarebbe più in conflitto col lavoro; ma non sarà che una forma della lotta delle classi, che sarà scomparsa: altre la sostituiranno. Conflitti sorgeranno fra le diverse specie di lavoratori dello Stato socialista, fra gli «intellettuali» e i «non-intellettuali», fra diverse specie di politicanti, fra questi e i loro amministrati, fra innovatori e conservatori. Esiste veramente chi creda sul serio, che l'avvento del socialismo inaridirà completamente la fonte delle innovazioni sociali? Che la fantasia degli uomini non genererà più nuovi progetti, che l'interesse non spingerà certi uomini ad adottare questi progetti, nella speranza di conquistare un posto preponderante nella società?

La lotta per la vita o il benessere è un fenomeno generale per gli esseri viventi, e tutto quanto noi ne sappiamo ce la fa conoscere come uno dei fattori più potenti della conservazione e del miglioramento della specie. È dunque estremamente poco probabile, che gli uomini possano sottrarvisi, e soprattutto che ciò possa riuscir loro vantaggioso. Noi non possiamo niente sulla sostanza del fenomeno, e tutti i nostri sforzi non possono tendere, che a modificarne leggermente certe forme. [131]

1 - da Cap. 1 a Cap. 15 vedi Google - Wikipedia alla voce: il Socialismo.

2 - Bettino Ricasoli (1809-1880), figlio del barone. Luigi e di Elisabetta Peruzzi, agricoltore intelligente e patriota risoluto. Fu chiamato a sostituire il Cavour alla sua morte, ma si dimise per la sua natura integerrima. Il «barone di ferro» morì nel suo castello di Brolio in Chianti il 23 ottobre 1880, T.G.Monaco., V.P. Riflessioni e Ricerche., Roma, 1972 - Nota 8, pg. 47.

3 - Ibidem., Riflessioni e Ricerche., Pg. 48-49 Lettera 6-5-1880 a Ubaldino Peruzzi, pg. 49; Lettera 8-5-1880 a Ubaldino Peruzzi, pg. 52

4 - Lettere ai Peruzzi., Op., Cit., Lettere 7-5; 8-5; 3-6-6880. **Note**

5 - Scritti Politici, Busino G., Utet, 1974., *Socialismo e Libertà*, pgg. 398-400.

6 - De Rosa G., *Lettere a Maffeo Pantaleoni*, Ed. Storia e Letteratura, Roma 1962, Lettera 22-12-1891.

7 - Vilfredo Pareto - Lettere ad Arturo Linaker (1885-1923) a cura di Marcello Luchetti., *Introduzione*, pg. 201

8 - Lettere ai Peruzzi., Op., Cit., Introduzione, pg. LXII.

9 - Ibidem., Lettera 31-8-1882

10 - Lettere a Linaker, Op., Cit., Introduzione, pgg. 200-201

11 - Lettere ai Peruzzi., Op., Cit., Lettera 14-10-1882

12 - Lettere a Linaker., Op., Cit., pgg. 202-203, Nota 4.

13 - Lettere ai Peruzzi., Op., Cit., Lettera 14-10-1882.

[14] - Lettere a Linaker., Op., Cit., pgg. 203-204

[15] - Lettere a Linaker., Op., Cit., pg. 204, pg. 206.

[16] - Ibidem., pg. 206-207, Nota 7, pg. 207

[17] - Lettere ai Peruzzi., Op., Cit., Lettere 25-10; 26-10; 30-10; 31-10; 1-11; 20-11-1882.

[18] - Sociologia e storia, di G. Busino, Guida ed.1960pg. 287.

[19] - Ibidem, pg.288

[20] - Ibidem, pg. 296

[21] - Ibidem, pg. 297

[22] - Ibidem, pg, 298-299

[23] - Scritti Politici, op. cit., pg. 406

[24] - Montanelli Indro, L'Italia dei Notabili, *I Socialisti*, pgg. 317-331

[25] - Marx C., Il Capitale, *Introduzione di V.P.*, a cura di P. Lafargue, ed. Sandron, PA 1896.
[26] - Busino G. Socialismo e Libertà in Scritti Politici, pg. 378.

[27] - Cronache, op. cit., 1.6.1894, pg. 232

[28] - Ibidem., pg. 379-381-384
[29] - Cronache, op. cit., 1.8.1893, pg. 141.

[30] - Scritti Politici, Op. Cit., pg. 408

[31] - Cronache, op. cit., 1.5.1894, pg. 228.

[32] - Ibidem, 1.5.1893, pg. 109, 1.8.1893, pg. 140

[33] - Democrazia e Socialismo, op. cit., Lett. 27.4.1892, pg. 347.

[34] - Cronache, op. cit., 1.8.1894, p. 249., 1.6.1894, pg. 231

[35] - Scritti Politici, op. cit., pg. 600

[36] - Coletti F., *Dialogo dei morti*, Critica sociale, Anno III, n. 6, 16.3.1893-1.5.1893, pg. 84-85.

[37] - Lmp, op. cit., 6.12.1891, pg. 102, Vol. I.

[38] - Ibidem, 23.2.1893, pgg. 348, Vol. I.

[39] - Ibidem, 1.6.1893, pg. 353.

[40] - Il Capitale, op. cit., *Introduzione* di V. Pareto.

[41] - Pareto V., Trattato di Sociologia Generale, a cura di N. Bobbio, Ed. Comunità, MI 1964., §2241-2242 e Note, c.XII pg. 674 Note.

[42] - Scritti politici, op. cit., Lettera a A. Antonucci, 7.12.1907, pg. 808, Vol. II.

[43] - Lmp, op. cit., Lett. 14.8.1892, pg. 272-273, Vol. II.

[44] - Ibidem, 17.2.1892, pg. 185.

[45] - Scritti politici, op. cit., Introduzione: *Fascio Circolo C. Cattaneo*, Lettera 9.1.1894, pg. 21-22.

[46] - Lmp, op. cit., 10.3.1897, pg. 50 Vol.II.
[47] - Cronache, op. cit., 1.5.1894, pg. 225., 1.7.1897, pgg. 472-73

[48] - Ibidem, 1.8.1893, pg. 138-39 - 1.7.97., pg. 514 – 1.10.96., pg. 446 – 1.19.93., pg. 160 – 1.6.1894., pg. 234., 1.12.1894., pg. 281.

[49] - Ibidem., 1.10.1894, pg.269., 1.6.1895., pg. 325-26

[50] - Cronache, Op. Cit., 1.11. 1895, pgg. 366-67 - 1.12.1894., pg. 280 - 1.6.1893, pg. 118.

[51] - Carteggi N.C., op. cit., 27.3.1893, pgg. 353-354.

[52] - Pareto, non solo nel *Trattato,* ma già esplicitamente

nell'Introduzione dei suoi *Sistemi*, è ritornato più volte sull'idea che, al pari delle religioni, di cui tende sempre più a prendere l'andamento, il socialismo si propaga in tutt'altra maniera, che con delle ragioni. Se di ciò occorresse ancora una prova, daremmo questa. Pareto, in *Fatti e Teorie* (p. 326), cita, approvandolo, G. Sarei, che scrive: «Gli scrittori borghesi attribuiscono un'importanza maggiore agli assiomi che si leggono in capo ai programmi socialisti. Spesso non hanno pensato che, criticando queste oscure dichiarazioni e mostrando ch'esse sono vuote di senso, essi ridurrebbero il socialismo al nulla. L'esperienza ha mostrato che questo metodo non porta a nulla».

[53] - Alludiamo alle due altre teorie, che si trovano nell'Introduzione: la circolazione delle elette e il movimento ondulatorio dei fenomeni sociali, che sono ampiamente sviluppate nel *Trattato*

[54] - Articolo Socialismo e *Libertà*, in *Pensiero italiano*, febb. e apr. 1891. Si rileverà che la classificazione adottata da Pareto, al principio del cap. TI, è in seguito da lui abbandonata; solo al principio del cap. VI, tenta una nuova classificazione,

[55] - Su tale questione vedere il mio V. Pareto (cap. VI § 3)

[56] - Ciò non gli ha vietato di studiare, nella *Sociologia*, l'utilità dell'impiego della forza nella società.

[57] - *Journal des Economistes* del 15 maggio 1900, articolo «*Le péril socialiste*»
[58] - Su questo, ch'è un processo molto comune nella storia, v. PARETO, *I problemi del controllo*, in *Resto del Carlino*, 29 settembre 1920

[59] - Rivista d'Italia, 15 aprile 1922.

323

[60] - Il Secolo, 20 maggio 1922.

[61] - G.H. Bousquet, Prefazione a I Sistemi Socialisti di V. Pareto, Cettigne 1927, pgg. XI-XXIII.

[62] - Pareto V., I Sistemi Socialisti, *Introduzione*, Utet 1951, pg. 12.

[63] - Ibidem., pgg. 4-14

[64] - Ibidem., pgg. 19-21

[65] - Pareto V. - Corso di economia Politica, Einaudi 1948.

[66] - Pareto V., I Sistemi Socialisti, *Introduzione*, Utet 1951, pg. 42-50

[67] - Nella Sociologia Generale (§ 2316) si troverà dimostrato che la proprietà privata non sopravvive, se non mercè di continui attentati alla sua essenza (N.d.B.).

[68] - I fatti sono così noti ch'è inutile citarli. Secondo Eyre, citato da Lubbock: «i giovani apprezzano una donna principalmente pei suoi servizi come schiava: quando si domanda loro perchè desiderano prender moglie, essi vi rispondono ordinariamente: perchè essa si incarica di procurarmi legna, acqua, alimenti e dì portare ciò che possiedo... Se si esaminano le donne indigene, se ne trovano molto poche che non abbiano terribili cicatrici nella testa, o tracce di colpi di lancia su tutto il corpo. Ho visto una giovane donna completamente coperta di cicatrici. Se la donna è un po' bella, la sua posizione diviene anche più orrenda, se possibile».

Nel luglio 1901, un dazio di consumo protettivo sui mobili importati dalla Lombardia o altre regioni d'Italia fu proposto al Consiglio comunale di Venezia. Lo si giustificava, dicendo che a Venezia non v'è forza motrice naturale, i salari sono elevati, il legno non si trova sul posto, ecc. E. Chiesa, che ha scritto un eccellente articolo in questo proposito, *nell'Italia del popolo* del 7 luglio 1901, osserva con ragione che, se si ammette l'utilità delle protezioni da Stato a Stato, anche quelle da comune a comune sono giustificate. F. Papafava ha fatto, con molto spirito, la parodia di queste velleità protezioniste, proponendo scherzosamente di istituire t Padova, sua città natale, un dazio protettivo, per difendere la stampa locale dalla concorrenza dei giornali di Milano, Roma e Torino

69 - Nel luglio 1901, un dazio di consumo protettivo sui mobili importati dalla Lombardia o altre regioni d'Italia fu proposto al Consiglio comunale di Venezia. Lo si giustificava, dicendo che a Venezia non v'è forza motrice naturale, i salari sono elevati, il legno non si trova sul posto, ecc. E. Chiesa, che ha scritto un eccellente articolo in questo proposito, *nell'Italia del popolo* del 7 luglio 1901, osserva con ragione che, se si ammette l'utilità delle protezioni da Stato a Stato, anche quelle da comune a comune sono giustificate. F. Papafava ha fatto, con molto spirito, la parodia di queste velleità protezioniste, proponendo scherzosamente di istituire t Padova, sua città natale, un dazio protettivo, per difendere la stampa locale dalla concorrenza dei giornali di Milano, Roma e Torino.

70 - Spesso i governi fanno molto peggio. Si potrebbero citare molti fatti; per esempio, lo *Statuto dei lavoratori,* in Inghilterra. Ai nostri giorni, il governo italiano ha mandato i soldati a fare la mietitura dai proprietari, che trovavano troppo elevati i salari richiesti dai liberi mietitori. In generale e *grosso modo,* si può dire che in Italia sono i ricchi che spogliano i poveri; in altri paesi, sono i poveri che spogliano i ricchi.

Potrebbe darsi, del resto, che in avvenire quest'ultimo sistema venisse a prevalere anche in Italia, senza

325

transizione, senza arrestarsi neppure un momento sulla posizione intermedia, nella quale nessuno è spogliato.

[Ciò si è effettivamente realizzato, dall'altro dopoguerra, v. *Trasformazione della 'Democrazia*. *N. d. B.1.*

[71] - BASTIAT, *Cobden et la Ligue*, Guillaumain, p. 265. Un oratore della lega dice: «E che! se la legge attuale sui cereali non esistesse; se il ministero osasse presentare un decreto di imposte sul pane, se ponesse alla porta del fornaio un agente, incaricato di esigere il terzo del prezzo di ciascun pane, imposta che il fornaio si farebbe naturalmente rimborsare dal consumatore, vi è in tutto il paese chi sopporterebbe una tale oppressione?... (p. 266). Vorrei vedere il nobile duca... appropriarsi la più grossa porzione di pane, dicendo «Ecco la mia parte, la parte della mia imposta, mangiate il resto, se volete». Se l'imposta si prelevasse così, voi non la tollerereste; e tuttavia, ecco ciò che fa il lord, sotto altra forma. [P. accenna anche qui al protezionismo, equivalente a un'imposta sui consumatori: la Lega di Cobden era un'iniziativa libero-scambista. N. *d. T.].*

[72] - È un esempio di più, che le «derivazioni» sono nulla, i residui e gli interessi, tutto. *N. d. B.1.*

[73] - ARISTOFANE, *Equit.*, 1359-1360: «Voi non avrete grano, giudici, se non condannate questo accusato».

[74] - Una citazione di Taine ben ritrae uno stato d'animo che si ritrova un po' dappertutto e in ogni epoca. «Attendendo stamane alla porta di una bottega, intesi un mendicante contrattare un pezzo di zucca. Non potendo accordarsi sul prezzo con la venditrice, egli le disse ch'era " incancrenita di aristocrazia ". Io vi sfido, rispose ella, ma mentre parlava divenne pallida e aggiunse: " Il mio civismo è a tutta prova... Ma prendi

pure la zucca ". " Ah! eccoti buona repubblicana, - disse il mendicante "». Sono cose viste in ogni tempo. ARISTOFANE, *Vesp.,* 493-495: «Se uno compra triglie e non vuole sardine, subito il mercante vicino, che vende sardine, dice: " Le provviste di quest'uomo sanno di tirannia "». Vedete anche *Acar,* 910-925. Oggi si sarebbe accusati del delitto di lesa solidarietà.

[75] - È per spirito di «solidarietà», che gli operai vogliono spogliare il «borghese», respingono dal loro mestiere gli altri operai, limitano il numero degli apprendisti e impediscono cosi a un certo numero di giovani di procurarsi il modo di vivere; e là dove han potuto, come in Australia e agli Stati Uniti di America, hanno fatto emanare delle leggi per impedire l'immigrazione dei lavoratori stranieri. Sembra bene che in tal caso la loro divisa sia piuttosto: «Ciascuno per sè».

[76] - I Sistemi socialisti, Op. cit., pgg. 73-84.
[77] - FR. PAULHAN, *Esprits iogiques et esprits faux,* p. 311: «Ognuno ha potuto constatare quante volte le migliori ragioni restano impotenti davanti al desiderio e all'interesse personale, e con quale forza, spesso quale fecondità, talvolta quale duttilità e, quasi sempre, quale ostinazione, gli argomenti sono respinti, ritorti, miscoconosciuti e snaturati. A questo punto si sarebbe assai giustamente sospettati di ingenuità, se si contasse troppo sul successo, opponendo una concezione semplicemente intellettuale a un'idea sostenuta dalla passione. La mala fede, assai spesso incosciente e involontaria, della gente che non vuole essere convinta, ha colpito tutti. Anche quelli che sono onesti e discernono del loro meglio, ragionano quasi come gli altri, per testardaggine, perchè la loro intelligenza non è abbastanza libera per funzionare regolarmente, malgrado la pressione di un sentimento un po' vivo. Negli uni come negli altri, l'idea che favorisce il

desiderio è mantenuta attraverso errori e irragionevolezze, numerosi quanto occorra».

Ecco dunque verità ben note, e tuttavia la maggior parte degli uomini si arresta, al momento di trarne le conseguenze ch'esse comportano.

[78] - Se tutti i prezzi, senza eccezione, potessero aumentare nella stessa proporzione, si tornerebbe semplicemente alla posizione primitiva dell'equilibrio economico.

[79] - I Sistemi socialisti, Op. cit., pgg. 85-88

[80] - Lo sforzo cui questo paragrafo è dedicato, di trovare delle costanti in fenomeni sociali variabili, è notevole per l'ulteriore sviluppo delle idee.

[81] - Fra gli esempi, in assai gran numero, che si potrebbero citare, il seguente ci sembra notevole.

D'ORBIGNY *(L'homme américa,in, I)*, parlando della Bolivia, dice : « All'ingresso della vallata e alla sommità di ciascun lato, notavo su tutta la strada monticeiuoli di pietre più o meno voluminosi, il più spesso sormontati da una croce di legno... Appresi, ed ebbi modo di assicurarmi più tardi, trovandoli in tutta la parte della repubblica di Bolivia abitata dagli indiani, che erano degli *apachectas*. Questi monticciuoli esistevano prima dell'arrivo degli spagnoli. Erano formati dagli indigeni, che salendo con difficoltà le ripide pendici, rendevano grazie al Pachacamac, o dio invisibile, motore di tutte le cose, di aver dato loro il coraggio di raggiungere la cima, e gli chiedevano nuove forze per continuare la loro rotta. Essi si fermavano, si riposavano un istante, gettavano qualche pelo delle loro sopracciglia al vento, o sul mucchio di pietra la *coca* che masticavano, come la cosa per essi più preziosa, e si contentavano, se poveri, di prendere una pietra là attorno e aggiungerla alle altre. Oggi, nulla è cambiato; solamente,

328

l'indigeno non ringrazia più il Pachacamac, ma il dio dei cristiani, il cui simbolo è la croce».

«In Sicilia, dice MAURY, *(La magia,* ecc., p. 153), la Vergine prese possesso di tutti i santuari di Cerere e Venere, e i riti pagani praticati in onore dì queste dee furono in parte trasferiti alla madre del Cristo». Più in là, p. 156: «Gli oracoli erano finiti, ma le tombe dei confessori e dei martiri li avevano sostituiti, e invece di rimettere ai profeti la scheda su cui era scritta la domanda da fare agli dei, la si depositava sulla tomba del santo; poco dopo il santo rispondeva». E, pp. 158-159: «la fontana continua a ricevere, in nome di un santo, le offerte che un tempo le si facevano come a una divinità». Credere che così si possa recuperare la salute è evidentemente il fatto principale; la forma con la quale si esprime questo sentimento è secondaria.

[82] - ADRIEN NAVILLE, *L'empereur Julien et la philosophie du polythéisine.*

[83] - e i tecnici e amministratori che vogliono continuare a dirigere le imprese, come è accaduto nel 1919 e nel 1949 in Italia. *N. d. T.*

[84] - *Jourrhal des Débats,* 16 febbraio 1901: «Poichè un fattorino è stato, questi ultimi giorni, malmenato dagli scioperanti, il sindaco ha fatto istituire dei salva-condotti riservati ai fattorini e così concepiti: " Preghiera a tutti i buoni cittadini di lasciar circolare liberamente il nominato... fattorino delle poste e tele-grafi."».

[85] - *Le Gaulois,* e febbraio 1901. I giornali ufficiosi confermano, del resto, che le violenze degli scioperanti non devono essere represse. La *Petite République,* 18 febbraio 1901, dice, a proposito dello sciopero di Chàion:

« Poiché, secondo gli agenti, il sottoprefetto sembra risoluto a far di tutto per evitare un conflitto, perchè ha chiamato della fanteria e dei gendarmi?...». E più in là, nello stesso giornale, si leggono le altre gesta degli scioperanti di Chgllon. «Per il momento, la colonna è forte di cinquecento uomini. Si presenta alla vetreria. Il cancello è chiuso. *Essa io forra e.* Così si devono lasciar forzare i cancelli, senza ricorrere alla forza pubblica. A Monceau-les-Mines, «i soldati si nascondevano, per ordine, al passaggio dei gruppi di scioperanti. Si tratta, in realtà, di evitare ogni conflitto» *(Débats,* 6 febbraio 1901). Questa nuova concezione del compito della forza pubblica, che deve nascondersi e voltare le spalle agli ammutinati è caratteristica.

[86] - I fatti sono innumerevoli. Vedere, fra l'altro, le numerose decisioni del Tribunale federale, in Svizzera, annullanti, per denegata giustizia, decisioni dei *proud'hommes.* Per es.: una decisione del 20 aprile 1888 a constata che il tribunale dei *proud'hommes* ha assegnato all'attore la somma reclamata, sulla semplice sua dichiarazione, sprovvista di ogni prova, e fin malgrado un documento regolarmente prodotto dalla parte avversa, che provava il pagamento. Tutte le dichiarazioni dell'attore sono ritenute vere dal giudice, senza che alcuna prova venga a confortarle; quelle del convenuto sono respinte e il Tribunale rifiuta di sentire i suoi testimoni *(sic) (Journal de* Géneve, 13 aprile 1900). Decisione del 12 dicembre 1895: il giudizio dei *proud'hommes è* cassato perchè viola le norme elementari della legge di procedura. I *proud'hommes* avevano, da una parte, sentito uno zio nella causa di suo nipote, e rifiutato, d'altra parte, di sentire un testimone alla cui audizione nulla si opponeva.

G. SALVEMINI, *Magnati e popolani in Firenze dal 1280 ai 1295,* p. 178, osserva che. a Firenze, la pena dei magnati

330

è dal doppio al sestuplo di quella abituale. Così pure a Orvieto, al principio del sec. XIII, la pena di un nobile che offende un uomo del popolo è doppia di quella dei casi ordinari. Simili disposizioni si trovano a Lucca nel 1308. Il nostro autore cita un esempio tolto da Neri Strinati, *Cronichetta:* Neri aveva, con cinque altre persone, di cui due popolani, dato cauzione per un certo Lamberto Cipriani. Costui non avendo pagato, i garanti dovettero intervenire. Dei due popolani uno era morto, l'altro non volle pagare. Neri e un altro garante, che erano dei grandi, dovettero pagare senza poter agire contro i *popolani: «si erano fatti gli ordinamenti, del Popolo contro ai Grandi».*

[87] - Hanno spesso bisogno di dissimulare la loro agiatezza, per non essere troppo smunti; ugualmente, sotto certi dispotismi orientali, il ricco teme che il sovrano gli invidi e gli tolga i beni.

Sotto Silla, Quinto, cittadino di nascita illustre, di carattere dolce e moderato, che non si era mai dichiarato per alcun partito, si dice che gridasse, vedendosi contro ogni attesa sulla lista dei proscritti «Disgraziato che sono! La mia proprietà di Alba mi porta davanti ai giudici».

Non è forse lontano il giorno in cui qualche buon borghese potrà ripetere simile cosa.

[88] - I Sistemi socialisti, Op. cit. Cap. II, pgg. 89-93.

[89] - Ibidem., pgg. 95 e pg. 118
[90] - Ibidem., pgg. 119-124.

[91] - Non si conosce bene il valore del *mou* a quell'epoca. Dopo il regno della dinastia dei Tangs, cioè a partire dal 618 dell'era volgare, il mou è di circa 640 m^2.

[92] - Servitù consistente in giornate di lavoro gratuito dovute dal vassallo al signore.

[93] - Ibidem., pgg. 119 – 129.

[94] - B. CROCE, *Il comunismo di Tommaso Campanella*, nel volume *Mater. stor.ed economia marxista*, p. 248-249.

[95] - SYDNEY E BEATRICE WEBB, *Hist. du Trade-Unionisme*, trad. frane., p. 147. [Per una versione italiana: *Storia del movimento operaio, v. VI, s. V,* della «Biblioteca dell'Economista». *N. d.*

Loc. cit., p. 135. WIMB, */OO. eit.,* p. 180: «... non v'è alcuna ragione di credere che le TradeUnions abbiano mai preso parte al movimento cartista, come nel 1833-34 all'agitazione owenista».

[96] - SYDNEY E BEATRICE WEBB, *Hist. du Trade-Unionisme*, trad. frane., p. 147. [Per una versione italiana: *Storia del movimento operaio, v. VI, s. V,* della «Biblioteca dell'Economista». *N. d.*

Loc. cit., p. 135. WIMB, */OO. eit.,* p. 180: «... non v'è alcuna ragione di credere che le TradeUnions abbiano mai preso parte al movimento cartista, come nel 1833-34 all'agitazione owenista».

[97] - Ibidem., pgg. 130-146.
[98] - Ibidem., pgg. 147-148-Nota2-150-Nota1-151

[99] - Ibidem., pgg. 153-155-157-159-160.
[100] - Ibidem., pgg. 164-166-173-174.

[101] - Vedere tutto il 1° libro della *Rep.* di PLATONE, dove Socrate giunge alla conclusione che «il giusto è felice, e l'uomo ingiusto, infelice», p. 354, a: ᶜO bLèv 8r.xce.oq pcc 058cdp_wv, ò 8'riautog gc()XL0g. SENECA, *Della costanza del saggio: Sapiens Inali est patiens.* CICERONE, *Paradox,* II: '0-cl ou'reapxny   dcps-ri) p.póy ex53oct.p.ovtecv, *in quo virtus*

sit ei nihil deesse ad beate vivendum. In un senso leggermente diverso, ARISTOTELE, *Polit.,* VII, 1, 5: btoccrrq) -rijg zUceq.Lovt.cf.4 brapecXXEr. Toemil-rov 6crov rcep cepez55; xoct ppoyhamn... Ciascuno riceve tanta felicità, quanto ha di virtù e di saggezza.

Pol., V 11, 12, 3. Il testo ha semplicemente xocX6íg non si potrebbe tradurre questo termine senza fare Uso di una perifrasi. L'idea fondamentale è quella di bellezza, ma le idee accessorie di buono, onesto, onorevole, glorioso, conveniente, vi si sono aggiunte e si trovano fuse in un termine che non ha equivalenti in francese.

[102] - Ibidem., pgg. 175-176.
[103] - Ibidem., pgg. 178
[104] - Ibidem., pgg. 265-271-277

[105] - Ibidem., pgg. 427/432-437/438-448.

[106] - Ibidem., gg. 474/75-486/76

[107] - Ibidem., pgg. 488-491/92-495.

[108] - Ibidem., pgg. 495/97.

[109] - Ibidem., pgg. 511/515.

[110] - Ibidem., pgg. 517/520.

[111] - Ibidem., pgg 521/22.

[112] - Ibidem., pgg. 526/527.

[113] - Ibidem., pg. 528-530.

[114] - Ibidem., pg. 531-533.

[115] - Ibdem., pgg. 534-538.

[116] - In Francia, nel 1902, il Consiglio dei *proud'hommes*

ebbe a giudicare, a Reims, il seguente fatto. In seguito a uno sciopero, i padroni avevano riassunto la maggior parte degli scioperanti, ma avevano rifiutato di ammetterne un certo numero. Ventitrè di costoro chiamarono i loro padroni davanti ai *proud'hommes,* per sentirsi condannare al pagamento di otto giorni di salario e danni e interessi per licenziamento senza preavviso. Gli attori allegavano che, mettendosi in sciopero, non avevano fatto che usare di un diritto loro assicurato dalla legge, e che perciò lo sciopero non aveva rotto il contratto di lavoro. I padroni contestavano ciò e facevano una domanda riconvenzionale per danni e interessi, poichè gli operai, col fatto di mettersi in sciopero, avevano rotto senza preavviso il contratto di lavoro. Il consiglio dei *proud'hommes* respinse, salvo un caso, quest'ultima domanda, ma decise che «se conviene agli operai abbandonare il lavoro per costringere l'imprenditore a modificare in senso più favorevole le condizioni di lavoro, essi lo fanno a loro rischio e pericolo... Individualmente o collettivamente, la rottura del contratto di lavoro è sottoposta senza dubbio alle stesse regole del diritto comune». La domanda degli operai non fu dunque accolta. Su ciò i giornali «borghesi» svengono di soddisfazione. È vero che gli operai non devono danni e interessi, per aver rotto il contratto di lavoro senza preavviso, ma almeno, i vinti non pagano ammenda e neppure i padroni devono nulla agli operai. E contentarsi di meno che in Inghilterra, e in ogni caso di molto poco. Ma anche questo poco potrà scomparire, se i politici radicali e socialisti portano la loro attenzione su questo punto della legislazione.

[117] - Il *Commentaire di Blackstone,* I, fa le osservazioni seguenti: «Ecco come la grande Carta si

esprime a questo riguardo: *Nessun uomo libero può essere arrestato o imprigionato, che in base a un giudizio dei suoi pari, o con permesso o per ordine della legge.* Con uno Statuto di Carlo II è detto che, se qualcuno è privato della libertà, per ordine di una Corte illegale, o per ordine di Sua Maestà o del suo Consiglio, gli sarà accordato su semplice domanda un rescritto di *habeas corpus,* perchè sia condotto davanti ai giudici del Banco del re, o davanti a quelli delle Udienze comuni, che decideranno se l'arresto è giusto e legittimo... Con lo Statuto 81 di Carlo II, comunemente detto l'atto *dell'habeas corpus,* il modo di chiedere tale rescritto è così chiaramente spiegato e il diritto di ottenerlo così bene affermato, che fin quando questo diritto sussisterà, nessun suddito in Inghilterra potrà essere detenuto in prigione da alcun'altra autorità, che quella della legge».

Lord Brougham, in *Uomini di Stato,* parlando del diritto di *habeas corpus,* sanzionato dalla grande Carta, e dei baroni, che ottennero questa Carta dice: «Quei baroni di ferro (perchè così posso chiamarli, in paragone coi baroni di seta dei giorni d'oggi) furono i guardiani del popolo; e tre parole del loro barbaro latino: *nizalus liber homo,* valgono tutti i classici».

[118] - [Purtroppo, queste gravi forme di limitazione della libertà persistono in Italia a metà del sec. XX, qualunque sia il regime politico, dicasi autoritario o democratico. E stato un capo socialista a contrapporre, nel novembre 1950, due tesi, per le quali ha coniato le due parole di «parlamentarista» e «magistraturista»; quella in realtà, la tesi del dispotismo; questa, la tesi della tutela giuridica del cittadino. *N. d. T.].*

[119] - Ibdem., pgg. 539-545.

[120] - La costituzione e il compito sociale della forza armata nelle nostre società sollevano problemi che molti non sembrano sospettare. Vedere su ciò un'opera del prof. G. MOSCA, *Elementi di Scienza politica,* Roma, 1896.

G. La BON, *Psycologie àu Socialisme,* p. 391, parlando dei pericoli che presenta il servizio obbligatorio generale, dice: «Qui è il pericolo, che i governi non vedono ancora, e sul quale sarebbe perciò molto inutile insistere».

[121] - Flyndman non potrebbe consolarsene. Egli ha dato le dimissioni da membro di un comitato, dicendo: «Relitto della classe media ricca e colta, io sono stupito dell'ignoranza e dell'apatia dei nostri compatrioti, e profondamente scoraggiato di vedere i risultati della nostra agitazione di lunghi anni». Al congresso di Swansea, nel 1901, una mozione a favore del collettivismo fu respinta con 685.000 voti contro 264.000.

[122] - Al congresso delle *Trade-Unions* nel 1901 a Swansea, una mozione contro *l'imperialismo* e la guerra fu respinta con 724.000 voti contro 330.000. Subiettivamente, il valore dell'imperialismo e quello del suo prossimo parente, il nazionalismo, non sono grandi. Ma obiettivamente, sembra che queste forze appartengano al piccolo numero di quelle che possono ancora tenere in scacco il socialismo. Per molti, la scelta non esiste, che fra una follia nazionalista e una follia umanitaria. È singolare che uno spirito profondo come Herbert Spencer si sia sbagliato del tutto sulla portata di un movimento che aveva luogo sotto i suoi occhi. L'autore dei *Principi di Sociologia* scompare in lui sempre più, per far posto al moralista dommatico. Egli dimentica l'estrema complessità dei fenomeni sociali,

che tuttavia meglio di ogni altro ha contribuito a mettere in luce, e vuole risolvere tutti i problemi sociali con l'applicazione di un piccolo numero di precetti etici. Egli non vede che *l'imperialismo,* ben lungi dall'accelerare, è venuto a interrompere l'opera di dissoluzione sociale che si compiva in Inghilterra. Egli desidera che i suoi concittadini si spoglino di ogni qualità bellicosa e predica loro una dottrina di rinuncia, che, se fosse accettata, li farebbe facile preda del primo conquistatore venuto.

[123] - La previsione non si è avverata. Le procedure arbitrali hanno avuto in Australia continue applicazioni con buoni risultati, sulla linea di sviluppo già mostrata dallo stesso Autore, come una conquista di civiltà: v. p. 535. Sembrano, avverate le previsioni sulle conseguenze di⁻ una lunga amministrazione socialista, in Inghilterra; e anche in Australia, recentemente, il governo socialista ha dovuto cedere il posto. *N. d. T.J.*

[124] - la *camorra* a Napoli, la *mafia* in Sicilia. Il male era antico; la borghesia del nuovo regno e soprattutto i politici ne hanno ricavato vantaggio. È difficile fare delle elezioni, senza la *camorra* e la *mafia.* Solo i socialisti hanno avuto il coraggio di attaccare apertamente la *camorra* a Napoli. Parecchi giornali hanno vivamente biasimato il governo, di tollerare che i socialisti così scuotessero le basi dell'ordine sociale. Un ordine sociale basato sulla *camorra.*

Non è che tutti coloro i quali tollerano i delitti della *camorra* siano persone disoneste; al contrario, la maggior parte sono persone molto oneste, ma non hanno, nè il coraggio, nè l'energia, nè la perseveranza, necessarie per distruggere la *camorra*, e così lasciano ai socialisti di compiere una missione ch'essi hanno abbandonata.

125 - Nel Ferrarese, a Berra, per impedire agli scioperanti di occupare la proprietà della società *Bonifiche Ferraresi*, la truppa fece fuoco e si ebbero un morto e dei feriti.

I socialisti non potevano troppo prendersela col ministero, che, d'altra parte, assicura loro una libertà di cui largamente approfittano. Ma per i partiti popolari, v'è un assioma, secondo il quale il «popolo» non potrebbe mai aver torto. Occorreva dunque trovare un capro espiatorio. Fu il sottotenente che comandava il distaccamento della truppa. Tuttavia, questo ufficiale, facendo il suo dovere, ha reso un gran servizio ai partiti popolari. Gli scioperanti che volevano invadere 'la proprietà delle *Bonifiche Ferraresi*, avevano invaso un'altra proprietà e si erano abbandonati a gravi violenze verso il proprietario. Se avessero potuto continuare in tal modo, se non fossero stati fermati nel corso delle loro gesta, l'agitazione, via via - estendendosi, avrebbe portato a tali atti di violenza, che sarebbe stata necessaria una severa repressione, e il ministero Zanardelli avrebbe dovuto cedere i poteri a un ministero reazionario.

La maggior parte dei capi del partito socialista italiano hanno avuto il merito di comprendere, almeno in parte, questa verità., ed hanno continuato ad appoggiare il ministero Zanardelli.

126 - Nel 1901, si ebbe un gran numero di scioperi in Italia. I proprietari di terre e gli industriali, salvo alcune eccezioni, si comportarono in tale maniera, da far sembrare che il loro scopo fosse di favorire finchè possibile questo movimento e fare il gioco dei socialisti. Prima dello sciopero si rifiutavano sdegnosamente alle concessioni più insignificanti, appena lo sciopero era

dichiarato si affrettavano a tutto concedere. Un grande proprietario dei dintorni di Milano non voleva neanche ascoltare i suoi contadini; questi tentano di svaligiare il suo palazzo, tentativo, del resto, represso dalla forza pubblica, e allora, ma allora soltanto, egli cede su tutto. Come ci si regolerebbe altrimenti, se si volesse insegnare ai contadini che la violenza e il saccheggio sono la sola via che hanno, per migliorare le loro condizioni?

127 - Ibidem., pgg. 539/41-548/552 Nota 2 pg. 550.

128 - Il protezionismo non è tuttavia una condizione indispensabile per la formazione dei *Trusts*. Il *Trusts* dell'Oceano, attualmente in via di formazione (1902), proverebbe che dei *Trusts* possono costituirsi senza il minimo aiuto della protezione doganale.

129 - JEAN BOURDEAU, *L'évolution da socialisme,* Parigi, 1901, p. 219. «Il regime istituto da Eugenio Schneider era quello designato sotto il nome di dispotismo illuminato; era il regime caro ai filosofi dell'ultimo secolo, il regime che un Voltaire fedele alle sue idee avrebbe istituito. Eugenio Schneider aveva creato scuole... era riuscito a sopprimere l'ubbriachezza, questo flagello delle classi operaie, cosi grande ostacolo alla loro emancipazione, aveva evitato i processi, stabilito l'intesa fra le diverse categorie di operai... assicurata la stabilità del personale... Eugenio Schneider essendo morto nel 1878, suo figlio, poi suo nipote continuarono la sua opera, svilupparono le istituzioni patronali. Ma.... un feroce spirito di indipendenza, succedendo al lealisno, all'attaccamento familiare dei vecchi operai, animava la giovane generazione, sollecitata da una dozzina d'anni alla rivolta da una propaganda incessante... Da mille a millecinquecènto operai riuscirono a trascinare in uno sciopero la massa

fluttuante, alla fine del giugno 1899. Essi ottennero vittoria... Lo sciopero, con un pretesto futile, ricominciava dal 20 al 29 settembre. Esso non aveva altro scopo, che di consolidare i risultati ottenuti dall'agitazione di giugno... Il primo sciopero, dal Creusot si è esteso per contagio a Monceau-les-Mines... Gli stessi agitatori venuti di fuori vi hanno fatto con successo la stessa predicazione. Più ancora che il Creusot, la Compagnia delle officine di Blanzy, da cui dipende Monceau, offriva il modello di un'istituzione di antico regime... Chagot, poi de Gournay seguivano, assistevano gli operai dalla nascita alla morte...», (pp. 220-222) A Monceau l'insuccesso delle istituzioni patronali fu ancor maggiore che a Creusot; esse non riuscirono che a sviluppare nell'operaio l'odio pel padrone. «Il *paternalismo* benevolo e benefico diviene sempre più difficile, in mezzo a questi grandi agglomerati operai, accessibili a tutte le correnti esterne. Esso aumenta i punti di contatto e quindi le occasioni di conflitti fra operai e padroni. Gli operai credono facilmente che le istituzioni patronali si fondino e si mantengano con un prelievo sui loro salari, o divengano una fonte di profitti, di oppressione e di produzione intensiva». Cade qui acconcio ricordare un'osservazione di Aristotele, che abbiamo già citata, e ch'è profondamente vera: «Le sedizioni hanno per causa, non solo la disuguaglianza dei beni, ma anche la disuguaglianza degli onori». *Polit., II, 4, 7.*

130 - Ibidem., pgg. 553/54-556/558.

131 - Ibidem., pgg. 559/60.

www.ingramcontent.com/pod-product-compliance
Lightning Source LLC
Chambersburg PA
CBHW060234290526

45789CB00001B/46